大 雅 叢 刊

海上運送與貨物保險論文選集

—附定型化契約條款效力評釋六則

劉宗榮 著／三民書局 印行

國立中央圖書館出版品預行編目資料

海上運送與貨物保險論文選集：附定型
化契約條款効力評釋六則／劉宗榮著
．--初版．--臺北市：三民　民80
面；　　公分．--（大雅叢刊）
ISBN 957-14-1790-4（平裝）

1.海上保險—論文，講詞等　2.海
商法
587.6607　　　　　　　　　80000549

© 海上運送與貨物保險
論文選集
—附定型化契約條款効力評釋六則

著　者　劉宗榮
發行人　劉振強
　　　　三民書局股份有限公司
　　　　臺北市復興北路三八六號五樓
　　　　臺北市重慶南路一段六十一號

行政院

其

本定

重慶

印刷所

著作人

發行所

九九八一五號

月

ISBN 957-14-1790-4（平裝）

自　序

　　八十年之初，趁教學餘暇，重新閱讀多年發表之論文，分別加以修正補充，選擇貨物運送與海上保險有關論文九篇，定型化契約條款效力評釋六篇，都四十萬言，併為一輯，問梓刊行。

　　人文社會科學與自然科學之研究，皆應力求客觀，但由於人文社會科學，事涉價值選擇，學者之間，不免有仁智之見；而既有規範，亦每因時空更易，有昨是今非之處。斯輯論文之觀點，旨在涵容不同見解，抒發作者目前之心得，希冀拋磚引玉，推陳出新而已。學問之追尋，一如生命之延續，有舊細胞之老化死亡，才有新細胞之衍生茁壯；有舊觀點之修正否定，才有新創見之萌生發展。涵攝異見，修正錯誤，否定自我，拓展新知，是進步必經的歷程。

　　本書之成，承三民書局劉董事長振強先生關垂，徐志宏先生及其編輯部同仁玉助，茲值問梓之際，謹申由衷謝悃。

劉宗榮　敬誌
民國八十年司法節

海上運送與貨物保險論文選集
——附定型化契約條款效力評釋六則

目　次

附　錄

一、從載貨證券傭船人代理條款 (The Demise Clause)之效力 疑義建議海商法若干修正

壹、前言——傭船人代理條款之意義及其發生背景

一、傭船人代理條款之意義

傭船人代理條款（註一）者，載於載貨證券，指明傭船人係以代理

人身分簽發載貨證券，以託運人與船舶所有人或航海所有人（詳後述）爲契約主體之條款也。傭船人代理條款具有下述特點：

　　㈠傭船人代理條款須記載於載貨證券。

　　㈡傭船人以代理人自居而簽發載貨證券。

　　㈢載貨證券之法律效果欲歸屬於船舶所有人或航海所有人。

　　上述所謂「船舶所有人」只指船舶所有權人且僱用船長、海員、支配航務，經營航海業務之人，物權法上之船舶所有權人，若自己不經營航海業務，非茲所所謂船舶所有人。又茲謂「航海所有人」，指雖非船舶所有人，但利用他人之船舶，以自己名義，僱用船長、海員，經營航海業務之人，主要是光船承租人 (Demise or Bare-Boat Charterers; the Principal Charterer(註二))。傭船人代理條款之措辭不一，茲舉常用之範例如下："If the ship is not owned or chartered by demise to the company or line by whom this bill of lading is issued this bill of lading shall take effect only as a contract with the owner or demise charterer as

---

註一　The Demise Clause 釋語不一，有釋爲租與條款或移轉條款者，例如楊仁壽氏，航運法律論叢之二，第三九一頁，民國六十七年十月十日出版；有譯爲光船租賃條款者，例如葉永芳氏，國際貿易法實務，第四五九頁，民國七十年七月出版；又如張天欽氏，以「傭船之下另有運送契約成立」將其涵蓋。茲爲俾便了解，擬採意譯，將 The Demise Clause 一詞釋爲「傭船人代理條款」，蓋此種條款，傭船人簽發載貨證券予託運人，並申明自己爲船舶所有人或航海所有人之代理人也，是否有當，尚祈方家指敎。

註二　the Principal Charterer 一詞，錄自一九二四年海船所有人責任限制統一公約第十條，指自船舶所有權人，承租船體，自僱船長、海員、指揮航務之人。有譯爲船舶承租人者，參閱海商法論譯叢論第三一六頁，交通部交通研究所編印，民國六十年十月初版；又參閱國際貿易法暨慣例彙編第二册第九七八頁，司法行政部民事司、經濟部國際貿易局編譯，民國六十八年八月印行。茲爲明確起見，逐依內容，譯爲「光船承租人」。

the cause may be as principal made through the agency of the said company or line who act as agents only and shall be under no responsibility whatsoever in respect thereof."

（船舶若非屬於簽發本載貨證券之公司或班輪公司所有或所光船承租者，本載貨證券只是以船舶所有人或光船承租人為契約主體，由前揭公司或班輪公司代理訂立之契約，該前揭公司或班輪公司只以代理人身分簽發載貨證券，對於載貨證券不負任何責任）。傭船人與船舶所有人或航海所有人訂立以船舶之全部或一部為目的之運送契約後，自行招攬貨物，與託運人洽商，簽發載貨證券，旨在謀取利潤，何以甘冒無法收取運費之危險，於載貨證券內記載傭船人代理條款，欲使船舶所有人或航海所有人處於契約主體之地位，其發生背景有先予說明之必要。

二、傭船人代理條款之發生背景

傭船代理人之發生可分為遠因與近因，遠因淵源於海運結構之發展，近因則着眼於主張限制責任等法律利益之考慮。析言之：

(一)海運結構之發展

雖然船舶所有人（包括船舶所有權人或航海所有人）自己為運送人，直接與託運人訂立件貨運送契約或傭船契約仍占海上運輸業務之主要地位，但實際上由於海運結構之發展，亦不乏經由傭船人向託運人攬貨運送者，析言之：

1.船舶所有權人自己僱用船長、海員、指揮航務，而將船艙之全部或一部傭予傭船人，然後，或由傭船人逕與航運人訂立契約，或一次、多次輾轉傭予其他傭船人，再由最後之傭船人與託運人訂立契約。其法律關係可以以下圖示之：

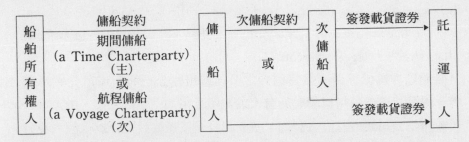

2.船舶所有權人以光船出租予承租人,由承租人僱用船長海員,指揮業務,但光船承租人將船艙之全部或一部傭予傭船人,然後,由傭船人招攬業務,或逕與託運人訂立契約,或一次、多次輾轉傭予其他傭船人,再由最後之傭船人與託運人訂立契約。其法律關係可以以下圖示之:

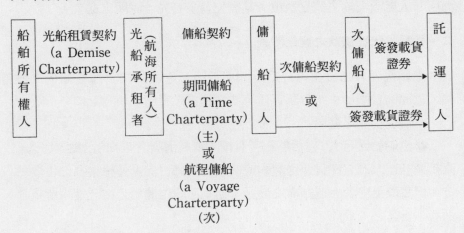

上述之結構有二個兩點特點:

1.自僱船長海員,指揮業務之船舶所有人(包括船舶所有權人或航海所有人)與傭船人間訂有傭船契約。

2.傭船人簽發載貨證券予託運人。

形成上述運輸結構之原因主要有三:

1.拓展航運業務:船舶所有人(包括船舶所有權人或航海所有人)與傭船人訂立傭船契約,由傭船人或次傭船人……等招攬託運貨物,傭

船人既有利可圖，船舶所有人亦藉此拓展業務。

　　2.分散政治危險，避免船舶捕獲：爲避免敵對國之捕獲，資本雄厚
之母公司常於第三國或中立國設立子公司，將船舶登記爲子公司所有，
以該第三國或中立國之旗幟航行，避免船舶捕獲，但基於招攬業務原因
（詳後述），子公司之船舶又備予母公司。

　　3.規避無限責任，避免債務負擔：資本雄厚之母公司避免負擔無限
責任(註三)，常以小額資本另行設立子公司，將船舶登記爲子公司所有，
如子公司發生無限責任事由時，最嚴重情形，可將子公司宣告破產，了
結債務，避免波及母公司；但亦基於招攬業務原因（詳後述），子公司又
將船舶備予母公司。

　　基於以上2、3兩種目的而成立之子公司，由於規模較小，資本有
限，事實上常依賴規模龐大、資本雄厚之母公司之全球業務網招攬業務，
爲此，子公司以船舶所有人（兼爲船舶所有權人）之身分將船艙之全部
或一部備予母公司，母公司反而以備船人身分對外招攬託運貨物。

　　㈡主張限制責任之法律利益之考慮

　　備船人於載貨證券中訂立備船人代理條款之近因是使載貨證券之主
體歸屬於船舶所有人或航海所有人，俾獲得主張限制責任之法律利益。

註三　有海商法第二十二條所規定之事由者，船舶所有人須負無限責任，海商法第
　　　二十二條規定「前條責任限制之規定，於左列情形不適用之：㈠本於船舶所
　　　有人之行爲或過失所生之債務。㈡前條第五款所定經船舶所有人之允許者。
　　　㈢本於船長、海員及其他服務船舶之人員之僱用契約所生之債務。」
　　　又一九二四年海船所有人責任限制統一公約第二條「前條責任限制於左列情
　　　形不適用之：㈠本於船舶所有人之行爲或過失所生之債務。㈡前條第八款所
　　　定之債務，經船舶所有人明示允許或承認者。㈢本於海員及其他服務船舶
　　　之人員之僱傭契約所生之債務。船舶所有人或共有人爲船長者，除因其自己
　　　之航行過失及服務船舶人員之過失所致之損害賠償外，不得主張限制其責
　　　任。」

依一九二四年海船所有人責任限制統一公約第一條及第十條（註四）之規定，得主張責任限制者，限於僱用船長海員，支配航行業務之船舶所有人(the Owner of a Seagoing Vessel)、光船承租人(the Principal Charterer)或非所有人但操作船舶之人(the Person who Operates the Vessel without Owning It)，若只是基於傭船契約得利用船艙之全部或一部，但不僱用船長海員，不支配航海業務之傭船人(Charterer)，不得主張限制責任之法律利益。傭船人為能享有責任限制之法律利益，於其所簽發之載貨證券中載入傭船人代理條款，以代理人自居，冀使運送契約主體歸屬於船舶所有人或航海所有人，俾於發生損害賠償責任時，得基於船舶所有人或航海所有人之地位主張責任限制之法律利益，此在海商法之法制史上（註五），叠有明證。

註四　第一條海船所有人對於下列事項之責任，以相等於船舶價值、運費、及其附屬費用為限……(The Liability of the owner of a seagoing vessel is limited to an amount equal to the value of the vessel, the freight, and the accessories of the vessel, in respect of,......)

第十條規定「非所有人而運用船舶之人，或光船承租者，就第一條所列舉之事項負責任者，本公約規定亦適用之。」(Where the person who operate the vessel without owning it or the principal Charterer is liable under one of the heads enumerated in articles 1, the provisions of this convention are applicable to him).

註五　自責任限制立法歷史觀點言，以英國為例，英國依 The Shipping Act 1894 S. 503 只有船舶所有人才可主張責任限制，傭船人不得為之，因此傭船人多在載貨證券中訂入傭船人代理條款，使船舶所有人基於運送人之地位，主張責任限制。但在實務上，傭船人對於船舶所有人因載貨證券所負之責任若較基於傭船契約船舶所有人之責任為重時，由傭船人對船舶所有人負補償差額之責任。

又自一九五七年海船所有人責任限制公約制訂後，依該公約第一條及第六條第二項之規定，得主張責任限制者包括海船所有人、船舶承租人、經理人、

　　船舶所有人或航海所有人若依載貨證券之傭船人代理條款之約定而
成爲契約主體，縱然符合法律規定得對載貨證券之持有人主張責任限
制，亦或多或少陷自己於不利益，況有時尚須負無限責任，照理船舶所
有人或航海所有人應拒絕對授權傭船人，勿使傭船人所簽發之載貨證券
效力歸屬於其本人爲是，果爾，則載有傭船人代理條款之載貨證券，因
船舶所有人或航海所有人之否認授權，引起航運界或貿易界之關注，應
不致於長久存在爲是，然則，究其實際，載有傭船人代理條款之載貨證
券確實存在，究其原因，主要有二：

　　1.船舶所有人、航海所有人與傭船人爲子公司與母公司之關係：船
舶所有人或航海所有人爲子公司，傭船人爲母公司，母公司對子公司有
控股力量，母公司欲使法律效果歸屬於資本額較小之子公司，俾主張責
任限制，並避免責任風險，乃要求子公司授權，子公司不可能拒絕。

　　2.船舶所有人、航海所有人與傭船人間之傭船契約中訂有補償條
款：船舶所有人、航海所有人與傭船人若無子公司與母公司之關係，則
傭船人爲享有責任限制之法律利益，常於傭船契約中訂有補償條款，卽
船舶所有人、航海所有人若因載貨證券傭船人代理條款發生效力而對載
貨證券持有人須負賠償責任時，傭船人應依傭船契約所載補償條款對船
舶所有人或航海所有人負賠償責任（註六），其法律關係可解析如下圖：

（承前註）
　　運用人、船長、海員及所有人、承租人、經理人及運用人之其他受雇於執行
　　職務時者。因此採行該公約而爲立法之國家，傭船人代理條款無適用之必要。
　　但由於國際貿易之頻仍，在世界各國均採用一九五七年海船所有人責任限制
　　公約前，載貨證券傭船人代理條款之存在乃是事實。
註六　*Carver's Carriage by Sea*, Vol. I, 12th Edition by Raoul Colinvaux. p.
　　418-419.

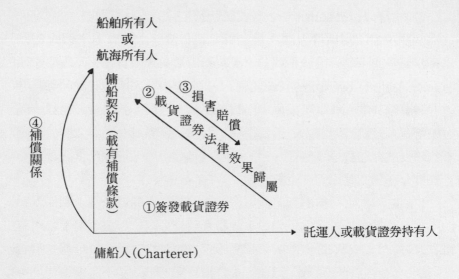

貳、問題之提出

分析載貨證券傭船人代理條款之形式，可歸納為兩類：

1.傭船人以船舶所有人或航海所有人之代理人身分簽發載貨證券。

2.傭船人以船長之代理人身分簽發載貨證券。

以上二者，形式雖然不同，其結論欲使載貨證券之責任歸屬於船舶所有人或航海所有人則一，良以依一般立法例，得簽發載貨證券之人為運送人、船長或其授權之人（註七），傭船人以船舶所有人或航海所有人

註七　參考我國海商法第九十七條「運送人或船長於貨物裝載後因託運人之請求，應發給載貨證券」。德國海商法第六百四十二條第一項「海上運送人於貨物裝船之同時，如託運人將交貨時領取之臨時收據，或備運載貨證券提出要求交換，應依託運人請求之份數，立即發給載貨證券（裝船載貨證券）」，第四項「船長及其他各船舶所有人暨已經授權之代理人，縱無海上運送人之特別授權，仍得發給載貨證券」。

日本商法第七百六十七條「船長因傭船人或託運人之請求，於運送品裝載後，

之代理人身分簽發載貨證券，旨在使船舶所有人或航海所有人立於運送人之地位，其理由昭然若揭，無庸贅言；在傭船人以船長之代理人身分簽發載貨證券情形，立法例每採「船長簽發載貨證券，未指明運送人者，以船舶所有人或航海所有人視爲運送人」(註八)、「託運人不知有傭船契約時，以船舶所有人或航海所有人爲運送人」(註九)，傭船人以船長之代理人身分簽發載貨證券，並未指明運送人，適用上開立法例見解，其結果，船舶所有人或航海所有人被視爲運送人。然則傭船人以上述兩種方式，自外於運送人，其法律效果如何，叠生爭論。

　　主張傭船人代理條款有效者之主要理由爲：船舶所有人或航海所有人間訂有傭船契約，而傭船契約載有補償條款，此種補償條款之存在，以船舶所有人或航海所有人對傭船人有授權之行爲爲前提，始有意義；又傭船人在載貨證券所載之傭船人代理條款係傭船人以代理人身分向託運人爲代理行爲之意思表示，「授權行爲」與「代理之意思表示」既然均已存在，此種條款自屬有效（註一〇）。

　　主張傭船人代理條款無效之主要理由有：①傭船人代理條款所欲代理之「本人」究係何人，並不明確。②船舶所有人或航海所有人未必對傭船人有授權行爲。③傭船人代理條款實質上違背海牙規則禁止運送人於載貨證券上爲免責約定或限制責任約定之規定，換言之，傭船人利用

　　（承前註）

　　　立即交付一份或數份載貨證券」第七百六十八條「船舶所有人得委任船長以外之人代理船長交付載貨證券」。

註八　例如德國商法第六百四十四條第一項「船長或其他船舶所有人之代理人於發行載貨證券而未記載海上運送人之名稱時，以船舶所有人視爲海上運送人」第五百十條「由於自己計劃，爲營利使用於航海非屬自己所有之船舶，並由自己指揮或委由船長指揮者，對於第三者之關係，視爲船舶所有人……」。

註九　*Carver's Carriage by Sea*, Vol. I, p. 409. 12th Edition by Raoul Colinvoux.

傭船人代理條款規避作爲運送契約主體，達到完全免責之目的（註一一），爲海牙規則所禁止。

上述有效無效兩種見解，疊有爭論，究以何者爲是，宜加以檢討，以臻明確，此問題一。

若傭船人確以代理人自居，載貨證券之運送人名稱，傭船人代理條款經鮮明標示，且爲託運人或載貨證券持有人所明知，此種條款是否有效？應先說明。又傭船人「有」「無」代理權，其所負之責任各有何異同？亦應分別論述。若傭船人爲脫卸運送人責任而於載貨證券中載入傭船人代理條款，其效力如何，亦應評價，此問題二。

又載貨證券係由運送人採用，供簽發予不特定多數相對人之用，爲典型定型化契約之一種，其所載之傭船人代理條款淪於無效時，是否影響其他條款之效力？應如何解釋爲是，此問題三。

我國海商法第二十一條規定，得主張責任限制者限於「船舶所有人」，此蓋仿照一九二四年船舶所有人責任限制統一公約之立法。有鑑於傭船人代理條款多被判定無效，非惟不能賦傭船人予實質上主張責任限制之利益，甚且對傭船人發生不利益(詳後述)，我國海商法應如何修正，如能釜底抽薪，避免傭船人代理條款之困擾，此問題四。

鑑於一般傭船實務，船舶所有人或航海所有人僱用船長海員，對航海業務有支配力量，但傭船人對貨物知之較稔，實務上多由傭船人負擔

註一〇　航運與法律論叢之二，第三八七～三九〇頁、第三九二頁，楊仁壽著，民國六十七年，作者雖未肯定傭船人代理條款之效力，但將「船東憑何認已授權傭船人代理其簽發載貨證券？」作爲爭點之一，顯將此點作爲傭船人代理條款是否有效判斷基礎之一；又 *Marine Cargo Claim* 2nd Edition, p. 90 中作者 William Tetley 引用 The Iristo 條件，於註釋中亦解釋傭船人雖簽發載貨證券，但已打上紅色字體，表明簽發載貨證券之人並非運送人，惟有載貨證券所載名稱之人始爲眞正運送人，亦同此觀點。

註一一　*Marine Cargo Claims*, 2nd Edition, p. 88～89, William Tetley 1983.

裝貨工作，其結果傭船人對貨物有支配力量。因此在傭船人與託運人訂立運送契約，簽發載貨證券之情形，宜否修訂海商法，使「船舶所有人或航海所有人」「傭船人」各就支配能力所及，對載貨證券持有人負不同義務，以符實際，此問題五。

叁、對傭船人代理條款效力之評價

傭船人代理條款效力之評價，須先將傭船人代理條款類型化：①有代理權且本人名稱、代理意旨經鮮明標示者。②無代理權，但本人名稱及代理意旨經鮮明標示者。③其他：即不屬於以上①②類之傭船人代理條款。以上三種中，第一、二兩種情形，於載貨證券，殊不多見，第三種情形，反而是典型之傭船人代理條款。茲因體系性之考慮，以上三種類型之傭船人代理條款併予評述，但第三種情形既居絕對多數，因此本文之評述亦側重第三種，至於第一、二兩種，只簡略述之：

一、有代理權且本人名稱、代理意旨經鮮明標示者

傭船人有代理權，本人之名稱已經記載，且傭船人代理條款經鮮明標示(例如套紅色或以加粗字體印製)者，只要訂約過程健全(註一二)，傭船人代理條款應該有效，其法律效果依民法第一百零三條第一項「代理人於代理權限內，以本人名義所為之意思表示，直接對本人發生效力」之規定，自應及於「船舶所有人或航海所有人」。

註一二　參閱拙著論定型化契約條款之訂入契約載臺大法學論叢第十一卷二期第二八五頁至第三一一頁；又參閱論免責約款之控制體系載臺大法學論叢第十二卷第一期第二○五頁至第二五四頁；第十二卷第二期第一二九頁至第一八六頁以及第十三卷第一期第一八七頁至第二五八頁。

二、無代理權，但本人名稱、代理意旨經鮮明標示者

　　傭船人於載貨證券已鮮明標示傭船人代理條款，內心確以船舶所有人或航海所有人之代理人自居而簽發載貨證券者，若船舶所有人或航海所有人並未授權傭船人，則發生無權代理問題。

　　按無權代理之法律效果，我國原則上採懲罰性規定，使無權代理人對善意相對人負損害賠償責任，此觀民法第一百十條「無權代理人，以他人之代理人名義所為之法律行為，對於善意之相對人，負損害賠償之責任」可知。又在無權代理簽發票據之情形，我國仿照德國票據法、日內瓦統一滙票本票法第八條及日內瓦統一支票法第十一條之規定，例外地使無權代理人自負無權代理法律行為之履行義務，此觀票據法第十條「無代理權而以代理人名義簽名於票據者，應自負票據上之責任」「代理人逾越權限時，就其權限外之部分，亦應自負票據上之責任」可知，傭船人若無代理權而以代理人名義簽發載貨證券，究應適用民法第一百十條之規定使負損害賠償責任，抑或應使之負載貨證券簽發人之責任，法無明文規定，海商法第五條固然規定「海事事件本法無規定者，適用民法及其他有關法律之規定」，自法律適用體系言，由於票據法第十條規定只適用於「無權代理而以代理人名義簽發票據」之情形，並非一般原則性之規定，因此依現行法言，宜使簽發載貨證券之無權代理人對託運人或載貨證券第三持有人負損害賠償責任。惟若自載貨證券之流通性與票據之流通性比較，二者同為有價證券，其要求交易敏活與交易安全之保障，同其迫切，則「無權代理而以代理人名義簽發票據者，應自負票據上之責任」之理論，對載貨證券應同其適用為當；果爾，為杜絕疑義，避免適用困難，可於海商法第九十八條以下增訂第九十八條之一明訂「無代理權而以代理人名義簽名於載貨證券者，應自負載貨證券上之責任」「代理人逾越權限時，就其權限外之部分，亦應自負載貨證券上之責任」，或於民法第六百二十五條後增訂第六百二十五條之一「無代理權而

以代理人名義簽名於提單者，應自負提單上之責任」「代理人逾越權限時，就其權限外之部分，亦應自負提單上之責任」，但應將海商法第一百零四條「民法第六百二十七條至第六百三十條關於提單之規定，於載貨證券準用之」之規定修正爲「民法第六百二十五條之一、第六百二十七條至第六百三十條關於提單之規定，於載貨證券準用之。」

三、其他——典型之傭船人代理條款

茲所謂「其他——典型之傭船人代理條款」指除「有代理權且本人名稱、代理意旨經鮮明標示之傭船人代理條款」及「無代理權，但本人名稱代理意旨經鮮明標示之傭船人代理條款」以外之其他傭船人代理條款而言。此種條款，佔傭船人代理條款之絕對多數，不論自法律邏輯或法律精神評論，悉應歸於無效。茲析述其理由如下：

(一)自法律邏輯形式上評論

自法律邏輯形式言，傭船人代理條款如有下列情況之一，應認定爲無效：

1.船舶所有人或航海所有人對於傭船人並未爲授權行爲，且未承認無權代理：船舶所有人與傭船人間，不論有無母子公司關係，苟無授權行爲或承認行爲，傭船人代理條款之記載並不使載貨證券之法律效果歸屬於船舶所有人或航海所有人，此與前述第二類傭船人代理條款相同，但此類傭船人代理條款尙可能因下列原因而無效，不只是單純無權代理問題。

2.傭船人代理條款爲意思保留，且該意思保留爲託運人或載貨證券持有人所明知：民法第八十六條規定「表意人無欲爲其意思表示所拘束之意，而爲意思表示者，其意思表示，不因之無效。但其情形爲相對人所明知者，不在此限」，傭船人於載貨證券所訂入之傭船人代理條款苟出於單獨虛僞意思表示，且該單獨虛僞意思表示爲相對人所明知，自應淪於無效。

3.意思表示不合致：若傭船人以代理人之意思收受託載運貨物，並據此簽發載貨證券，則載貨證券內之傭船人代理條款雖係傭船人之眞意意思表示，但此種意思表示與「託運人訂立契約時係以傭船人爲契約主體」之意思表示並不合致，其結果運送契約之「必要之點」不一致，契約應不成立，傭船人代理條款無效。

4.契約主體不明確：縱令船舶所有人或航海所有人已向傭船人爲授權行爲，而且傭船人亦表明以代理人身分與託運人訂立契約，但若未表明傭船人所欲代理之本人名稱，則託運人無由知悉法律行爲權利義務歸屬之主體，因此傭船人代理條款無效（註一三）。按載貨證券之傭船人代理條款一般多只表明傭船人係代理船舶所有人、航海所有人或船長(For and on Behalf of the Master)之意旨，但船舶所有人、航海所有人究係何人並未明確指出，而船長之僱主爲何人，更付之闕如。析言之，依我國海商法，船舶所有權之移轉，以作成書面，且聲請讓與地或船舶所在地航政主管機關蓋章證明卽可生效，其在國外移轉者，亦以作成書面且聲請中華民國領事館蓋章證明爲已足，登記只是發生對抗效力，其結果，從登記簿並未能確定船舶所有權之歸屬，亦卽知悉載運船舶之名稱，尚不足以推知船舶所有權人，更何況有時船舶所有權人未必卽爲從事航海運送之船舶所有人或航海所有人。又在船舶租賃，依船舶登記法第三條、第四條之規定，船舶租賃權之設定，固然應該登記，但登記並非生效要件而是對抗要件，其結果，縱傭船人表明係代理航海所有人，託運

註一三　*Marine Cargo Claims*, 2nd Edition, p. 88 William Tetley；又最高法院六十五年臺上字第一一二一號民事判決「本件載貨證券之船長欄空白未塡，故載貨證券簽名處上方印就之「For and on Behalf of the Master」及下方印就之「As Agent」，似均無意義。……依載有被上訴人公司名稱，並經被上訴人當時之法定代理人黃明道簽名之載貨證券記載，難認爲係代船長簽發，已如上述，被上訴人能否不負運送人之責任，卽非無疑。」亦以契約主體不明確爲由，對傭船人代理條款之法律效力採否定觀點。

人亦未必能自登記簿得悉作為航海所有人之光船承租人究係何人，更何況船舶登記多由船籍港之航政主管機關主司其事，而與傭船人訂立契約之託運人散居世界各地，縱令欲查閱登記簿亦不可得。又在傭船人代理船長簽發載貨證券之情形，船長之僱主為何人，託運人於託運時即欲探悉，亦每每不可得。據上所述，載貨證券若只載明傭船人代理條款，則權利義務歸屬之主體尚不明確，應淪於無效。

附帶言者，在英國，船舶所有人之姓名縱然在勞依茲(Lloyds')註冊公告，亦發生傭船人代理條款之本人不明確問題，因為，且不論託運人是否於託運之時查閱船舶所有權人之姓名，即令查閱，亦無從辨識該船舶所有權人是否即為僱用船長海員，指揮航務之船舶所有人或航海所有人，抑或單純是物權法上之所有權人，因此無法知悉其權利義務所欲歸屬之主體。

傭船人代理條款由於並未記載運送人名稱，引起權利義務歸屬何人並不明確的批評，致使此種約款被判定無效，部份傭船業者為克服此一弱點，乃將傭船人代理條款進一步發展成「載有運送人名稱之傭船人代理條款(Identity of Carrier Clause)」，例如於載貨證券中記載「以載貨證券證明之契約當事人之商人及船舶所有人之姓名如下所載×××。茲同意上揭船舶所有人單獨就未能履行運送契約或任何違背運送契約之義務而發生之毀損或滅失負賠償責任，不論船舶之適航性是否有欠缺均然。且不論前述，若有任何人被認定為託運貨物之運送人或受託人，所有法律人或載貨證券上之限制責任或免除責任規定對之均有適用。茲進一步了解及同意代理船長簽發載貨證券之公司或代理人並非本運送契約之當事人（主體），因此上開公司或代理人就運送契約不負任何責任，亦不作為貨物運送人或受託人」是，此種由「傭船人代理條款」改良，加註運送人名稱之條款，在法律邏輯上克服了「本人」認定之困難，有效地抑止以「契約主體不明確」為理由，判定傭船人代理條款無效之可能性，但其有效性，仍須視其實質上是否違反法律或公約關於禁止於載貨

證券上為免責約款或限制責任約款之規定而定。

（二）自立法精神上評論

持傭船人代理條款有效論者，其理由建立在「船舶所有人或航海所有人對傭船人為授權行為」以及「傭船人以代理人身分為訂約意思表示」兩點基礎上，此兩點事實，苟真存在，法律邏輯，堪稱完備，法院判決（註一四）亦有相近之觀點，但即令如此，傭船人代理條款之效力仍實質地違反我國海商法第一百零五條以及海牙規則第三條第八項之禁止規定。

我國海商法第一百零五條規定「運送契約或載貨證券記載條款、條件或約定，以免除運送人或船舶所有人，對於因過失或本章規定應履行之義務而不履行，致有貨物毀損滅失之責任者，其條款條件約定，不生效力」，一九二四年載貨證券統一規定公約（海牙規則）第三條第八款規定「運任契約內任何條款、條件、或約定，免除運送人或船舶因疏忽、過失或本條所規定責任及義務之未履行所生對於貨物或與之有關之滅失或毀損之責任者，或於本公約規定之外限制上述責任者，均屬無效。保險契約利益歸屬於運送人或類似之條款，應視為免除運送人責任之條款」，我國海商法於「運送契約」及「載貨證券」之免責約款均加禁止。海牙規則禁止免責約款之規定只適用於「載貨證券」，二者範圍之廣狹雖然不同，但於載貨證券禁止有免責約款之訂定則無差異，傭船人利用傭船人代理條款方法達到避免成為運送契約主體之目的，為脫法行為之一種，具有實質免責之效力。茲為闡明傭船人如何藉傭船人代理條款之名，而遂行免責條款之實，謹再分點說明如下：

1.自歷史言，傭船人代理條款自始即為全部或一部免除傭船人責任而設計。

註一四　參考 *Marine Cargo Claim*, 2nd Edition p. 90 William Tetley 所引用之 The Iristo 一案。

　　傭船人代理條款之起源，旨在透過代理關係，使契約主體歸屬於船舶所有人或航海所有人，以享受免除責任或限制責任之法律利益；申言之，依一九二四年海船所有人責任限制統一公約，得主張限制責任者，只限於「海船所有人」（公約第一條）「非所有人而運用船舶之人」及「船舶承租人」（公約第十條）；又依一九二四年載貨證券統一規定公約得主張免除責任者，限於「船舶所有人」「船舶承租人」或「船舶」（公約第一條第一款、第四條第二款），各國國內法之仿照上述公約而製訂者，亦採相同規定，其結果傭船人既不得主張責任限制，亦不得主張免責事由，傭船人不得已乃於載貨證券訂入「傭船人代理條款」，一方面以避免自己成為運送人之方法，免除自己對託運人或載貨證券持有人之責任，另一方面以使權利義務歸屬於船舶所有人或航海所有人之方法，享有免除責任之限制責任之法律利益，縱令基於傭船契約對船舶所有人或航海所有人負有補償責任，其補償數額仍不逾船舶所有人或航海所有人對託運人主張「法定免責事由」或「限制責任」後所應負擔之數額，傭船人實質上享受全部或一部免責之利益，因此自歷史言，傭船人代理條款自始即為免除傭船人責任而設計。

　　2.傭船人代理條款若有效，將間接達到免責之目的。

　　傭船人代理條款不論傭船人①以船舶所有人或航海所有人之代理人身分簽發載貨證券或②以船長代理人身分簽發載貨證券，均間接地達到免責之目的。前者理由十分顯然，無庸贅言；茲補充說明後者如下：傭船人常於載貨證券上面記載「代理船長而簽發(For and on Behalf of the Master)」「代理人(As Agent)」等字眼，核其原因，乃因在傭船契約而由傭船人簽發載貨證券之情形，依英國法，若託運人不知有傭船人之事實，載貨證券視為船舶所有人而簽發（註一五），而傭船人既以船長

註一五　*Carver's Carriage by Sea*, Vol. I, p. 409, 12th Edition by Raoul
　　　　Colinvaux.

代理人自居，且未表明傭船契約之事實，自應以船舶所有人爲載貨證券之簽發人。又依德國海商法第六百四十四條更規定「船長或其他船舶所有人之代理人於發行載貨證券而未記載海上運送人之名稱時，以船舶所有人視爲海上運送人」「海上運送人之名稱記載不眞實時，船舶所有人對受貨人因記載不實所生之損害，負賠償責任」。兩法系均證明「代理船長簽發載貨證券若未記載運送人名稱」，將以「船舶所有人或航海所有人」爲運送人，傭船人完全擺脫契約主體或載貨證券簽發人之責任，達到免責之目的。

據上所述，不論自法律邏輯形式上評論，或自立法精神評論，均應否定傭船人代理條款之效力。

肆、傭船人代理條款無效者，載貨證券之解釋

載貨證券之傭船人代理條款無效後，發生兩個問題，一是載貨證券之其他條款是否亦全部淪於無效，二是假定載貨證券之其他條款不淪於無效，則傭船人代理條款在法律解釋上，應該如何補充？

按民法第一百十一條「法律行爲之一部無效者，全部皆爲無效。但除去該部分亦可成立者，則其他部分，仍爲有效」，所以符合當事人之眞意也。載貨證券之傭船人代理條款無效後，基於下列理由，其餘條款仍然有效：

1.保護交易安全：傭船人載貨證券予託運人之後，託運人一般多將載貨證券移轉予其他第三人，若因傭船人代理條款無效，即可使整個載貨證券淪於無效，則無以保護接受載貨證券之善意第三人。

2.符合當事人眞意：載貨證券之傭船人代理條款縱然無效，當事人之眞意仍欲使載貨證券繼續有效，此可以從「傭船人代理條款」發展到「指明運送人名稱之傭船人代理條款(the Identity of Carrier Clause)」時，契約條款之用語觀其一斑，典型的「指明運送人名稱之傭

船人代理條款」之例子如下："The contract evidenced by this Bill of Lading is between the Merchant and the Owner of the vessel named herein (or substitute) and it is, therefore, agreed that said Shipowner alone shall be liable for any damage or loss due to any breach or non-performance of any obligation arising out of the contract of carriage whether or not relating to the vessel's seaworthiness. If, despite the fore-going, it is adjudged that any other is the Carrier and/or bailee of the goods shipped hereunder, all limitations of, and exonerations from, liabi-lity provided for by law or by this bill of lading shall be available to such other. It is further understood and agreed that as the Company or Agents who has executed this Bill of Lading for and on behalf of Master is not a principal in the transaction, said Company or Agents shall not be under any liability arising out of the contract of carriage, nor as Carrier not bailee of the goods."

在上開例子中，除於條款開始，載有代理意旨、指明某某人為運送人外，尚於條款末段載明若認定「任何其他人為運送人及／或貨物之受託人時，法律規定或本載貨證券所約定之所有免除責任以及限制責任，對之亦有其適用(……any other is the Carrier and/or bailee of the goods shipped hereunder, all limitations of, and exonerations from, liability provided for by law or by this Bill of Lading shall be available to such other)」等文字，所謂「任何其他人(any other)」並不排除備船人在內，換言之，備船人於簽發載貨證券時，雙方均有使運送契約不論如何，均獲得履行之共識，因此載貨證券不因備船人代理條款之無效而全部淪於無效。

載貨證券之備船人代理條款無效，其他條款仍然有效，固如前述，然則備船人代理條款無效後，載貨證券應如何解釋？究應除去無效之條款，就殘餘之條款逕行解釋，抑或應先添補其他內容，再為解釋，二者

之中，以後者為是，良以該條款無效後，若置令空白，則契約主體仍不明確，權利義務歸屬無由判斷，非維持載貨證券效力之道。況依定型化契約解釋之理論，凡約條未訂入契約或雖訂入契約而淪於無效時（註一六），一般多規定法院有補充之義務，補充之方法有二：①以相同典型之法律行為之法律規定補充之（註一七）。②以法院之裁判補充之。前者為原則，後者為例外，申言之，惟於契約並非模範契約，無法以法律之規定補充時，方得聲請法院以裁定補充之（註一八）。在本情形，傭船人於攬貨並接受託運時，即有「親自或安排第三人完成運送」之意思，且負有「完成」之義務，本質上為承攬運送人，依海商法第五條之規定，自得引用民法有關承攬運送之條文加以補充，申言之，承攬運送人因託運人之請求作成載貨證券時，視為自為運送人（註一九），承攬運送人自為

註一六　參閱註一二。

註一七　一九七六年德國一般交易條款規制法（AGB）第六條。

　　　　AGB § 6（約款未訂入契約或約款無效之法律效果）

　　　　「1.一般交易條款之全部或一部未訂入契約或無效時，契約之其餘部分仍然有效。

　　　　2.約款未訂入契約或無效時，該部分之內容應依成文法決定之。

　　　　3.假若遵守契約，其至於考慮依前述第二項之規定予以修正後，對於契約當事人之任何一方造成不合理之困難時，該契約無效。」

註一八　參閱拙著論免責約款之解釋，載法學叢刊第二十八卷第二期第四十一頁至第五十三頁。

註一九　〔1962〕2 Lloyd's Rep. 203 at p. 204；最高法院六十五年臺上字第一一二一號民事判決「本件載貨證券之船長欄空白未填，故載貨證券簽名處之上方印就之「For and on behalf of the Master 及下方印就之 As Agent，似均無意義。……依載有被上訴人公司名稱，並經被上訴人當時之法定代理人黃明道簽名之載貨證券記載，難認為係代船長簽發，已如上述，被上訴人能否不負運送人之責任，即非無疑。」

運送時，其權利義務與運送人同（註二〇）。

伍、結論——海商法應有之修正及增訂

一、修正海商法第二十一條主張責任限制之主體

　　我國海商法關於責任限制之規定，基本上承襲一九二四年海船所有人責任限制統一公約（註二一），海商法第二十一條所謂「船舶所有人，對於左列事項所負責任，以本次航行之船舶價值、運費及其他附屬費為限，船舶所有人不提供船舶價值而委棄其船舶者亦同……」中，「船舶所有人」應與一九二四年海船所有人責任限制統一公約第一條「船舶所有人(the Owner of a Seagoing Vessel)」第十條「非船舶所有權人但運作船舶之人（the Person Who Operates the Vessel without Owning It」及「光船承租者(the Principal Charterer)」同一解釋，該公約所指之三種得主張責任限制者均是實際上僱用船長海員、補充燃料及支配航務之人，不以船舶所有權人為必要，若船舶所有人將船舶光船出租予承租人，則得主張責任限制者為光船承租人，而非原來之船舶所有權人，我國學者（註二二）及法院裁判（註二三）均同此見解。

註二〇　海商法第五條：「海商事件本法無規定者，適用民法及其他有關法律之規定」，民法第六百四十四條「就運送全部約定價額，或承攬運送人填發提單於委託人者，視為承攬人自己運送……」，又六百四十三條「承攬運送人，除契約另有訂定外，得自行運送物品，如自行運送，其權利義務，與運送人同」。

註二一　參閱日本商法第五六五條一項。

註二一　International Convention for the Unification of Certain Rules relating to the Limitation of the liability of Owners of Seagoing Vessels, signed at Brussels, August 12, 1924.

註二二　桂裕氏主張「得主張限制責任之權利，不限於船舶所有人，其他占有船舶之經理人、管理人、抵押權人及承租人，而由其支配航務，僱用船長海員者，皆爲準所有人，均得爲責任限制之主張」，參閱桂裕著海商法新論第一五〇頁，民國六十六年五月。施智謀氏主張「所有人以外，並包括利用他人船舶從事業務活動之人——利用他人所有之船舶從事海上業務之活動者，爲船舶租賃人，雖對船舶無物權法上之所有權，但船舶仍交其指揮運營，具有航海上之所有權」、「至於傭船運送人，其本身對於船舶並無指揮運營之權，並非本書所稱之航海所有人，不得主張船舶所有人限制責任，船長海員亦然……」，參閱施智謀著海商法第三一二頁，民國六十八年十月初版。楊仁壽氏主張我國海商法仿一九二四年海船所有人責任限制統一公約而立法，因此限於船舶所有人、運用船舶人或船舶承租人始得主張責任限制，參照楊仁壽著海商法論第一二三頁，民國七十四年十月版。

註二三　民國四年上字第一六一八號判例：

「船舶租賃人，就船舶上權利義務與船舶所有人同。就船長或其他船員所加於他人之損害，船舶承租人亦應爲之賠償，不得對於被害人，以租賃關係爲藉口，主張卸責」。

民國四十四年臺上字第五一五號判例：

「在海上航行之船舶所有人，對於船長船員因數件業務所加損害於第三人之賠償，其所負責任，以本次航行之船舶價值運費及其他附屬費爲限。海商法第二十三條（按即現行法第二十一條）第一項訂有明文，尋繹此項條款規定之本旨，爲限制在海上航行之船舶所有人，對於船長船員，因執行業務，所加損害於第三人之賠償責任而設。實爲民法第一百八十八條之特別法，自應先於民法第一百八十八條之規定而適用之」。

上述二者判例，前者旨在說明船舶承租人，既然自僱船長、海員、支配航務，其處於航海所有人之地位實與船舶所有人自僱船長、海員、支配航務相同，故就船舶上之權利義務與船舶所有人同，後者強調海商法第二十一條爲民法第一百八十八條之特別規定，所謂特別規定者，二者同有僱用人與受僱人之關係，但民法第一百八十八條之僱佣人須負無限責任，處於海商法第二十一條之僱佣人只負有限責任也，據此而言，海商法二十一條乃指實際僱佣船長海員、補充糧食燃料及支配航務之航海所有人，苟具此一關係雖爲光船承租人，仍爲該條之船舶所有人，苟不具此一關係雖爲船舶所有權人，仍非該條之船舶所有人。

　　得主張責任限制者，應只限於船舶所有人或航海所有人，則在傭船人為運送人時，若因運送契約發生損害賠償責任，將不得主張責任限制，直接影響傭船人之權益，間接妨礙航業發展，與爭取海上運送，汲取海洋資源之立法政策有違。

　　由於傭船人代理條款多被判定無效，因此我國海商法第二十一條之立法缺點，不但不可能利用載貨證券中增訂傭船人代理條款而獲得解決，退一步言，縱令傭船人代理條款之效力對肯定，亦未必獲得傭船人有利，析言之：

　　1.傭船人將發生無法收取運費之危險：傭船人代理條款若發生效力，則運送契約之法律效果歸屬於船舶所有人或航海所有人，換言之，傭船人喪失運費收取權，此與傭船人傭取船艙之全部或一部，與託運人訂立契約，謀取利潤之宗旨互相逕庭。

　　2.傭船人以傭船人代理條款主張限制責任後所負之責任較傭船人得主張限制責任所負之責任為重：依照一九五七年海船所有人責任限制統一公約第六條第二項，傭船人只要非其本人之過失或知情（without His Actual Fault or Privity），即得主張限制責任，縱令因船舶所有人或航海所有人本人之過失或知情亦然，很多承襲該公約立法之國家，傭船人均享有此一法律利益，相形之下，傭船人利用傭船人代理條款所負之責任反較傭船人得逕行主張責任限制之情形為重，因為在傭船人代理條款之情形，傭船人與船舶所有人或航海所有人間常態情形都在傭船契約中訂有補償條款，船舶所有人或航海所有人若因傭船人代理條款之效力歸屬關係而對載貨證券持有人負有損害賠償責任時，傭船人對之須負補償責任，船舶所有人或航海所有人若本人有過失或知情，依法不得主張責任限制，此種不得主張責任限制之不利益，將因補償條款而轉嫁予傭船人，以上二者可比較如下圖：

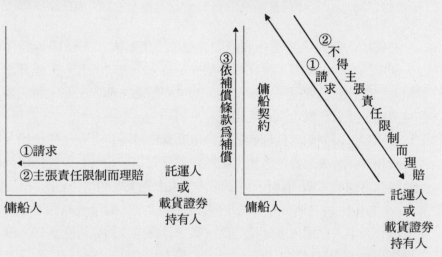

傭船人得主張責任限制
下之法律效果：傭船人
享有責任限制之利益

傭船人不得主張責任限
制，而須利用傭船人代理
條款之法律效果：傭船人
無法享有責任限制之利益

船舶所有人
因　　或　　本人過失或知情
　航海所有人

船舶所有人
因　　或　　本人過失或知情
　航海所有人

①請求
②主張責任限制而理賠
傭船人　　　　　　　　託運人
　　　　　　　　　　　或
　　　　　　　　　　載貨證券
　　　　　　　　　　持有人

③依補償條款爲補償

傭船契約

②不得主張責任限制而理賠
①請求

傭船人　　　　　　　　託運人
　　　　　　　　　　　或
　　　　　　　　　　載貨證券
　　　　　　　　　　持有人

　　根本解決傭船人代理條款所生困難之方法，是修正海商法第二十一條，使得主張責任限制之主體由「船舶所有人」擴大包括「船舶所有人、光船承租者、運作船舶人、傭船人、經理人、船長、海員以及其受僱人」，此一修正不但順應國際公約之立法潮流，且與德國英國諸國之現行海商法亦相符合，析言之：①我國海商法第二十一條之立法，直接仿自德國商法第二百一十六條（註二四），間接繼受自一九二四年海船所有人責任限制統一公約，但德國已因一九五七年海船所有人責任統一公約之公布

註二四　參閱何佐治遺著，最新海商法釋義第八十六頁。

而廢止該國海商法第二百十六條，改採一九五七年海船所有人責任限制統一公約，我國實無繼續因襲德國舊海商法而繼續維持現行立法之理。②英國於一九五八年制訂海商法（Merchant Shipping Liability of Shipowners and Others Act），師承一九五七年海船所有人責任限制統一公約，亦將得主張責任限制之主體擴及海船所有人、備船人、經理人、運作船舶人、船長、海員以及其受僱人。

二、增訂船舶所有人或航海所有人對載貨證券持有人履行責任之規定

備船人與船舶所有人或航海所有人訂立備船契約，而備船人又與託運人訂立運送契約之情形，在航運實務上，常分別由船舶所有人或航海所有人與備船人分擔運送人之工作，申言之，備船人通常負擔貨物裝船，決定航線及目的港……等，船舶所有人或航海所有人則通常負擔航行期間貨物之保管、船長海員之僱用……等，因此堪稱為船舶所有人或航海所有人與備船人之共同冒險行為（a Joint Venture）。為此，各國制訂法律時，多針對實際支配能力所及，分別規定船舶所有人或航海所有人與備船人對載貨證券持有人之負責範圍，茲舉日本、德國立法例說明如下：

㈠日本

日本商法第七百五十九條規定「以船舶之全部或一部為運送契約之標的者，備船人更與第三人訂立運送契約時，其契約之履行，以屬於船長職務範圍內者，僅由船舶所有人對於第三人負履行之責……。」關於本條，有兩點說明：

1.所謂「船舶所有人」依日本商法第七百零四條第一項「船舶承租人以為商行為為目的，將該船舶供航海之用者，就其利用有關事項，對於第三人有與船舶所有人同一權利義務」之規定，自應包括航海所有人（例如光船承租者）在內。

2.所謂「僅由船舶所有人對於第三人負履行之責……」云云，乃規定「屬於船長職務範圍國內者」只由船舶所有人或航海所有人對第三人

負履行之責，至於「非屬於船長職務範圍內者」則應由傭船人對第三人負履行之責，各就支配力量所及，負其責任。

㈡德國

德國海商法第六百零五條規定「以船舶之全部、一部、或特定船艙為傭船，而傭船人就件貨簽訂再運送契約時，海上運送人之權利義務，適用第五九四條至第六○二條之規定」亦規定海上運送人（船舶所有人或航海所有人）仍對託運人、交貨人或載貨證券持有人負擔一定義務，其他義務始由傭船人負責，其就支配力量所及，劃分義務主體，與日本商法相同。

分析日本海商法第七百五十九條「……其契約之履行，以屬於船長職務範圍內者……」之含義以及德國海商法第六百零五條所謂「……適用第五九四條至第六○二條之規定」之內容，在傭船契約而傭船人與第三人另訂運送契約之情形，船舶所有人或航海所有人對於第三人之履行責任，主要內容如下：

1.貨物卸載之通知義務：日本商法第七百五十二條第一項「以船舶之全部或一部為運送契約之標的者，於卸載運送品所必要之準備完成時，船長應即對受貨人發其通知……」，德國海商法第五百九十四條第一項第二項「全部傭船時，船長應將完成準備卸貨之意，立即通知受貨人」「船長不能確知受貨人所在時，依當地方式公告之」，規定卸貨通知為船長職務範圍內之工作，依前述日本商法第七百五十九條、德國海商法第六百零五條之規定，應由船舶所有人單獨對第三人負責。

2.貨物之提存及通知義務：依日本商法第七百五十四條「受貨人怠於受領運送品時，船長得提存之，於此情形，應即向受貨人發其通知」「不能確知受貨人時，或受貨人拒絕受領運送品時，船長應將運送品提存之，於此情形，並應即時對於傭船人或託運人發其通知」。德國海商法第六○一條「受貨人聲明準備卸貨，並已超過其應行遵守之卸貨期間時，船長得通知受貨人，將其貨物提存於倉庫營業人之倉庫，或以其他可靠

之方法提存之。」規定「貨物之提存及通知」爲船長範圍內之工作，依前述日本商法第七百五十九條、德國海商法第六百零五條之規定，亦應由船舶所有人單獨對第三人負責。須注意者，船舶所有人或航海所有人雖應對第三人負履行之責，但以非因其本身之過失爲限（註二五），得主張船舶所有人責任限制（註二六），自不待言。

　　3.貨物留置權行使義務：日本商法第七百五十三條「受貨人受取運送品時，依照運送契約或載貨證券之趣旨，按運費、附帶之費用、墊款、停泊費及運送品之價格，對於因共同海損或救助所須負擔之金額、負支付義務」「船長非與受前項所訂金額給付同時，不得交付運送物」，此船長爲運送人或共同海損債權人之利益須盡之義務也。

　　爲明確備船契約，備船人更與託運人訂立運送契約情形下，船舶所有人或航海所有人與備船人分別所應負責任之範圍，可仿照日本、德國之立法例，於海商法第九十六條之後增訂第九十六條之一「以船舶之全

註二五　我國海商法第二十二條「前條責任限制之規定，於左列情形不適用之：

　　　　一、本於船舶所有人之行爲或過失者……」

　　　　又日本商法第六百九十條第一項「船舶所有人對於船長在其法定權限內所爲之行爲，或船長及其他船員於執行其職務時，所加於第三人之損害，得於航行終了時，將該船舶、運費及船舶所有人就該船舶所有之損害或報酬請求權，委付於債權人而免其責任，但船舶所有人有過失時，不在此限。」

註二六　在我國，依海商法第二十一條，船舶所有人「以本次航行之船舶價值、運費及其他附屬費用爲限，負有限責任，船舶所有人亦得不提供船舶價值，而委棄其船舶。」

　　　　在日本，請參閱註二五前揭日本商法第六九〇條第一項之條文。

　　　　又依日本商法第七五九條雖規定「以船舶之全部或一部爲運送契約之標的者，備船人與第三人訂立運送契約時，其契約之履行，以屬於船長職務範圍者爲限，僅由船舶所有人對於第三人負履行之責，但不妨行使第六九〇條所定權利」之但書規定，堪多佐證。

部或一部爲運送契約之標的者，傭船人與第三人另訂運送契約者，其契約之履行，以屬於船長職務範圍者爲限，僅由船舶所有人對於第三人負履行之責」，至於「船長職務範圍內」之內容如何，解釋上海商法第九十三條船長貨物之卸載通知義務、第九十四條貨物寄存通知義務以及第一百六十二條爲共同海損債權之擔保，船長對於未清償分擔額之貨物所有人，得留置其貨物之留置權均在其內。

二、在海上運送，因運送人或其履行輔助人
　之過失發生火災致貨物毀損或滅失者，
　運送人是否均不得主張免除責任？

壹、判例要旨分析及問題之提出

　　最高法院六十八年臺上字第一九六號民事判決，歷經多次修正（註一），作成判例要旨如下：「海商法第一百十三條第三款以失火為運送人之免責事由，係指非由於運送人或其履行輔助人之過失所引起之火災而言，海牙規則（公元一九二四年載貨證券國際統一公約）就此明定為不可歸責於運送人事由所引起之火災，復明文排斥運送人知情或有實際過

註一 按該判例要旨之作成，歷經多次修正，「判決要旨」、「判例全文」、「判例要旨」之用辭遣字並不一致，文義頗有差別，僅分別摘錄如下，以供參考。惟本論文只以「判例要旨」爲討論對象，併此說明。

㈠判決要旨（六十八年臺上字一六九號判決）

「第查海商法第一百十三條第三款以失火爲運送人之免責事由，似指非由
　　　　　　　　　　　　　　　　　　　　　　　　　　　　被改變㈠----
於運送人或其履行輔助人之過失所引起之火災而言，海牙規則（公元一九二四年載貨證券國際統一公約）就此明定爲不可歸責於運送人事由所引起之火災，復明文排斥運送人知情或有實際過失所引起之適用，且不僅在於火災之引起更及於火災之防止，我國海商法繼受海牙規則，法條上雖未具體表明，然參酌同條第十七款就運送人對自己或其履行輔助人之過失行爲，不包括在免責事由之內，亦即運送人對此仍負其責任，相互比照，自可明瞭。況運送
　　　　　　　　　　　　　　　　　　　　　　　　　　　　　　被改變㈡----
人未盡同法第一百零六條及第一百零七條之注意義務而引起之火災，似難依
　　　　　　　　　　　　　　　　　　　　　　　　　　　被改變㈢----
失火之免責條款而主張免其責任。原審就此尚未注意研求，遽依失火爲運送人免責事由，爲其判決之依據，尚嫌疏略。」

㈡判例全文（摘錄自六十八年臺上字一九六號判例全文）

「第查海商法第一百十三條第三款以失火爲運送人之免責事由，似指非由
　　　　　　　　　　　　　　　　　　　　　　　　　　　改變後㈠----
於運送人或其履行輔助人之過失所引起之火災而言，海牙規則（公元一九二四年載貨證券國際統一公約）就此明定爲不可歸責於運送人事由所引起之火災，復明文排斥運送人知情或有實際過失所引起火災之適用，且不僅在於火災之引起更及於火災之防止，我國海商法繼受海牙規則，法條上雖未具體表明，然參酌同條第十七款就運送人對自己或其履行輔助人之過失行爲，不包括在免責事由之內，亦即運送人對此仍負其責任，相互比照，自可明瞭。運
　　　　　　　　　　　　　　　　　　　　　　　　　　　　　改變後㈡----
送人未盡同法第一百零六條及第一百零七條之注意義務而引起之火災，似難
　　　　　　　　　　　　　　　　　　　　　　　　　　　　改變後㈢----
依失火之免責條款而主張免其責任。」

㈢判例要旨（六十八年臺上字第一九六號判例要旨）

「海商法第一百十三條第三款以失火爲運送人之免責事由，係指非由於運
　　　　　　　　　　　　　　　　　　　　　　　　　改變後㈠----
送人或其履行輔助人之過失所引起之火災而言，海牙規則（公元一九二四年

載貨證券國際統一公約)就此明定爲不可歸責於運送人事由所引起之火災，復明文排斥運送人知情或有實際過失所引起火災之適用，且不僅在於火災之引起，更及於火災之防止。我國海商法雖未具體規定，然參酌第一百十三條第十七款就運送人對自己或其履行輔助人之過失行爲，不包括在免責事由之內，亦即運送人對此仍負其責任，相互比照，自可明瞭。 運送人未盡同法第一百零六條及第一百零七條之注意義務而引起之火災， 似 難依失火之免責條款而主張免其責任。」判決要旨、判例全文及判例要旨之改變主要有三：

1. 法律見解由「不確定」改變爲「確定」：

　　「判決要旨」及「判例全文」對海商法第一百十三條第三款以失火爲運送人之免責事由是否指「非由於運送人或其履行輔助人之過失所引起之火災而言」，持「不確定」見解，故「判決要旨」及「判例全文」中使用「似」字（參考判決要旨及判例全文「被改變㈠」），但判例要旨則採「確定」見解，將「似」字刪去，改爲「係」字（參考判例要旨「改變後㈠」）。

2. 將判決要旨之「理由」經過渡階段轉變爲判例要旨之「事實」（小前提）：

　　判決要旨後段「……"況"運送人未盡同法第一百零六條及第一百零七條之注意義務而引起之火災」（參考判決要旨之「被改變㈡」），在判決書中，作爲運送人不得主張免責事由之另一「獨立理由」；判例全文將上開判決要旨後段之「況」字刪除，變爲「□運送人未盡同法第一百零六條及第一百零七條之注意義務而引起之火災」（參考判例全文「被改變㈡」），有由「理由」逐漸轉變爲「事實」（小前提）之跡象；及至「判例要旨」，不但將「況」字刪除，而且代以「是」字，所謂「"是"運送人未盡同法第一百零六條及第一百零七條之注意義務而引起之火災」（參考判例要旨「改變後㈡」）正式成爲最高法院採用高等法院認定之事實，在判例要旨結構中成爲「事實」（小前提）。

3. 結論由「不確定」到「幾乎確定」：

　　判決要旨、判例全文之結論部分，均載明「…似難依火災之免責條款而免其責任」（參閱判決要旨及判例全文「被改變㈢」），語意十分不確定，及至判例要旨，將「似難」改爲「尙難」，語意「幾乎確定」（參閱判決要旨「改變後㈢」），惟仍非確定。

失所引起之火災之適用，且不僅在於火災之引起更及於火災之防止。我國海商法雖未具體規定，然參酌第一百十三條第十七款就運送人對自己或其履行輔助人之過失行爲，不包括在免責事由之內，亦即運送人對此仍負其責任，相互比照，自可明瞭。是運送人未盡同法第一百零六條及第一百零七條之注意義務而引起之火災，尙難依失火之免責條款而主張免其責任。」。茲分「判例要旨分析」及「問題之提出」兩點，加以說明。

一、判例要旨分析

本判例要旨之結構可分「大前提」、「小前提」、「結論」三點，「大前提」爲最高法院對海商法第一百十三條第三款「失火」一辭之法律見解，「大前提」之理由，因判例要旨，用語未盡明確，產生「單一理由說」或「理由併列說」兩種不同的理解（註二）。謹析述如次：

㈠判例要旨之三段論分析

1.大前提

本判例要旨之大前提爲「海商法第一百十三條第三款以失火爲運送人之免責事由，係指非由於運送人或其履行輔助人之過失所引起之火災

註二　此處所謂單一理由說，係指判例要旨中，支持大前提——海商法第一百十三條第三款以失火爲運送人之免責事由，係指非由於運送人或其履行輔助人之過失所引起之火災而言——者，只有一個理由，即海商法第一百十三條第十七款，至於判例要旨所指海牙規則只是用以「支持」或「比較」海商法第一百十三條第十七款而已，臺大法律系三年級一百十八位學生中，約有二分之一採此種了解方式，但臺大經濟系四年級及部分商學系二年級學生合計一百四十五人中，約三分之二採此種了解方式。

又此處所謂「理由併列說」，係指判例要旨中，支持大前提者，有兩個理由，一是海牙規則，二是我國海商法第一百十三條第十七款。前述臺大法律系學生中，約有二分之一採此種了解方式；臺大經濟系四年級及商學系二年級學生中，約有三分之一採此種了解方式。

而言」（爲用語簡鍊，以下必要時簡稱大前提），換言之，「由於運送人或其履行輔助人之過失而引起火災者，運送人不得主張免責」，此亦最高法院對「失火」一辭之法律見解。

2.小前提

本判例要旨之小前提爲「運送人未盡同法（海商法）第一百零六條及第一百零七條之注意義務而引起之火災」（爲用語簡鍊，以下必要時簡稱小前提），此即高等法院所認定之事實，最高法院據此事實，推論結論。

3.結論

本判例要旨之結論爲運送人「尚難依失火之免責條款而主張免其責任」（爲用語簡鍊，以下必要時簡稱結論）。

㈡判例要旨大前提之理由

由於判例要旨，用語未盡明確，大前提之理由有「單一理由說」與「理由併列說」之不同理解：

1.單一理由說

單一理由說認爲「海商法第一百十三條第十七款」是支持大前提之唯一理由，「海牙規則」（註三）在本判例要旨只作爲「比較」及「支持」海商法第一百十三條第十七款之用。

2.理由併列說

註三　此處海牙規則係指海牙規則第四條第二項(b)款而言，此觀判例要旨所謂「……海牙規則（公元一九二四年載貨證券國際統一公約）就此明定爲不可歸責於運送人事由所引起之火災，復明文排斥運送人知情或有實際過失所引起火災之適用，且不僅在於火災之引起更及於火災之防止……」與海牙規則第四條第二項(b)款「Neither the carrier nor the ship shall be responsible for loss or damage arising or resulting from——

　　　⋮

(b) Fire, unless caused by the actual fault or privity of the carrier.

…」，互相比較可知，以下逕引爲海牙規則第四條第二項(b)款，以利參閱。

　　理由併列說認爲(1)海牙規則第四條第二項(b)款與(2)我國海商法第一百十三條第十七款二者同爲支持大前提之理由，而非以海牙規則第四條第二項(b)款界定或推論我國海商法第一百十三條第十七款之免責範圍及免責內容後，再以我國海商法第一百十三條第十七款支持或推論我國海商法第一百十三條第三款。

二、問題之提出

　　本判例要旨立論是否正確或必要，繫於大前提所附之理由是否足以支持或推論大前提、大前提之法律見解是否與各國立法例相左而違背海商法之立法精神、以及在本案「小前提事實」的條件下，有無建立大前提之必要而決定。析言之，有三個主要問題：

　　㈠判例要旨所附之理由，是否足以支持或推論大前提？此問題又可分：

　　1.在單一理由說：「海牙規則第四條第二項(b)款」是否足以界定或推論海商法第一百十三條第十七款之責任範圍及責任內容？海商法第一百十三條第十七款是否可以推論或支持本判例要旨之大前提？

　　2.在理由併列說：「海牙規則第四條第二項(b)款」及「我國海商法第一百十三條第十七款」可否被引用於推論本判例要旨之大前提？如可，其推論結果是否與大前提相同？

　　㈡盱衡國際公約潮流，比較各國海商立法制度，追溯我國海商法立法精神，本判例要旨是否與國際公約及各國立法例相左，而違背我國海商法鼓勵航海事業，爭取海上資源之立法精神？

　　㈢在本判例要旨之「小前提事實」的條件下，大前提法律見解之建立有無必要？結論用語是否妥當？

　　綜合以上判例要旨分析以及所提出之問題，本判例要旨之結構體系以及其所發生之問題，可以解析如下圖：

1.單一理由說

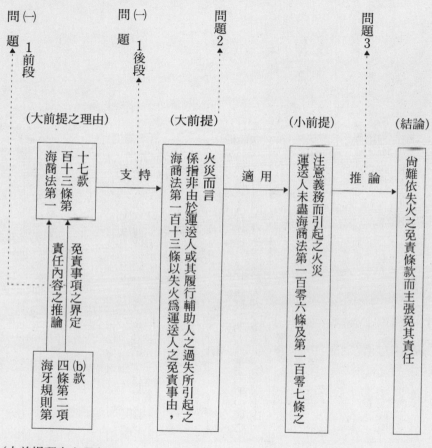

問題(一)1前段

問題(一)1後段

問題2

問題3

（大前提之理由）　　　　（大前提）　　　　　（小前提）　　　　（結論）

海商法第一百十三條第十七款　　支持　　火災而言係指非由於運送人或其履行輔助人之過失所引起之海商法第一百十三條以失火為運送人之免責事由，　　適用　　運送人未盡海商法第一百零六條及第一百零七條之注意義務而引起之火災　　推論　　尚難依失火之免責條款而主張免其責任

免責事項之界定

責任內容之推論

海牙規則第四條第二項（b）款

（大前提理由之理由）

2.理由併列說（問題與單一理由說同者，不再標示）

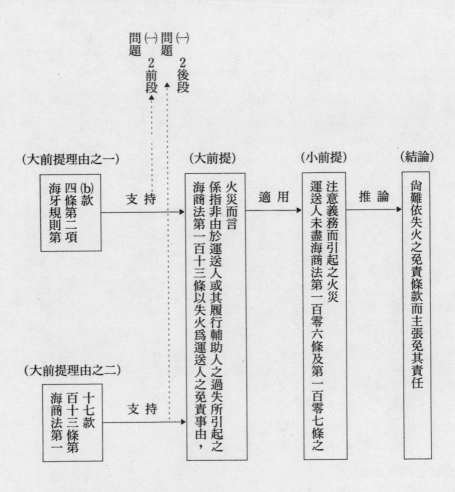

貳、對判例要旨之批評

最高法院六十八年臺上字第一九六號判例要旨所附理由，不足以支持或推論大前提；大前提之法律見解與各國立法例相左且與我國海商法立法精神有違；在「小前提事實」的條件下，無建立大前提之必要，判例要旨用語有欠嚴謹。茲析述理由如下：

一、判例要旨所附理由不足以支持或推論大前提

(一)單一理由說

單一理由說之缺點在於：①海牙規則第四條第二項(b)款不足以界定海商法第一百十三條第十七款之免責事項範圍，②海牙規則第四條第二款無法推論我國海商法第一百十三條第十七款責任內容。又海商法第一百十三條第十七款之免責範圍雖然必須先排除第一款至第十六款之事由後，再加以界定，但由於該條各款之責任內容，各自獨立，因此無法引用海商法第一百十三條第十七款反面推論同條第三款責任之內容。單一理由說之推理過程，犯了邏輯上循環論證之錯誤。茲分點說明如下：

1.海牙規則第四條第二項(b)款不足以界定海商法第一百十三條第十七款之免責事項範圍，亦無法推論我國海商法第一百十三條第十七款責任內容，茲分(1)、(2)兩點析述之。

　(1)海牙規則第四條第二項(b)款單獨不足以界定海商法第一百十三條第十七款之免責事由範圍。

按我國海商法第一百十三條係直接侈譯自一九三六年美國海上貨物運送條例第四條第二項（註四），間接譯自海牙規則第四條第二項（註

註四　參閱何佐治遺著「最新海商法釋義」第二六二頁，民國五十一年九月出版。
　　　王洸著「海商法釋論」第九十一頁，民國六十五年十月出版。本條之立法理
　　　由「本條根據舊法第九十七條及參照美國海上貨物運送條例第一章第四節第

五），該條第十七款實即譯自上開條例或規則第四條第二項(q)款，(q)款之全文是：「Any other cause arising without the actual fault and privity of the carrier and without the fault or neglect of the agents or servants of the carrier, but the burden of proof shall be on the persons claiming the benefit of this exception to show that neither the actual fault or privity of the carrier nor the fault or neglect of the agents or servants of the carrier contributed to the loss or damage.」，條文伊始，即開宗明義指出：運送人須就其故意過失，並就其履行輔助人之故意過失所生之毀損或滅失負損害賠償責任者限於「any other cause（其他原因）」，所謂「其他原因」者，無論海牙規則或是一九三六年美國海上貨物運送條例均指第四條第二項(a)款至(p)款以外之其他原因，因此 Professor Gilmore 與(q)款爲「其他除外條款（Catch All Exception）」（註六），主要內容包括「腐朽（Rust）、滲出水氣（Sweat）、管線破裂（Bursting of

二條修訂，因原條文對於船舶所有人運送不負賠償責任之事故，僅以『因不可歸責……之事由』等字爲一總括之規定，不若美國海上貨物運送條例第一章第四節第二條探列舉式之詳盡，故予參酌修正如上。」等語可知。

註五　各國代表，參酌美國一八九三年哈德條款（Harter Act 1893），協調運送人集團與託運送集團之利益後，於一九二四年，於比京布魯塞爾公佈一九二四年統一載貨證券規則國際公約，世稱海牙規則（Hague Rules），美國一九三六年海上貨物運送條例（The Carriage of Goods by Sea Act 1936）基本上完全承襲海牙規則，參閱 Grant Gilmore, *The Law of Admiralty,* Second Edition, pp. 142-144.。但我國海商法修訂時，並未明白宣示以海牙規則爲參考之根據，參閱桂裕著「海商法新論」第三二五頁，民國六十三年出版。因此我國海商法之修訂，直接參考美國一九三六年海上貨物運送條例，由於美國一九三六年海上貨物運送條例，又承襲海牙規則，故謂我國海商法「間接承襲」海牙規則。

註六　Grant Gilmore & Charles L. Black, Jr., *The Law of Admiralty,* Second Edition. pp. 167。

Pipes)、機器毀壞(Breakdown of Machinery)……」等（註七）。另
一海商法學者 Mr. William Tetley 亦指出「……經研究第四條第二項
(a)款之解釋，吾人獲致凡屬於(q)款之免責事由，悉不屬於第四款第二項
(a)款至(p)款所列免責事由範圍之結論（……upon study of the construc-
tion of 4(2)(a), one is led to conclude the causes which come within (q)
do not fall within the general class of exceptions in 4(2)(a) to (p)……」
（註八）。以上述解釋方法解釋我國海商法第一百十三條所列各款免責
事由，亦可獲得該條第十七款之免責事由，必係該條第一款至第十六款
以外之其他免責事由。換言之，海牙規則第四條第二項「(b)款」必須連
同「(a)款、(c)款至(p)款」才能界定(q)款之免責事項範圍，則海牙規則第
四條第二項(b)款「單獨」自不足以界定相當於海牙規則第四條第二項(q)
款的我國海商法第一百十三條第十七款之免責範圍。

　　　　(2)海牙規則第四條第二項(b)款不得被引爲推論我國海商法第一百
十三條第十七款之責任內容之依據。

　　　海牙規則第四條第二項(a)款至(q)款所列免責事由之責任內容，均各
自獨立，彼此不得互相比較，互相推論，此觀該條第二項(a)款、(b)款、
(q)款所列免責事由，免責內容各自獨立，彼此不同，即可知悉。而且
Professor Gilmore 亦一再強調此點（註九）。申言之，吾人既不得以海
牙規則第四條第二項(b)款之責任內容界定同條項(q)款之責任內容，自亦
不得以海牙規則第四條第二項(b)款之責任內容界定相當於海牙規則第四
條第二項(q)款之我國海商法第一百十三條第十七款之責任內容。退而言
之，即令將二者勉爲比較，責任內容亦不相同，蓋第四條第二項(b)款只

註七　同註六揭書第一六七頁下半頁。

註八　William Tetley, pp. 245-246, *Marine Cargo Claim*, Second Edition, Butter-
　　　worth.

註九　Grant Gilmore & Charles L. Black, Jr., *The Law of Admiralty*, Second
　　　Edition pp. 169-170.

規定「運送人或船舶就火災（失火）所生或所致之滅失或損害不負責任，但火災由於運送人之實際過失（註一○）或知情者不在此限」，對於履行輔助人（註一一）之過失所致之毀損或滅失，運送人雖然有「擬制過失（Constructive Fault）」（註一二），但因尚無「實際過失」，因此仍得主張免除責任。此與我國六十八年度臺上字第一九六號判例見解，運送人不論因本人之故意或過失所生貨物之毀損或滅失，或因履行輔助人故意過失致貨物發生毀損或滅失，而運送人被「擬制過失」，均不得主張免責

註一○　實際過失（Actual Fault）與擬制過失（Constructive Fault），是兩個相對概念，前者指真正的（Real）、實質的（Substantial）、既存的（Presently Existing）的過失，運送人若為自然人，其是否有實際過失，應以該為運送人之自然人是否有過失為標準，認定上不發生困難，運送人若為法人，則法人中，何人之過失，可認為是法人之實際過失即有澄清之必要。關於此點，英國採狹義說，認為只有主要營業所在地之主管人員之過失才是實際過失，例如董事會（Board of Directors）、共有船舶之經理人（Managing Officers）……是。美國、德國則採廣義見解，舉凡董事會、共有船舶之經理人、及其他在船舶上或陸地上有管理權限之職員之過失——例如船公司之高級職員（Senior Officer）、總代理人（General Agent）、港口代表（Port Representative）、高級受僱人（Senior Employee）以及貨運承攬業者（Expediter）等能「代表公司本身行使職權之人」之過失均屬之。因此一般受僱人（Merely of an Employee）、（裝放貨物之）技術化學家（Skilled Chemist）、代理人（Agent）、碼頭工人（Stevedores）、船長（Master）、傭船人之代理人（The Charterer's Agent）之過失，尚不構成運送人之實際過失。後者係指可能的（Possible）、理論的（Theoretical）擬制的（Just as If）的過失，運送人因前述「一般受僱人」「代理人」「技術化學家」「碼頭工人」「傭船人之代理人」……等之過失，由於選任及監督欠缺必要之注意，解釋上亦有過失，稱之為「擬制過失」。

註一一　履行輔助人在此指船長、海員、引水人、代理人或其他受僱人等。

註一二　關於 Constructive Fault （擬制過失）之意義，請參閱註一○。

者迥然不同，判例要旨所謂「……相互比較，自可明瞭」云云，殊有違
誤。

　　2.海商法第一百十三條第十七款之免責範圍雖然必須先排除第一款
至第十六款之事由後，再加以界定，但由於該條各款之責任內容各自獨
立，因此無法引用海商法第一百十三條第十七款反面推論同條第三款責
任之內容。

　　猶如前述，我國海商法第一百十三條第三款與第十七款分別直接譯
自一九三六年美國海上貨物運送條例第四條第二項(b)款與(q)款，間接譯
自海牙規則第四條第二項(b)款與(q)款，其主要關係有二：(1)(q)款的免責
事由範圍係排除(a)款至(p)款所列事由以外之其他事由，因此(b)款不過作
為界定(q)款免責事由的一個因素，但非唯一因素。(2)(a)款至(q)款免責事
由之具體內容（責任內容），係各自獨立，彼此無關，因此無法從(b)款免
責事由之責任內容推論(q)款免責事由之責任內容，反之，亦無法自(q)款
免責事由之責任內容推論(b)款免責事由之責任內容。以此解釋我國海商
法，海商法第三款只是界定第十七款責任範圍之一個因素，第三款與第
十七款之責任內容亦各自獨立，既不得以第三款（失火）免責事由之責
任內容推論第十七款免責事由之責任內容，更不得倒過來以第十七款免
責事由之責任內容推論第三款免責事由之責任內容。判定要旨引用第十
七款免責事由之責任內容推論第三款免責事由之責任內容，殊嫌違誤。
果爾，若得以海商法第一百十三條免責事由之責任內容推論第三款免責
事由之責任內容，則亦可以同條第十七款免責事由之責任內容推論第一
款免責事由之責任內容，其結果，文義相左，矛盾立現。

　　(3)單一理由說之推理過程犯了邏輯上循環論證之錯誤。

　　　　單一理由說之推理過程犯了邏輯上循環論證之錯誤，換言之，
判例要旨以海牙規則第四條第二項(b)款（失火）論證我國海商法第一百
十三條第十七款，再以海商法一百十三條第十七款回頭論證相當於海牙
規則第四條第二項(b)款的我國海商法第一百十三條第三款（失火），其推

理過程，有循環論證之謬誤。茲將其論證過程圖示如下：

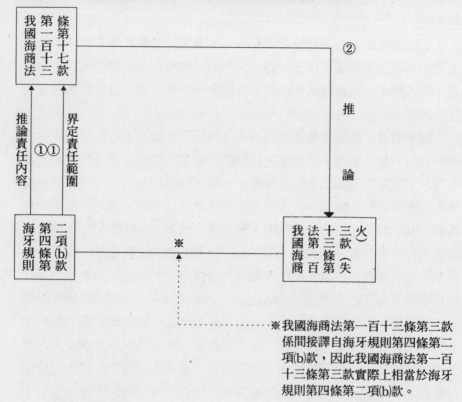

※我國海商法第一百十三條第三款
係間接譯自海牙規則第四條第二
項(b)款，因此我國海商法第一百
十三條第三款實際上相當於海牙
規則第四條第二項(b)款。

(二)理由併列說

在理由併列說情形，海商法第一百十三條第十七款固然不得被引為推論同條第三款（失火）之責任內容之依據，即海牙規則第四條第二項(b)款亦不足以推論出與大前提相同之法律見解，析言之：

1. 海商法第一百十三條第十七款不得被引為推論同條第三款之責任內容之依據。

2. 海牙規則第四條第二項(b)款不足以推論出與大前提相同之法律見解。

依海牙規則第四條第二項(b)款之規定，因火災所生或所致之滅失或

毀損，運送人或船舶均不負責任，但火災係由於運送人之實際過失或知
情者不在此限，換言之，火災之發生若非由於運送人之實際過失或知情，
而係由於運送人之代理人、受僱人……等履行輔助人之過失引起者，運
送人雖因僱傭契約，依法律規定有「擬制過失(Constructive Fault)」，
仍得主張火災之免責條款，因此以海牙規則第四條第二項(b)款實無法推
論或支持大前提之法律見解——即火災不論因運送人之故意過失，或由
於履行輔助人之故意過失而發生，運送人均不得主張免除責任。茲以表
解比較如下：

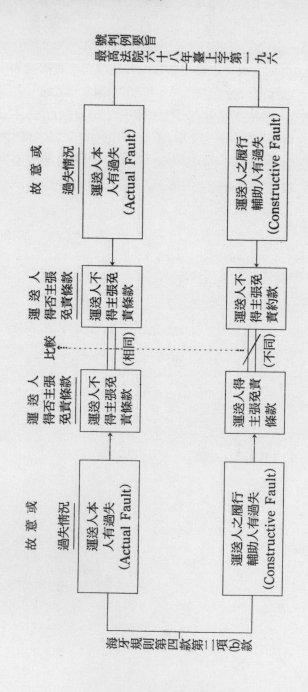

二、判例要旨大前提之法律見解與國際公約及各國立法例相左，而與海商法鼓勵航海之立法政策有違

　　依判例要旨大前提之法律見解，損害之發生不論因運送人本人之故意過失而發生，抑或因運送人之履行輔助人之過失而發生，悉不得主張免除責任，此種見解，與海牙規則、漢堡規則、以及英美德日法諸國立法例相左，而且不利於航海事業之發展。茲析述如下：

　　㈠判例要旨大前提之法律見解，與海牙規則、漢堡規則之規定相左，而不利於運送人

　　1.海牙規則：

　　按海牙規則第四條第二項(b)款規定：「因下列事由所生或所致之滅失或損害，運送人或船舶均不負責任：

　　(a)……

　　(b)火災，但係由於運送人之實際過失或知情者，不在此限。

　　(c)……

　　　⋮

　　(q)……

　　是火災之發生若非由於運送人之實際過失或知情者，縱然運送人有「擬制過失」，仍然得主張免責條款而免除其責任，此與本判例要旨，運送人不論其本人有「實際過失」，或因其履行輔助人有過失而有「擬制過失」，均不得免責者，迥然不同。本判例要旨與海牙規則第四條第二項(b)款之規定，大相逕庭，相互對照，自可明瞭。

　　2.漢堡規則：

註一三　漢堡規則由聯合國國際貿易法委員會係聯合國貿易暨發展會議(UN-CTAD)之決議而起草，全名為一九七八年聯合國海上貨物運送公約，核其內容，比諸海牙規則，基本上有利於託運人而不利於運送人。

　　按漢堡規則（註一三）第四條(a)項規定：「運送人須對下列事故負賠償責任：(1)貨物之滅失、毀損或遲延交付，經賠償請求權人證明係由於運送人或其受僱人或代理人之過失或疏忽而失火所致者。

　　⋮

The carrier is liable

　　(1) for loss of or damage to the goods or delay in delivery caused
　　　　 by fire, if the claimant proves that the fire arose from fault or
　　　　 neglect on the part of the carrier, his servants or angents.

　　⋮

漢堡規則雖然規定，運送人對於其本人之實際過失或因其受僱人或代理人有過失而有「擬制過失」均不得免責，與我國六十八年臺上字第一九六號判例實質內容相同，但若將「舉證責任」一併考慮，則六十八年度臺上字第一九六號判例仍較漢堡規則對運送人不利。漢堡規則規定「賠償請求人」（Claimant）須就運送人之「實際過失」或「擬制過失」負舉證責任。而六十八年度臺上字第一九六號判例若與舉證責任理論搭配解釋，在「賠償請求人」基於契約而請求之情形，運送人若欲主張海商法第一百十三條第三款「失火」之免責事由，則除須證明貨物之毀損或滅失是因「失火」引起者外，尚須就運送人以及履行輔助人均無故意過失負舉證責任（註一四）。因此六十八年度臺上字第一九六號判例之法律見解，對於運送人言，仍較漢堡規則嚴苛。

註一四　以契約爲理由行使求償權時，賠償請求人只須證明債務人不履行債務之事
　　　　實爲已足，無須證明債務人有故意過失，至於債務人無實際過失或擬制過
　　　　失，應由債務人負舉證之責任。海上運送亦然，賠償請求人只須證明運送
　　　　人有債務不履行之事實爲已足，運送人若欲主張免責，須就運送人及其履
　　　　行輔助人均無故意過失負舉證責任。若賠償請求人本於侵權行爲求償，關
　　　　於債務人有故意或過失之情事，除違反保護他人之法律，推定其有過失外，
　　　　應由賠償請求權人負舉證之責。參閱楊仁壽著，「海運法律論叢」之二第四

　　㈡判例大前提之法律見解與各國立法例相左，而不利於運送人，有
違海商法鼓勵航海事業之立法精神。

　　以大陸法系之德、日、法等國及英美法系之英、美等國之有關法條，
與我國六十八年度臺上字第一九六號判例比較，六十八年度臺上字第一
九六號判例所科予運送人之責任，顯然最爲重者。茲將各國立法簡介如
下：

　　1.大陸法系：

　　　⑴德國商法第六百零七條：

　　　　①海上運送人對於自己所僱用者及船員之過失如同自己過失，
　　　　　應負同一責任。

　　　　②損害之發生由於船舶之指揮，或其船舶管理行爲或火災所致
　　　　　者，海上運送人僅就自己之過失負其責任，以載貨利益爲主
　　　　　所爲之處置，不屬於船舶處理行爲。

　　　⑵日本國際海上貨物運送法第三條：

　　　　①運送人對於自己或其使用人就貨物之接受、裝載、堆存、運
　　　　　送、保管、卸貨及交貨因怠於注意所生貨物之滅失、損傷或
　　　　　遲到，應負損害賠償責任。

　　　　②前項規定，不適用於船長、海員、引水人員及其他運送人之

八〇頁，民國六十七年十月十日出版。又劉鴻坤著「論海商法」第一百十
三條「免責事由」舉證責任及載貨證券「不知條款」，法令月刊第十四期，
民國六十七年六月。惟劉氏該文只指出運送人須就免責事由之存在負舉證
責任，並未論及運送人是否須就其本人或履行輔助人無過失負舉證責任，
才可主張免除責任。在實質上，運送人若欲主張免責須證明「失火」之事
實，此各國所同然，但關於運送人是否有實際過失之舉證責任，美國、法
國均由賠償請求人負舉證證明運送人有實際過失之責任，多數學者認爲海
牙規則亦同。但是英國則由運送人負舉證證明其本人過失之責任，就舉證
責任分配言，我國與英國相同。

　　使用人因關於航行或處理船舶之行爲或船舶火災（基於運送人之故意或過失所發生者除外）所發生之損害。

(3)法國海商法第二十七條：

「Art 27.——Le transporteur est responsable des pertes ou dommages subis per la marchandise depuis la prise en charge jusqu'a la liversinon, a moins qu'il ne prouve que ces pertes ou dommages proviennent:

$\vdots$

(c) D'un incendie;

$\vdots$

(Art. 27.——The carrier is responsible for all loss or damage to the goods from the taking in charge until delivery, unless it proves that the loss or damage resulted:

$\vdots$

(c) from fire;

$\vdots$

2.英美法系：

一九七一年英國海上貨物運送條例(Carriage of Goods by Sea Act 1971) (註一五) 與一九三六年美國海上貨物運送條例(an Act Relating to the Carriage of Goods by Sea 1936)承襲海牙規則第四條同樣規定：

$\vdots$

註一五　英國一九七一年之海上貨物運送條例基本上承襲海牙規則，只於列表部分，做輕微修改，該條例明白指出其所採用之海牙規則是經一九六八年布魯塞爾議訂書修正之海牙規則(The Hague Rules as Amended by the Brussel Protocol 1968)。

第二項：因下列事由所生或所致之滅失或損害，運送人或船舶均不
負責任：

　　　　㈠……

　　　　㈡火災，但係由於運送人之實際過失或知情者，不在此限。

　　　　㈢……

　　　　㈣……

　　　　　︙

(2) Neither the carrier nor the ship shall be responsible for loss or
damage arising or resulting from

(a)·····················

(b) Fire, unless caused by the actual fault or privity of the carrier.

(c)·····················

　︙

(q)·····················

㈢分析比較

茲將上開立法例，與我國海商法判例要旨比較如下：

規定及比較　國別	規　　　　　　定		與　我　國　比　較	
	法條原文　⟶　法條解釋		海商法第一百十三條第三款	六十八年度臺上字第一九六號判例
			因左列事由所發生之毀損或滅失，運送人或船舶所有人不負賠償責任： 一、 二、 三、失火 四、 … 十七、	海商法第一百十三條以失火為運送人之免責事由，係指非由於運送人或其履行輔助人之過失所引起之火災而言。
大陸國 德	商法§607(2)： 損害之發生由於…火災所致者，海上運送人僅就自己之過失負其責任……… ⟶	損害之發生由於火災所致者，得主張免責，但火災因運送人本人之過失發生者，不得主張免責，因履行輔助人之過失發生者，仍得主張免責。	依法條文義，不論運送人之過失或其履行輔助人之過失發生火災，均在免責之列。較德國商法之規定，對運送人有利。	就判例要旨言，不論其運送人或其履行輔助人之過失發生火災，運送人均不得免除責任，較德國商法之規定，對運送人不利。
法系 日本	國際海上貨物運送法§3(1)〔2〕： ： 運送人因船舶火災所發生之損害不負責任，但基於運送人之故意或過失所發生者除外。 ⟶	同　上	同　上 (但「德國」二字應修改為「日本」)	同　上 (但「德國」二字應修改為「日本」)

大陸法系	法國	海商法§27：運送人從接受貨物起到交付貨物止，對貨物所生之毀損或滅失負賠償責任，但經證明滅失或毀損係因下列事由發生者，不在此限： (a)…… (b)…… (c)火災…… (d)…… ⋮ (q)……	依法條文義，貨物之毀損或滅失，不論因運送人之過失或其履行輔助人之過失發生火災所致，均在免責範圍。	依法條文義，我國海商法第一百十三條第三款與法國海商法第二十七條同。	就判例要旨言，不論因運送人或其履行輔助人之過失發生火災，運送人均不得免除責任，較法國海商法之規定，對運送人不利。
英美法系	英國·美國	英國一九七一年海上貨物運送條例第四條第二項(b)款與美國一九三六年海上貨物運送條例第四條第二項(b)款均規定：因左列事由所生或所致之滅失或損害，運送人或船舶均不負責任： (a)…… (b)火燒，但係由於運送人之實際過失或知情者不在此限。 (c)……	依法條文義，損害之發生由於火災所致者，得主張免責，但火災因運送人之過失發生者，不在此限，因履行輔助人之過失而發生者，仍得主張免責。	依條文文義，不論運送人之過失或其履行輔助人之過失發生火災均在免責之列，較英國一九七一年海上貨物運送條例第四條第二項(b)款或美國一九三六年海上貨物運送條例第四條第二項(b)款之規定，有利於運送人。	就判例要旨言，不論因運送人或其履行輔助人之過失發生火災，運送人均不得主張免除責任，較英美兩國左開海上貨物運送條例第四條第二項(b)款之規定，不利於運送人。

據上比較，我國海商法第一百十三條法條文字與法國海商法基本上相同，法條文義解釋結果，其科予運送人之責任，較諸德國、日本、美國、英國均輕；反之，六十八年度臺上字第一九六號判例之法律見解，其科予運送人之責任，較諸德國、日本、法國、英國、美國之法律規定均重，嚴重剝奪運送人之利益，有礙航海事業之發展。

　　附帶提及者，法國海商法第二十七條與我國海商法第一百十三條第三款雖然均以「失火」作爲法定免責事由，將因運送人之過失及其履行輔助人之過失所致之火災均包括於免責之範圍內，自法律觀點，比其他國家之法律規定雖有利於運送人，但法律規定有利於運送人者，實行結果，由於其他因素（例如心理因素……）介入影響，其結果未必有利於運送人，有時反而有害於運送人，法律正面規定的內容，與法律實行之實際效果，常常不盡相符（註一六），立法之道，惟在於允執其中，平衡

註一六　例如勞動基準法研議之初，對僱主歇業、清算或宣告破產時，本於勞動契約所積欠之工資有最優先受償權，但最優先受償範圍之大小，未予界定，引起金融界對廠商融資疑慮，而緊縮銀根，引發廠商週轉不靈，勞工解僱之情事，結果反不利於勞工。後來勞動基準法第二十八條將僱主因歇業、清算或宣告破產，本於勞動契約所積欠之工資之有最優先受償權者，限於「未滿六個月」部分，實係模仿海商法第二十四條第一項第二款之立法例，蓋欲避免立法上過份保護當事人一方，引起反彈，實質上反不利於被保護之人。票據刑法的制訂，意在藉刑事處罰保護票據之執票人，但同時亦產生地下錢莊高利剝削，居心不良者以支票爲詐欺工具之副作用。收回出租房屋之限制及租金數額之限制，旨在保護經濟弱者的承租人，實行結果，使國內大規模租賃業不發達，無法以量制價，在零星的各別租賃，黑市租金與法定租金相距甚遠，承租人仍須承受黑市昂貴租金之剝削，……凡此種種，均爲法律正面規定之內容，與法律實施之結果，不盡相符之處，如何興利防弊，立法之際，對於法律實行所發生的反彈作用，宜審愼評估。

各方法益，使能避免流弊，達到法律之預期功能（註一七）。吾人不知，法國海商法第二十七條實行之結果如何，亦不知該國法院是否以裁判對法律規定作一程度的修正，但是我國最高法院，所以以判決對海商法第一百十三條第三款加以註解或限制者，其原因可能有二：(1)我國海商法第一百十三條第三款之規定與外國立法例不同，在海商法國際化的趨勢下，確有窒礙難行之處。(2)由於海商法第一百十三條第三款過份保護運送人，引起託運人或保險業之抵制，其結果，反而不利於運送人（註一八）。果爾，本判例之作成，不論見解是否正確，實代表著最高法院發現問題而欲以裁判修正或彌補立法不足之積極精神，具有崇高的意義。

三、在判例要旨所引用之法律事實（小前提）之條件下，大前提之法律見解可以省略（通說），結論用語亦應該修正

　　本案事實審法院認定之事實爲「運送人未盡同法（海商法）第一百零六條及第一百零七條之注意義務」而引起火災。果爾，由於運送人於「發航前」及「發航時」違反「船舶適航性義務」，而該適航性之欠缺與貨物之毀損或滅失又有「因果關係」，縱然有火災之事實，運送人亦不得以「失火」爲理由主張免除責任（註一九）。因此純就法律責任言，本案

註一七　立法之道，必須允執其中，舉例而言，海商法第二十一條規定船舶所有人責任限制，予債權人予不利益，另一方面則於同法第二十四條規定債權人之優先權，基本上相應地予以優先保護，使利害相抵，得乎其中，法律及國際公約中，此種立法方式，不勝其數。

註一八　漢堡規則之立法基本上爲有利於託運人或貨主國之立法，其結果海運大國、保險業大國紛紛抵制，不予簽字，迄今遲未生效。

註一九　持通說者例如 William Tetely, *Marine Cargo Claims*, Second Edition, p. 184. 又在 Maxine Footwear Co. v. Can, Government Merchant Marine 一案，Privy Council 認爲：

"Article III, Rule 1, 〔the due diligence to make the ship seaworthy

運送人不能以「失火」爲由，主張冤責任，當爲確定之事實，大前提所揭示之法律見解以及據以推論大前提之理由可以省略，惟就法院形成判例，補充現行法律規定不足之功能言，不論大前提之法律見解以及其理由是否正確，均具有一定啓示意義。

由於本案法律事實爲運送人旣違反海商法第一百零六條之船舶適航性義務，又違反海商法一百零七條之貨物適當裝載義務，運送人就貨物之毀損或滅失，必須負賠償責任，本無主張「失火」負責條款之餘地，運送人「不得」依失火之冤責條款主張免責乃爲確定之結論，而非判例要旨所謂「尙難」依失火之冤責條款主張免其責任之不確定結論，判例要旨所謂「尙難」云云，用辭遣字，有欠妥當。

叁、對海商法第一百十三條第三款「失火」 冤責事由之見解

文義解釋有困難或文義解釋的結果窒礙難行時，法院捨文義解釋改採論理解釋，探求立法者本意，引用立法資料，對法律條文或法律用語加以解釋，乃法律解釋方法之一種，應被許可。海商法第一百十三條第

provision) is an overriding obligation. If it is not fulfiled and the non-fulfilment causes the damage, the immunities of Article IV (e. g. fire) cannot be relied on. This is the natural construction apart from the opening words of Art. IV, Rule 2. The fact that that Rule is made subject to the provision of Art. IV and Rule 1 is not so conditioned makes the point clear beyond argument.

桂裕海商法第三一五頁，亦採同一見解。但亦有採反對見解者，例如 Carver, *Carriage by Sea,* 12th ed. Vol. 1. p. 156. 「……The statutory exception protects the shipowner from the fire however caused, if it be without his actual fault or privity, thus it will apply even if the fire was caused by unseaworthiness unless the contract shows a contrary intent.」

三款「失火」一詞，用語非不明確，法院所以必須採用「論理解釋」取
代「文義解釋」，對「失火」之免責事由加以限制者，主要原因諒係文義
解釋之結果，與各國立法例相左，有違海商法國際化之潮流，且過度保
護運送人之結果，反而不利於運送人。法院以海牙規則爲基礎，以論理
解釋方法，解釋我國海商法第一百十三條第三款「失火」一辭，雖所引
者爲間接法源（註二〇），仍符合立法者本意，其正確性，應予肯定。船
舶發生失火，內則烈炎騰空，外則四面汪洋，船員跳海尚難保命，焉有
可能搶救貨物，火災危險性特高，歷來被載於載貨證券，作爲免責事由，
其後爲公約所接受，繼經各國制定爲法律，其成爲法定免責事由，有其
歷史淵源，解釋我國海商法第一百十三條第三款「失火」一辭，宜考究
其歷史性，獨立解釋，不可攀附其他條文，勉爲邏輯推理。

　　依海牙規則第四條第二項(b)款解釋我國海商法第一百十三條第三款
「失火」一辭，則運送人或船舶所有人因失火所生之損毀或滅失不負責
任，但火災之發生因運送人之實際過失（Actual Fault）或知情（Privity）
者不在此限。

　　所謂知情（Privity），德文譯爲 das Mitwissen 或 die Mitwissers-
chaft，有「與有所聞」之意，可涵蓋大陸法所謂「直接故意」及「間接
故意」，因此日本一九三六年十月十六日之海上貨物運送法第三條第二
項逕譯爲「故意」。至於「實際過失（Actual Fault）」一辭，實際上即指
「自己之過失」，如何認定自己之過失，其在運送人爲自然人時，固無問
題，其在運送人是法人時即發生認定之困難。關於「實際過失」之認定，
英國採狹義說，只有董事會（Board of Directors）或共有船舶之經理人
（Managing Owner）才能代表法人爲法律行爲，其過失始爲運送人（法
人）自己之過失。其在美國、德國則採廣義說，美國認爲所謂「自己之
過失」不但及於「董事會」、「經理人」之過失，而且及有於有管理權之

註二〇　參閱註五。

高級職員（Managing Officers），諸如：高級職員（Senior Officers）、總代理人（Gneral Agent）、港口代表（Port Representative）、高級受僱人（Senior Employee）等之過失。德國認為凡「被委以重要職務，對運送業務之全部或一部之處理，有依自己意思裁量而為指揮權限之人」之過失均為「運送人（法人）自己之過失」。過失之程度為何，法條未予規定，基於有償行為之義務人須盡善良管理人注意之原則，宜解為抽象輕過失為是。

至於運送人之故意過失，應由何人負舉證責任，其在我國，依舉證責任法則，由運送人負證明其無故意或過失之責任（註二一），英國（註二二）、德國、日本均同。但美國及海牙規則則由索賠人負舉證證明「運送人有實際過失或知情」之責任（註二三）。

我國於立法可採兩種方式，(1)仿照德日立法，只規定「運送人自己之故意或過失所致之火災」應排除於免責事由之外，至於「運送人自己」之範圍如何界定，留由法院以裁判形成具體內容或(2)將外國較為定論之裁判，形成具體條文，例如規定「失火，但火災之發生係因運送人自己，包括董事會、經理人及其他有權為運送人處理全部或一部事務之人之過失所致者，不在此限」「運送人依本款主張免責者，須就其無過失負舉證之責任」。

註二一　劉鴻坤：法令月刊第十四期，民國六十七年六月。

　　　　楊仁壽：海運法律論叢之二第四〇八頁，民國六十七年十月出版。

　　　　吳昭瑩：法令月刊第二十五卷第十一期。

註二二　英國一八九四年商船法第五〇二條第一項。

註二三　海牙規則通說由索賠人負舉證責任，但迄未定論。

肆、結　　論

六十八年臺上字第一九六號上述判例見解之形成，主要原因是最高
法院企圖自海商法有關條文中，尋覓法條依據，運用法律邏輯，對海商
法第一百十三條第三款「失火」一詞加以界定。該判例要旨所持法律見
解及其理由所以引起評論，實肇因於海商法條文立法不夠明確。茲分檢
討立法得失、闡明法條關係、及立法修正建議三點，釐清眞義，以爲結
論。

一、檢討立法得失

解釋船舶適航性義務、貨物適當裝載義務以及免責事由所以發生困
難，原因是立法上有三點缺失：

㈠法條關係不明確：海商法第一百零六條（船舶適航性義務）、第一
百零七條（貨物適當裝載義務）及第一百十三條第一款、第三款（法定
免責事由），彼此關係如何，並不明確。

㈡海商法第一百十三條所列十七種法定免責事由相互關係不明確：
海商法第一百十三條列有十七種免責事由，其中一至十六款所列事由與
第十七款事由之關係爲何，由法條文字用語，無法窺知，導致解釋上發
生疑義。

㈢海商法第一百十三條第十七款「重大過失」一詞之誤釋：由於海
商法第一百十三條第十七款立法之際，將一九三六年在美國海上貨物運
送條例第四條第二項(q)款「Actual Fault(本人過失或實際過失)」一詞，
誤釋爲「重大過失」，發生文義解釋上，運送人就自己之「抽象輕過失」
「具體輕過失」可以免責，因履行輔助人「抽象輕過失」而有「擬制過
失」時，反而不得免責的責任邏輯輕重顛倒的不合理現象。

二、闡明法條關係

茲針對上開立法不明確之點，闡明法條關係如下：

㈠違反海商法第一百零六條船舶適航性義務致生貨物毀損或滅失者，不得主張海商法第一百十三條之免責事由。海商法第一百零七條貨物適當裝載義務之規定須與海商法第一百十三條法定免責事由之規定合併解釋。

茲以海牙規則、一九三六年美國海上貨物運送條例，德國及日本有關法條之規定，闡述上開法條關係如下：

1.海牙規則：

我國海商法之條文間接承襲自海牙規則（註二四），因此法學者對於

註二四　參考海商法第一〇六條立法理由：本條係根據舊法第九〇條修訂關於船員之配置及船上之設備暨供應是否相當與乎供載貨物部份是否適當，均與運送責任有關，船舶所有人允宜爲必要之注意及措置；美國海上貨物運送條例第一章第三節第一條「在發航前及開始時，運送人應使用相當注意（甲）使船舶有安全航行之能力，（乙）配置相當船員設備及船舶之供應（丙）使貨艙冷藏庫室及其他載貨部分適於安全受載、運送與保存）」對此均有明白之規定，我海商法則付闕如，故予採用訂入本條第一項第二三兩款。本條第二項係採用美國海上貨物運送條例第一章第四節第一條「除運送人未依第三節第一款之規定，使用相當注意力，使船舶有安全航行能力，配置相當船員、設備、及供應，並使貨艙冷藏庫室及其他裝貨部份適於安全受裝、運送、保藏貨物者外，因船舶未具航行能力所致或引起之毀損、滅失，運送人或船舶不負賠償責任。因航海未具安全航行能力所致，或引起之毀損、滅失，運送人或其他主張依據本款規定免除責任者，負舉證責任，證明其已盡相當之注意」加以增訂。

第一〇七條立法理由：本條係參照美國海上貨物運送條例第一章第三節第二條「運送人應適當而謹愼裝載搬扛、堆裝、運送、保管看守及卸載貨物」之規定，加以增訂。

海牙規則條文關係之解釋，堪爲我國海商法條文相互關係解釋之參考。
海牙規則第三條第一項規定：

「The carrier shall be bound before and at the beginning of the
voyage to exercise due diligence to

(a) Make the ship seaworthy.

(b) Properly man, equip and supply the ship.

(c) Make the holds, refrigerating and cool chambers, and all other
parts of the ship in which goods are carried, fit and safe for their
reception, carriage and preservation.

（運送人於發航前及發航時，應就左列事項爲必要之注意；

①使船舶有適航性；

②適當配置船舶之海員、設備及供應；

③使貨艙、冷藏室及所有供載運貨物之船舶其他部分，就貨物
之受載、運送及保存，爲適宜並穩妥。）」

但同條第二項開始，用語迥然不同，開宗明義即加上「除第四條另有規
定外…(Subject to the provisions Article 4)...」，該項全文如下：

「Subject to the provisions of Article 4, the carrier shall properly and
carefully load, handle, stow, carry, keep, care for, and discharge the
goods carried. （除第四條另有規定者外，運送人應適當並注意地裝載、搬
移、運送及保管、看守並卸載所承運之貨物。）」，海牙規則第三條第一
項與海牙規則第三條第二項之區別在於第三條第一項無須受第四條之限
制，第三條第二項須受「第四條另有規定」之限制，此所以在著名的
Maxine Footwear Co. v. Can, Government Merchant Marine（註
二五）一案，英國樞密院(Privy Council)指出「(海牙規則) 第三條第
一項(盡善良管理人注意使船舶具有適航性義務之規定) 是最高的義務，

註二五　〔1959〕2 Lloyd's Rep. 105 at p. 113 〔1959〕A. C. 589.

設若未盡船舶適航性義務且因此發生損害，則無主張（海牙規則）第四條之免責事由（例如失火）之餘地。且不論第四條第二項開始之用語（按指 Neither the carrier nor the ship shall be responsible for loss or damage raising or resulting from...），此乃當然之解釋，第三條第二項開始有 Subject to the provisions of Article 4. 之文字，而第三條第一項沒有相應的限制，不過使上述論點清楚而無疑義耳。("Article III, Rule, 1, 〔the due diligence to make the ship seaworthy provision〕 is an over-riding obligation. If it is not fulfilled and the non-fulfillment causes the damage the immunities of article IV 〔e. g. fire〕 cannot be relied on. This is the natural construction apart from the opening words of Art. IV rule 2. The fact that that Rule 1 is made subject to the provision of Art. IV and Rule is not so conditioned makes the point clear beyond argument,")」。由於海牙規則第三條第一項相當於我國海商法第一○六條船舶適航性義務之規定，海牙規則第三條第二項相當於我國海商法第一○七條貨物適當裝載義務之規定，而海牙規則第四條第二項又相當於我國海商法第一百十三條法定免責事由之規定，因此違反我國海商法第一○六條船舶適航性義務致生貨物毀損或滅失者，不得主張海商法第一百十三條之免責事由，委無疑義。

2.一九三六年美國海上貨物運送條例：

我國海商法直接承襲美國一九三六年海上貨物運送條例，關於該條例法條關係之權威著作，自得作為解釋我國海商法條文關係之參考。

一九三六年美國海上貨物運送條例第三條第二項，用語雖然與海牙規則略有不同——第二項條文開始沒有"Subject to the provisions of Artice 4……"等字——，此乃考慮到第三條第一項必須配合第四條第一項解釋，以限制運送人適航性義務之內容，第三條第二項須配合第四條第二項解釋，以明確貨物適當裝載義務與法定免責事由之關係，美國一九三六年海上貨物運送條例之如此修正，本質上在於闡明海牙規則之立

法精神。茲將一九三六年美國海上貨物運送條例有關條文，臚列如下：

第三條第一項：

「The carrier shall be bound, before and at the beginning of the voyage, to exercies due diligence to

(a) Make the ship seaworthy;

(b) Properly man, equip, and supply the ship;

(c) Make the holds, refrigerating and cooling chambers, and all other parts of the ship in which goods are carried, fit and safe for their reception, carriage, and preservation.

（在發航前及開始時，運送人應使用相當注意：

①使船舶有安全航海之能力。

②配置相當船員設備及船舶之供應。

③使貨艙冷藏庫及其他載貨部分適合於受載、運送、保存。）」。

第三條第二項：

「The carries shall properly and carefully load, handle, stow, carry, keep, care for, and discharge the goods carried. （運送人應謹慎裝載、搬移、堆存、運送、保管、看守及卸載貨物。）」。

第四條第一項：

「Neither the carrier nor the ship shall be liable for loss or damage arising or resulting from unseaworthiness unless caused by want of due diligence on the part of the carrier to make the ship seaworthy, and to secure that the ship is properly manned, equipped, and supplied, and to make the holds, refrigerating and cool chambers, and all other parts of the ship in which goods are carried fit and safe for their reception, carriage, and preservation in accordance with the provisions of paragraph (1) of section 3. Whenever loss or damage has resulted from unseaworthiness, the burden of proving the exercises of due diligence shall be on the carrier or other persons claiming exemption under this section. (除運送人未依第三節第一款之規定,使用相當注意力,使船舶有安全航海能力,配置相當船員、設備、及供應,並使貨艙冷藏庫室及其他裝貨部份適合於受裝、運送、保藏貨物者外,因船舶未見航海能力所致或引起之喪失、毀損,運送人或船舶不負賠償責任。

因船舶未具安全航海能力所致,或引起之喪失、毀損,運送人或其他主張依據本款規定免除責任者,負舉證責任,證明其已盡相當之注意。)」。

第四條第二項

「Neither the carrier nor the ship shall be responsible for loss or damage arising or resulting from

(a)………

(b) Fire, unless caused by the actual fault or privity of the carrier;

(c)………

(d)………

(e)………

⋮

(q)………

(因下列事項之一所發生,或所致之喪失、毀損,運送人或船舶不負賠償責任。

㈠船長、船員、引水人或運送人之受僱人,因航行或管理船舶之行為過失或失職。

㈡失火,但因重大過失或運送人知情者,不在此限。

㈢海上或航路上之危險,或意外事故。

㈣天災。

㈤戰爭。

⋮

㈦……………………。）」。

　　以上第三條第一項須配合第四條第一項解釋，第三條第二項須配合
第四條第二項解釋，此觀 Professor Gilmore 所謂「……3(1) and 4(1)
must be read together, as they both deal with the subject of the carrier's
duty with respect to seaworthiness of the vessel, Section 3(2) states a
general duty of using due care with respect to the the cargo, and section
4(2) is rather miscellaneous list of causes and circumstances for effect of
which the carrier is not to be held liable...」（註二六）之說明可知。Pro-
fessor Gilmore 進一步指出第四條第一項旨在將船舶適航性義務在過
失責任主義之基礎上，將義務內容之種類加以限制（註二七），因此第三
條第一項須與第四條第一項合併解釋。第四條第二項則係針對第三條第
二項運送人裝載貨物須盡善良管理人注意列舉一些免責事由（註二八），
二者必須合併解釋。按美國一九三六年海上貨物運送條例第三條第一項
相當於我國海商法第一〇六條（船舶適航性義務），第三條第二項相當於
我國海商法第一〇七條，第四條第二項相當於我國海商法第一百十三
條。對比之下，我國海商法第一百零六條可參酌美國一九三六年海上貨
物運送條例第四條第一項而為解釋，但運送人違背適航性義務時，致貨
物發生毀損滅失時，不得主張相當於海牙規則第四條第二項之我國海商
法第一百十三條免責事由，換言之，運送人只有盡了適航性之注意義務，
但貨物發生毀損或滅失時，才由運送人舉證證明有海商法第一百十三條
所列免責事由，決定得否免責。

　　3.德國：

註二六　Grant Gilmore & Charles L. Black. Jr. *The Law of Admiralty*, Second
　　　　Edition, p. 149。

註二七　同上揭書第一五〇頁。

註二八　同上揭書第一四九頁。

德國商法第五百五十九條規定船舶適航性義務，第六百零六條至六百零八條分別規定貨物適當裝載義務及法定免責事由，細酌各該條文之規定，可得到同樣結論。

(1)第五五九條：

「(對於海上運送人之適航能力及裝載能力之責任) 不論何種運送契約，海上運送人對於船舶具有適航能力之狀態下，應為適當之裝備、艤裝，充實船員、必需品之充分準備 (適航能力) 以及包括冷藏室之船艙在內，適於受取、輸送、保管之狀態 (裝載能力) 均應注意。

海上運送人因適航能力及裝載能力之瑕疵，致生損害時，應對貨物利害關係人負責，但其瑕疵至發航時止，海上運送人以通常注意而不能發見者，不在此限。」

(2)第六〇六條：

「(海上運送人之責任) 海上運送人對於貨物之裝入、裝出、運送、處理及卸貨之際，負有海上運送人通常注意之義務。海上運送人自貨物收取後，迄交付時為止，其間如果發生滅失毀損，應負損害賠償之責。但其滅失毀損，已盡海上運送人之通常注意，而不能避免時，不在此限。」

(3)第六〇七條：

「(對於受僱人行為之責任) 海上運送人對於自己所受僱用者及船員之過失，一如自己過失，應負同一責任。

損害之發生由於船舶之指揮，或其船舶處理行為或火災所致者，海上運送人僅就自己之過失，負其責任。以載貨利益為主所為之處置，不屬於船舶處理行為。」

(4)第六〇八條：

「(責任之除外)海上運送人對於左列事由所生之損害不負責任。

一、海上或其他航行水上之危險或災害。

　　二、戰爭、變亂、敵人行為、政府處分、及依檢疫所為之限制。

　　三、法院扣押。

　　四、罷工、工作場所封閉、或其他勞動障害。

　　五、貨物託運人、所有人、或其代理人、代表人之作為不作為。

　　六、為救助海上之生命財產或救助作業。

　　七、貨物體積或重量之消耗，或隱藏瑕疵，或其固定有之性質
　　或狀態。

　　因第一項所載某一危險事故發生，而發生損害時，其損害推定
為該危險事故所致。應由海上運送人負責之事由所致者，縱能證
明發生危險事由時，仍不免除其責任。」

　　德國商法上開條文之規定有幾點，應予指出：

　　　(a)運送人適航性義務「單獨規定」於五百五十九條，與貨物
適當裝載義務「連續規定」於同法第六百零六條至六百零八條者
不同。依五百五十六條第二項規定「海上運送人因適航能力及裝
載能力之瑕疵，致生損害時，應對載貨利害關係人負責，但其瑕
疵至發航時止，海上運送人以通常注意不能發現者，不在此限」，
明確指出只要「適航能力及裝載能力之瑕疵」與「損害」之發生
有「因果關係」時，即應負賠償責任，此點與前述海牙規則及美
國一九三六年海上貨物運送條例第三條第一項及第四條第一項之
合併解釋結果相同。

　　　(b)船舶苟有適航性之欠缺情事，不論運送人自己之過失或因
其履行輔助人之過失而有「擬制過失」，均不得主張免除責任。只
有在主張「船舶之指揮」「船舶之管理」「火災」為免責事由時，
才區別「運送人自己之過失」或「履行輔助人之過失」，前者不可
免責，後者可以免責。

　　4.日本

　　日本國際海上貨物運送法第三條至第五條之規定較為明確，

該法第三條規定：「（注意義務）①運送人對於自己或其使用人就貨物之接受、裝載、堆存、運送、保管、卸貨及交貨因怠於注意所生貨物之滅失或損傷或遲到，應負損害賠償責任。②前項規定，不適用於船長、海員、引水人及其他運送人之使用人因關於航行或處理船舶之行為或船舶火災(基於運送人之故意或過失所發生者除外) 所發生之損害。」

第四條規定：

「①運送人非證明已盡前條之注意，不得免除同條之責任。②運送人證明下列事實及貨物之損害係因其事實而通常能發生時，得不受前項規定之拘束，免除前條責任。但經證明如盡同條注意即能避免其損害，而並未盡其注意時不在此限：

一、海上或其他可航水域特有之危險。

二、天災。

三、戰爭、暴動或內亂。

四、海盜行為，其他類似行為。

五、裁判上之查封，檢疫上之限制，其他依公權力之處分。

六、託運人或貨物所有人或其使用人之行為。

七、同盟罷工、怠業、工作處所之封鎖，其他爭議行為。

八、在海上救助人命或財產之行為，或因此所引之變更預定航線或基於其他正常理由之變更預定航線。

九、貨物之特殊性質或不外露之瑕疵。

十、貨物包裝或標誌表示之不完全。

十一、起車機，其他類似設備之不外露之缺陷。

③前項規定不防第九條規定之適用。」

第五條規定：

「（關於有安全航行能力之注意義務）①運送人對於自己或其使用人在發航時就下列事項因疏於注意所生貨物之滅失、損傷或遲到，應負賠償之責任：

一、使船舶有安全航行之能力。

二、配置相當船員、設備、及補給需要品。

三、使貨艙、冷藏室及其他供載運貨物部分適合於受載、運送與保
　　存。

②運送人非證明已盡前項之注意者，不得免除同項之責任。」

　　日本國際海上貨物運送法將船舶適航性義務挪後規定於第五條，並於第二項明白指出「運送人非證明已盡前項（按指第一項之船舶適航性義務）之注意者，不得免除同項（第一項）之責任」，而將貨物適當裝載義務以及其法定免責事由挪前分別規定於第三條及第四條，尤其於第四條第二項明確指出「運送人證明下列事實（即法定免責事由）及貨物之損害係因其事實而通常能發生時（即客觀相當因果關係），得不受前項規定之拘束，免除前條責任（即第三條之貨物適當裝載義務）……」，直接指出法定免責事由構成貨物適當裝載義務之免責規定，對於貨物因欠缺適航性所生之毀損或滅失，並不適用。

　　㈡海商法第一百十三條第十七款之免責事由係指同條第一款至第十六款以外之其他事由，該條各款之責任內容係各自獨立，彼此無互相推論關係。

　　1.海商法第一百十三條第十七款係指同條一款至十六款以外之其他事由：

　　海商法第一百十三條第十七款之免責事由係指同條第一款至第十六款以外之事由。此參考 Mr. William Tetley 對海牙規則第四條第二項⒬款的闡釋（請參考第 38 頁）以及 Professor Gilmore 對美國一九三六年海上貨物運送條例第四條第二項⒬款之解釋（請參考第 38 頁），當可明瞭。

　　⑴德國：

　　　在德國，相當於我國海商法第一百十三條第十七款的「其他除外事項條款」，已納入於德國商法第六○七條第一項中，除德國商法第六

百〇八條第一項所列舉不可歸責運送人之事由外，就可歸責於運送人之事由者，第六〇七條第二項復構成同條第一項之特別規定，因此第六〇七條第一項之事由，自應排除同條第二項之免責事由及第六〇八條第一項所列之免責事由。其關係可解析如下圖：

免責事項
- 1.德國商法第六〇八條第一項所列免責事由
- 2.德國商法第六〇七條第二項所列免責事由
- 3.不屬於1.2.之其他事由（第六〇七條第一項）………
相當於我國海商法第一百十三條第十七款

(2)日本：

　　在日本，「其他除外條款」實已存在於國際海上貨物運送法第三條第一項，該條第二項及第四條第二項所列免責事由成為第三條第一項之特別規定，換言之，第四條第二項所列不可歸責於運送人之除外事由以及第三條第二項之除外事由外之其他事由，才屬於第三條第一項之範圍，其關係可解析如下圖：

免責事由
- 1.日本國際海上貨物運送法第四條第二項所列免責事由
- 2.日本國際海上運送條例第三條第二項所列免責事由
- 3.不屬於1.2.之其他事由（日本海上貨物運送條例第三條第一項）………
相當於我國海商法第一百十三條第十七款

2.海商法第一百十三條所列十七款責任內容各自獨立：

　　海商法第一百十三條第一款至第十七款責任各自獨立，彼此並無推論關係，此在不可歸責於運送人或其履行輔助人之事由——例如海牙規則、一九七一年英國海上貨物運送條例、一九三六年美國海上貨物運送條例第四條第二項(c)款至(p)款、德國商法第六〇八條第一項第一款至第七款、日本國際海上貨物運送法第四條第二項所列一至十一款免責事由——固然如此，即可在歸責於運送人或其履行輔助人而發生貨物毀損或

滅失者，其能否構成免責事由，各款亦各自獨立，彼此無推論關係。此
不惟 Professor Gilmore 在其所著 *The Law of Admiralty* 第二版第
一六九頁至一七〇頁中明確指出，而且比較海牙規則、一九七一年英國
海上貨物運送條例、一九三六年美國海上運送條例第四條第二項(a)款、
(b)款及(q)款之規定，以及德國商法第六〇七條、六〇八條及日本國際海
上貨物運送法第三條、第四條之規定，均可得到同樣之結論，茲謹圖示
解析如下：

　　　　(1)海牙規則及美國、英國一九三六年美國海上貨物運送條例、一
九七一年英國海上貨物運送條例：

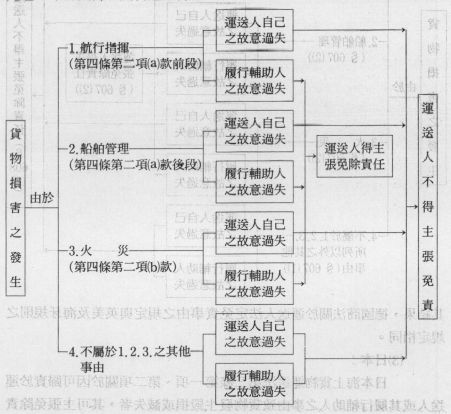

(2)德國：

德國商法第六〇七條、六〇八條關於損害之發生係可歸責於運送人或其履行輔助人之事由者，其可否主張免除責任之情形，可以解析如下圖：

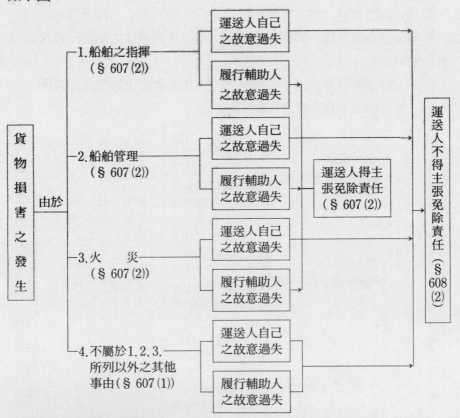

其結果，德國商法關於運送人法定免責事由之規定與英美及海牙規則之規定相同。

(3)日本：

日本海上貨物運送法第三條第一項、第二項關於因可歸責於運送人或其履行輔助人之事由致貨物發生毀損或滅失者，其可主張免除責

任，亦可解析如下圖：

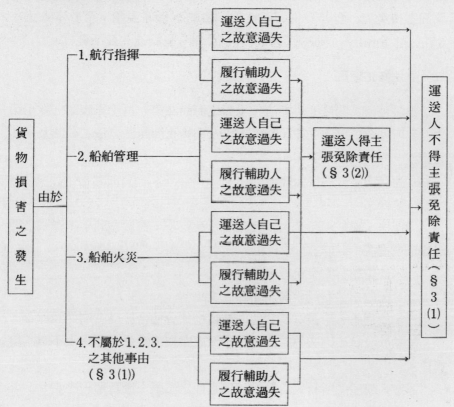

　　日本海上貨物運送法與海牙規則、英國、美國及德國之規定，文字
雖然不同，實內容無異。

　　據上所述，不論海牙規則，英、美、德、日之立法例，貨物因運送
人或其履行輔助人之過失發生毀損或滅失，得否主張免除責任，應依各
款之規定，單獨決定，彼此並無推論關係。

　　㈢海商法第一百十三條第十七款所謂「重大過失」一詞，實爲
"Actual Fault"一詞的誤釋，正確的翻譯應是「實際過失」或「本人的
過失」或「自己的過失」，否則運送人就自己之「抽象輕過失」、「具體輕

過失」可以免責，但就其履行輔助人之「抽象輕過失」、「具體輕過失」反面不得免責，豈非發生責任輕重顛倒的不合理現象。至於本人過失（Actual Fault）一詞之意義如何，已於第　頁論述，茲不贅言。

三、立法修正建議

　　為避免條文關係混淆不清，為界定海商法第一百十三條第一款至第十七款所列免責事由之彼此關係，以及為修正海商法立法之缺漏及用語之錯誤，謹建議修正條文如下：

㈠海商法第一百零六條

　　原條文

　　「運送人或船舶所有人於發航前及發航時，對於左列事項應為必要之注意及措置：

一、使船舶有安全航行之能力。

二、配置相當海員設備及船舶之供應。

三、使貨艙、冷藏室及其他供載貨物部分適合於受載運送及保存。

　　船舶於發航後因突失航行能力所致之毀損或滅失，運送人不負賠償責任。

　　運送人或船舶所有人為免除前項責任之主張，應負舉證之責。」

　　修正條文

第一項、第三項不修正。

第二項修正為：

　　「運送人或船舶所有人因欠缺前項之必要注意及措置，致貨物發生毀損或滅失時，應對貨物之利害關係人負賠償責任，不得主張任何免責事由免除責任。但船舶於發航後因突失航行能力所致之毀損或滅失，不在此限。」

㈡第一百零七條

　　原條文

「運送人對於承運貨物之裝卸、搬移、堆存、保管、運送及看守
應爲必要之注意及處置。」

修正條文

「運送人對於自己或履行輔助人對於承運貨物之裝卸、搬移、堆
存、保管、運送及看守怠於注意所生貨物之毀損、滅失或遲到，應對貨
物之利害關係人負賠償責任，但有第一百十三條法定免責事由不在此
限。」

㈢第一百十三條

原條文

「因左列事由所發生之毀損或滅失，運送人或船舶所有人，不負賠
償責任：

一、船長、海員、引水人或運送人之受僱人，因航行或管理船舶之
　　行爲而有過失者。

二、海上或航路上之危險或意外事故。

三、火災。

四、天災。

五、戰爭。

六、暴動。

七、公共敵人之行爲。

八、依法之拘捕、扣押、管制、徵用或沒收。

九、檢疫限制。

十、罷工或其他勞動事故。

十一、救助或意圖救助海上人命或財產。

十二、包裝不固。

十三、標誌不清或不符。

十四、因貨物之瑕疵、變質或病態所致分量、重量之耗損或滅失。

十五、貨物所有人、託運人或其代理人之行爲或不行爲。

十六、船舶雖經注意仍不能發現之隱藏瑕疵。

十七、非由於運送人或船舶所有人之故意或重大過失，或其代理
　　　人、受僱人之過失所發生之毀損或滅失。」

以上第三款及第十七款應分別修正，並增訂第二項及第三項如下：

「……

　……

三、失火，但由於運送人自己之故意或過失而發生者，不在此限。

　⋮

十七、毀損或滅失非由於第一款至第十六款之事由而發生，且其發
　　　生非由於運送人或船舶所有人自己之故意或過失，或其代理
　　　人、受僱人之過失所致者。

　　運送人主張前項事由免除責任者，須就前項事實、因果關係及自己
已盡善良管理人注意負舉證責任。

　　運送人依第一百零七條及本條第一項第一款、第三款或第十七款之
規定，應負賠償責任者，縱有其他法定免責事由，亦不得免除賠償責
任。」。

三、從貨櫃運輸的特性建議民商法若干修正

壹、緒　論

一、貨櫃運輸之意義

　　貨櫃亦稱貨箱，為巨型容器，外型長方，結構強度足敷保護櫃內貨物，可供船舶或其他陸空運輸工具多次聯運之用（其意義及法律性質詳見第二點）（註一）。貨櫃運輸者，以貨櫃裝載貨物，自託運地運往受貨地之運輸行為也。典型之貨櫃運輸之事例之一，乃以一定尺寸（註二）、特定材料（註三）之貨櫃，自貨櫃集散站或內陸出口棧（註四）裝置出口貨物，或自貨櫃場，以拖車至鐵路車站，連櫃帶貨物載於平車上，由火車運往出口港或航空站，然後用貨櫃輪或貨櫃運輸機運往目的港或航空站，再以火車或拖車，直駛至受貨人之門口交貨（註五），所謂「門口至門口之運送(Door to Door Transportation)」是也。此種運輸方式聯合陸運、海運、空運為一體，以達到省時、省費、迅速及安全的目標。由於貨櫃運輸與傳統運輸的重大不同，因此被稱為「運輸革命(Transportation Revolution)」（註六）。貨櫃運輸因為陸橋觀念的建立，在兩洋一陸的運輸，以大陸為橋樑，陸海空運輸一貫聯運，用直線取代曲線，發揮高速率運輸，使其重要性更為提高（註七）。

註一　謝海泉編著：船舶管理學原理（六十年十月版），第一八三頁。

註二　桂裕：貨櫃運送之法律基礎，法令月刊第二十三卷第五期。

註三　可用鋼鐵、玻璃絲及鋁等三種原料製造。王泩：貨櫃化運輸與我國貨櫃化運輸之創辦，航運季刊第七卷第三期第五頁。

註四　參閱基隆海關頒布之「貨櫃進出口查驗裝卸細則」。

註五　"International Carriage by Container," *Journal of World Trade Law* Vol. 1. No. 4, p. 434.

註六　董載泰：陸橋聯運問題，航運季刊第六卷第四期。

二、貨櫃運輸之沿革

　　貨櫃運輸之沿革，說法不一，有主張起源於二百年前，英國人以貨櫃自殖民地運回貨物者（註八），有主張起源於第一次世界大戰，美軍以貨櫃裝運軍用物質支援歐洲前線者（註九），亦有主張起源於第二次世界大戰期間，美國陸軍推行之 Connex 海上貨物運輸系統者（註一〇）。通說認為一次大戰以前，美軍補給所用之貨櫃尚無統一格式，使用量有限，且只止於陸上運輸，堪稱貨櫃運輸之萌芽時代（註一一）。二次大戰期間，美軍使用之 Connex，已經具備一定格式（註一二），且採取海陸聯運方式，直接刺激近代貨櫃運輸之興起，實為貨櫃運輸之起源。一九五五年，美國鐵路業者以貨櫃運輸，抗衡公路運輸之激烈競爭（註一三），民間陸上貨櫃運輸於焉興起；在海上運輸方面，海陸公司(Sea-Land Service Inc.)首先使用貨櫃，經營紐約、美國東海岸與波多黎各間之運輸（註一四），雖未受到政府補助，但成效卓著，乃又開闢大西洋貨櫃運輸航線及太平洋航線。一九五八年，美國麥廸遜航運公司(Madson Navigation Company)開始經營美國西海岸與檀香山間之貨櫃運輸，一九六七年，

註七　同註六。

註八　中國驗船協會叢書：運輸貨櫃概說第一頁。

註九　王洸：貨櫃化運輸，淡江商學第四期第二十六頁。

　　　王洸：貨櫃化運輸與我國貨櫃化運輸的創辦，航運季刊第七卷第三期第二頁。

註一〇　張金陽：貨櫃運輸評價，政大國際貿易學報第九期第二十八頁。

　　　　陳繼堯：貨櫃運輸與保險，產險季刊第二期第九頁。

註一一　王洸：貨櫃化運輸，淡江商報第四期第二十六頁。

註一二　當時用八呎立方之貨櫃。

註一三　陳繼堯：貨櫃運輸與保險，產險季刊第二期第九頁。

註一四　董載泰：貨櫃運輸之發展，航運季刊第五卷第三期第八十一頁。

該公司又與日本郵船及昭和海運兩家公司合作，將其航線延展至遠東(註一五)。其後，美國 Moore-McCormack, United States Lines（註一六），英國 Overseas Containers Ltd, Associated Container Transportation Ltd（註一七))等公司及日本、挪威、瑞典……等主要海權國相繼仿效，遂使海上運輸幡然改觀，所謂「貨櫃運輸是運輸革命」，誠非虛言。

三、貨櫃運輸之優點及缺點

經濟、迅速、安全與方便是經營運輸之主要目標，貨櫃運輸適可符合上述部分目標，根據學者專家的意見，貨櫃運輸之優點可歸納如下：⑴縮短裝卸時間，疏通碼頭擁擠（註一八）。⑵需用碼頭較少，但集散地面積較大（註一九）。⑶減少存貨積壓，減輕資金成本及利息負擔（註二〇）。⑷避免勞工不足或氣候不良之運輸遲延（註二一）。⑸包裝簡便，減少竊盜及損壞之危險（註二二）。⑹減少包裝費及雜費（註二三）。

雖然，貨櫃運輸仍然有下列缺點：⑴需要資本過鉅：一般貨櫃必須有二倍半至三倍之貨櫃備用，而貨櫃價值昂貴，長二十呎之標準貨櫃每隻約需數千美元，以每艘貨櫃運輸載運一千個貨櫃計，其備用貨櫃之價值達數百萬至數千萬美元，此誠非一般輪船公司所能負擔。其他如起重

註一五　王洸：貨櫃化運輸，淡江商學第四期第二十六頁。

註一六　Dennis Thompson, "International Carriage by Containers," *Journal of World Trade Law*, Vol. 1, No. 4, p. 435.

註一七　同註一六書第四三四頁。

註一八　桂裕：貨櫃運輸之法律基礎，法令月刊第五卷第二十三期第六頁。

註一九　Dennis Thompson, "International Carriage by Container," *Journal of World Trade Law*, Vol. 1, No. 4, p. 435.

註二〇　桂裕：貨櫃運送之法律基礎，法令月刊第五卷第二十三期第六頁。

註二一　同註二〇。

機(Cranes)、車台(Chassis)、四輪轉向車（Boyie）及集散站所需資金亦頗鉅大。⑵貨櫃調度的困難：由於貨櫃被運往世界各地，如何將貨櫃靈敏調動，或充分交換使用……實有賴良好管理及通訊，此其技術及人力問題之有待克服，爲貨櫃運輸一大困難。⑶事實上及法律上的其他困難：諸如公路承壓能力的提高、鐵路隧道的寬度的加大……以及甲板上貨物保險問題均是。

　　雖然貨櫃運輸有上述缺點，但權衡優劣，乃以優點爲多。面對海權國之有力競爭，各國政府莫不予航運公司以資金及其他支持，期能克服貨櫃運輸缺點，發揮貨櫃運輸之優點；其因貨櫃運輸所發生之法律問題，實有予正視並尋求解決必要。

貳、貨櫃、貨櫃船與貨櫃貨

一、貨櫃

　　㈠貨櫃之定義及特性

　　貨櫃因設備不同、材料之相異雖可爲多種不同之分類（註二四），然其爲貨櫃必具有共同之特性，因此，各國對貨櫃所界定義儘管不同，但仍大同小異：

註二二　但保險業者亦有認爲使用貨櫃裝載貨物，貨物外表之毀損雖可減少，然使貨櫃亦有新危險，例如貨物在櫃內裝叠不當或貨櫃受損壞時，其所裝載之貨物亦不免其損害。至於竊盜案之發生是否必然減少，亦有疑義。參閱：施智謀：貨櫃運輸的責任問題，政大法學評論第三期第四十九頁。又有持相似見解，認竊盜案原則上減少，但是職業竊盜能夠全櫃偷竊，其損失反而更大。參閱：T.G. Coghlin, "International Carriage by Container II. Problems for Insurers." *Journal of World Trade Law*, p. 465.

註二三　謝海泉：台灣推行貨櫃運輸之研究，航運季刊第六卷第一期第四十五頁。

　　我國財政部民國五十九年十月二十九日修正公布之「海關管理貨櫃辦法」第二條規定貨櫃係指「輪船公司裝運進口貨物特備之容器」；倫敦各保險公司，包括勞依茲保險人所組織之「聯合貨櫃小組」，將貨櫃界定為「一種標準尺寸硬金屬框架之密封容器，以便(1)使用機器工具舉起，(2)所載貨物得以安全運送，(3)重複使用，(4)可經由不同運輸工具。」（註二五）。英國標準局將貨櫃界定為「貨櫃乃固定形式或可以折叠之構成體，適合於包裝物品及散裝原料運輸之重複利用。其特點在於便利不同運輸工具間之運轉、裝卸作業之運行。」（註二六）。以上諸定義雖頗能說明貨櫃之部分特質，但不足以涵蓋全部。較為周全之定義，應以歐洲貨櫃關稅協定所界定者為當；依該協定之定義「貨櫃者具有(1)長久固定性、堅固足敷反覆使用，(2)經特殊設計，適於裝載物品，能供一次或多次中間運輸，無庸重新裝貨，(3)備有裝置，可以配合既有操作設備，特別適宜由一種運輸方式換為另一種運輸方式，(4)有一定容積，用一定材料，配有正常裝備及附屬設備之運輸器物也」（註二七）。國際標準化組織(International Organization for Standardization)對貨櫃所下之定義亦類似（註二八）。

　　依據以上定義分析，貨櫃乃一種運輸容具，具有下列特性：

註二四　依貨櫃之設備之不同，可分(1)普通乾貨櫃：又可分(a)乾貨櫃(b)通風貨櫃(c)開頂貨櫃(d)平床貨櫃(e)車輛貨櫃；(2)保溫貨櫃：又可分(a)冷凍貨櫃(b)絕熱通風貨櫃(c)冷氣通風貨櫃；(3)液體貨櫃；(4)特殊貨櫃，又可分(a)特殊貨物用櫃（牲畜貨櫃，散裝貨櫃）(b)特殊設計貨櫃（收縮式、折叠式之貨櫃）(c)組合式貨櫃。依貨櫃材料之不同，可分(1)鋁質貨櫃(2)鋼質貨櫃(3)強力塑膠面合板貨櫃。

註二五　孫堂福：貨櫃化與保險，航運季刊五卷三期，第六十九頁。

註二六　黃茂清：論海上貨物運送人之船舶適航性義務，第八十六頁。

註二七　Dennis Thompson, "Carriage by Containers," *Journal of World Trade Law*, Vol. 1, No, 4, p. 437.

1. 具有足夠強度，適合長期反覆使用。

2. 具有相當容積，足敷裝置貨物（註二九）。

3. 經特殊設計，易於裝卸貨物。

4. 採用一定材料，便利貨櫃交換。

5. 經特殊設計，適合一種或多種運輸方式，可中途運轉，勿庸重新裝載。

(二)貨櫃之標準化

貨櫃運輸之利益，植基於多種運輸方式之一貫作業基礎上，往昔貨櫃運輸之範圍限於國內陸運或洲陸運送，由於適用地域狹小，交換使用機會不多，貨櫃尺寸及材料尚無統一之必要。但自海上貨櫃運輸大量發展以後，陸橋觀念的建立，陸海空聯運的要求，以及充分交換貨櫃使用，以達到經濟迅速之目標，國際間咸認貨櫃有標準化之必要（註三〇）。

一九六一年，應美國的建議，貨櫃運輸先驅國家逐漸達成協議，於國際標準組織（註三一）內設立技術委員會，專責研究訂立貨櫃規格之標準（註三二）。依該組織之研究，所謂標準化，應兼及於貨櫃船、附屬

註二八　國際標準化組織(the International Organization for Standardization)對貨櫃所下之定義原文爲：being capable of repeated use, facilitating the carriage of goods by one or more methods of transport without intermediate reloading, being fitted with devices permitting its ready handing and transfer from one mode of transport to another, to be easy to load and empty, and to have a minimum internal capacity of one cube metre.

註二九　Herman, *Cargo Containers,* p. 5；中國驗船協會叢書，運輸貨櫃概說第十二頁。國際標準組織技術委員會之定義規定一立方公尺以上。

註三〇　中國驗船協會叢書：運輸貨櫃概說第二十三頁。

註三一　該會設立之技術委員會全名爲：International Organization for Standardization Technical Committee.

註三二　目前通用之國際標準貨櫃規格高寬各八呎，長度分爲五、十、二十、三十、四十呎五種最爲適用。

裝置以及貨櫃足夠強韌的品質，因此貨櫃之製造應由合格廠商任之，或在監督下爲之（註三三）。貨櫃標準化，有助貨櫃之交換使用，良以利用貨櫃運送至送貨地後，受貨地是否有等量之回頭貨，又是否恰需運返運送人之原址，均涉及貨櫃管理及經濟効慮問題，在貨櫃標準化的條件下，貨櫃所有人或承租人得以同樣貨櫃之交換使用，避免空櫃往返。

㈢貨櫃之法律地位

貨櫃之法律地位如何，有三種學說：(1)包裝皮說(2)船舶之部分說(3)運輸之工具或容器說。茲分述如下：

1.包裝皮說：此說主張貨櫃是貨物之包裝皮（卽包皮，參照民法第六二四條第二項、海商法第九八條第一項第三款、第一一三條第十二款）。按包裝可分爲內層包裝與外層包裝，前者目的在便利銷售，以裝潢美觀醒目爲主；後者以保護貨物便利運輸爲目的，我民法第六一六條、六二四條及海商法第九八條所用「包皮」或「包裝」屬之。貨櫃具有保護貨物及便利運輸之功能（註三四），與一般包裝皮相同，但是：(a)一般包裝皮應儘量減少體積及重量，以節省運費，良以在海上運輸，凡體積超過四十立方呎或重量超過一公噸或長度逾二十呎者，均應按級增收運費（註三五）。而貨櫃運輸異此，非但不減少體積，反而要求符合一定規格之體積，最小應有一立方公尺，所謂單位化運輸是也。若將貨櫃視爲

註三三　Dennis Thompson, "International Carriage by Container," *Journal of World Trade Law,* Vol. 1, No, 4, p. 436.

註三四　陳敏生：國際海運實務第一頁「外包裝之主要功能爲：㈠預防貨物破損、變質、污染、濡濕與盜竊等意外；㈡避免貨物洩露脫落及短損；㈢可使搬運、裝卸、堆積進行便利；㈣避免因貨物性質發生危險，傷害船貨人命；㈤便於理貨檢數；㈥便於識別尋找，……。」，又參見同書第二頁：「……㈢包裝應儘量減少重量與體積……。」

註三五　參閱中國驗船協會叢書：運輸貨櫃概況第五頁。

包裝皮，則貨櫃將成為託運人在運費上之重大負擔。因此此說非唯理論不當，而且為海運實務所不採。(b)一般之包裝皮必須節省，以減輕貨物成本，其堅固以足敷一次運送或買賣為已足，包裝本身對商品或貨物並無重大經濟價值，在法律上常構成該商品或貨物之從物（例如：木箱為蘋果、鳳梨罐頭之從物，紙袋為水泥之從物），甚至構成商品或貨物之成分（內層包裝常已構成商品或貨物之成分）。至於貨櫃則異於此，貨櫃價值昂貴，品質堅固，可供反覆使用，其所有權未必屬貨櫃貨之所有人，因此非貨櫃貨之成分或從物。準上所述，貨櫃不得以包裝皮或包皮視之。

2.船舶之部分說：主張貨櫃為船舶之一部分者認為，貨櫃在觀念上應視為輪船貨艙之一部分（註三六），航運公司亦常視貨櫃為活動之船艙（註三七），法國法院且認定「貨櫃由船舶經營者裝貨並發出提單者，視同船艙之一部分」（註三八）。論者更主張在貨櫃貨由運送人裝疊入櫃情形，運送人對於該貨櫃是否適宜裝載此種貨物有注意義務，此種義務是否盡到，可作為判定船舶有無堪載能力之標準，換言之，貨櫃實為船舶之活動船艙（註三九）。唯此說實是為提高船舶堪載能力，擴充解釋運送人之責任範圍，不足以說明以下兩種疑難：(1)若貨櫃為船艙之一部分，則船舶之所有權之移轉、抵押權之設定、強制執行之實行以及貨櫃船之保險，皆應及於貨櫃，其結果非唯有害貨櫃業之發展，而且對於貨櫃使

註三六　胡景粉：貨箱化運輸，海洋學院學報五十七年六月一日出版第一一七頁。

註三七　筆者於撰寫本論文時曾偕同學赴五堵等處訪問數位貨櫃倉儲業者及船舶經營者，彼均視貨櫃為船艙之一部分。未裝船之貨櫃即為活動之船艙，貨櫃船上之船艙僅為細胞狀之預留櫃洞，貨櫃本身始為船舶之船艙主要部分。

註三八　胡頤：貨櫃船舶保險問題，保險季刊第八卷第二期第一八頁。

註三九　施智謀：貨櫃運輸的責任問題，政大法學評論第三期第五十三至五十四頁。

用交換之現象，視同船艙交換，無法解釋。(2)貨櫃在未出售於船舶所有人前，若必欲解爲船艙之一部分，則所有權屬於何人所有？究爲何艘船舶之船艙？又貨櫃船與貨櫃之所有權屬於不同人時，旣不得將貨櫃視爲貨櫃船之從物或成分，豈可視爲船艙之一部分。猶有進者，依海商法第七條及船舶法第八條第九款之立法意旨，船舶之屬具似以載明於目錄者爲限（註四〇），而依現行航運習慣及實際作業，並未將貨櫃記載於目錄之中，其非船舶之屬具至爲顯然。自海上保險業者之習慣觀之，倫敦保險人協會擬有「協會貨櫃條款(Institute Container Clauses)」，將貨櫃作爲保險標的物，且以每一貨櫃個別投保（註四一），美國海上保險人協會所擬之「一九七〇年美國協會船舶條款(American Institute Hull Clauses, January 18, 1970)」更規定貨櫃及馱船均非船舶(Vessel)之部分（註四二）。據上所論，貨櫃爲船舶一部分之說不當。

3.運輸工具或容器說：目前通說認爲貨櫃爲運輸工具或容器，倫敦海上保險人所組成之「聯合貨櫃小組(Joint Container Committe)」之報告卽採此說(註四三)，而國際標準組織對貨櫃所下定義，亦開宗明義，表明其爲運輸工具或容器（註四四）。進一步自貨櫃發展歷史觀察，貨櫃乃基於「單位運輸可節省碼頭裝卸時間及費用」而設計，攷「單位運輸」之源由，實由散裝雜貨之裝卸進化爲吊網或墊板(Pallet)，再更進一步進化爲利用巨型起卸設備之貨櫃化運輸，吊網或墊板旣非包裝皮或船艙，

註四〇 何佐治：最新海商法釋義第五十八頁至五十九頁。
　　　　吳智：海商法論第二十頁。
註四一 孫堂福：海上保險學（六十年增訂版）第六十五頁及第一五六頁至一六一頁。
註四二 孫堂福：海上保險學（六十年增訂版）第一六二頁及一六九至一七〇頁。
註四三 孫堂福：貨櫃化與保險，航運季刊第五卷第三期第七十頁。
註四四 Herman, *Cargo Containers*, p. 5. A freight container is an article of transport equipment.

貨櫃卽非包裝皮或船艙，因此貨櫃之本質以運輸工具或容器爲宜。

二、貨櫃船與貨櫃貨

　　貨櫃船或稱貨櫃運輸船，爲專爲運輸貨櫃而建造之船舶（註四五），其明確之法律定義，尚乏資料，但區別是否貨櫃船，在法律上深有實益。貨櫃船以裝載貨櫃數目可分(1)全貨櫃船：全貨櫃船俱有特殊設計之性能與配置，使所有空間專爲裝載貨櫃之用。(2)半貨櫃船：此種船舶只有部分之貨艙是經特殊設計作爲載運貨櫃之用，其餘部分仍裝運一般貨物。(3)可變貨櫃船：此種船舶之容積部分或全部，旣可裝載貨櫃，亦可裝載一般貨物。(4)有固定貨櫃設備之一般船舶：船身構造雖爲一般貨船設計，但配有裝卸與固定貨櫃之設備。(5)用普通方法固定貨櫃之船隻：此種船隻本身未裝有貨櫃儲存及固定特殊設備，而對所裝載之貨櫃視爲大件貨物，用普通方法固定之（註四六）。以上區分之實益在於認定貨櫃船之載運貨櫃能力與適航性之是否具備，以及甲板載貨許可與否之標準，質言之，全貨櫃船、半貨櫃船之裝載貨櫃部分、可變貨櫃船之裝載貨櫃部分以及一般貨船之有裝卸及固定貨櫃部分，其適航性及載運貨櫃能力悉應以貨櫃船之標準認定之，其他船隻則應適用一般貨船之標準認定其適航性及載貨能力。

　　又貨櫃船依裝卸方法之不同又可分爲：(1)吊上吊下型：利用船上或岸上之特殊起重機，將貨櫃自卡車或岸邊吊起上船，沿著導軌而垂直下放於固定之細胞式結構貨艙中。(2)駛進駛出型：以拖車載運貨櫃，自船邊或船尾之艙門鋼製鋪板，直接駛入艙內，並以預置鎖鍊固定之。(3)浮進浮出型：此類型之貨櫃，或爲馭船（浮式貨櫃），或已經發展爲子母船

註四五　王洸：航業經濟學第二頁；王洸：近代運輸學第一八〇頁；謝海泉：船
　　　　舶管理原理第一八二頁。

註四六　中國驗船協會叢書：運輸貨櫃概況第三頁。

(Lash)，乃需利用大型起重機吊卸。以上分類之目的，亦是作爲認定適航力及載貨能力標準之用。

貨櫃貨之主要問題有二：⑴貨櫃貨是否單指貨櫃內部之貨物抑或包括該貨櫃？⑵貨櫃貨之單位如何計算？究應依貨櫃內部之貨物包裝單位計算抑或應將貨櫃全部視一件貨物？頗滋疑義。關於前者，若將貨櫃視爲包裝皮，則貨櫃卽爲貨物之一部分；反之，若將貨櫃視爲船艙的一部分，則貨物顯不包括貨櫃在內。進一步而言，若依前節所述，肯定貨櫃爲運輸工具或容器之本質，則貨櫃將與船舶、貨櫃貨形成三方面關係，取代傳統海上運輸船舶與貨物兩分法的關係，貨櫃獨立成爲海上保險之標的。關於後者，有主張應視何人負責將貨櫃貨裝疊入櫃而定，貨櫃貨由託運人自行裝疊入櫃者，則以整櫃貨物視爲一件，反之，若由運送人負責裝櫃者，則仍以櫃內貨物件數爲準（註四七），並以之爲船舶所有人賠償之最高限額。但亦有主張除非在載貨證券上註明櫃內裝載各別貨物之品名，否則一個貨櫃卽視爲一個包裝單位（註四八），其受損害時，以一件論賠償之最高限額。在航運實務上，其計算運費，無論依體積噸或重量噸計算，均以櫃中裝貨之實際材數（體積）或重量爲準，亦卽仍以傳統貨物運送之包裝單位計件，依其體積或重量核收運費，換言之，貨櫃之體積或重量，並未計入貨物之中。又此種計算方式，亦不因負責裝載貨物於貨櫃者究係何人而異，無論係託運人自行裝櫃或自由運送人負責裝櫃均有其適用。

據上所述，吾人以爲所謂「貨櫃貨」應專指貨櫃內部之貨物，且貨

註四七　桂裕：貨櫃運路之法律基礎，法令月刊第二十三卷第五期第七頁認爲「在共同海損理算中，船與貨比例分擔損害或費用之雙邊關係，於貨櫃運送中，將變成船舶、貨櫃與貨物之三角關係。」

註四八　Mexican Petroleum: Corporation V. City of south Portland 關於貨櫃貨計件問題，詳請參照 *American Law Reports*, Vol. 26, p. 971-980.又施智謀：貨櫃運輸的責任問題，政大法學評論第三期第五十一頁。

物之件數，亦應以貨櫃內部貨物之包裝單位數目爲準，而非以貨櫃數目爲貨件數目。此其結論，徵諸海運實務，託運人爲避免關務查緝之麻煩，以及配合各船公司之作業，便利計費，皆註明託運貨物之品名及數量之事實可知尚允符實際，確實可行。

叁、貨櫃租賃所發生之問題

猶如前章所述，貨櫃所有權的誰屬種類甚多（註四九），其中以出租貨櫃，尤爲盛行，因此對貨櫃租賃所發生之問題應予探討。

依據前章所述，貨櫃之法律性質旣爲運輸工具，而非船艙或包裝皮，本文卽以此爲基礎，討論貨櫃出租人之責任、船舶所有人責任限制以及因船舶抵押、扣押所發生之法律問題。

一、貨櫃出租人之責任

貨櫃之本質旣爲一種運輸工具，在物權分類上屬於動產，其租賃關係自應適用動產租賃自不待言，換言之，貨櫃租期縱超過一年，亦無庸訂立書面租賃契約（民法第四二二條參照），貨櫃出租人應以合於使用目的之貨櫃交付承租人（民法第四二二條後段），但貨櫃出租人是否必須於租賃關係存續中保持其合於約定使用之狀態？是否負有事後繼續修繕之義務？殊值得研究。吾人以爲民法第四二九條「租賃物之修繕，除契約另有訂定或另有習慣外，由出租人負擔」之規定實所以配合該法第四二三條「出租人……應於租賃關係存續中保持其合於約定使用收益之狀態」

註四九　有由輪船公司自備者，例如美國海陸公司及麥廸遜公司均自備貨櫃；有由鐵路公司自備者，例如歐洲鐵路公司多自備貨櫃；有由託運者自備，例如我國菸酒公賣局爲適應其本身業務，自備小型貨櫃；有由出租公司提供，例如國際貨箱運輸公司卽專門出租貨櫃。

之規定而立法，設使出租人不負修繕義務，則承租人之承租效用必大爲減低。然則貨櫃出租人若契約未約定不負修繕義務，依習慣是否不負修繕義務？此點吾人採肯定說，亦卽主張依習慣貨櫃出租人不負修繕義務。按習慣之成立，學說甚多（註五〇），然因貨櫃出租之特質，不負修繕義務已成爲共通之習慣，要無疑義，所以然者，其主要理由是貨櫃裝上貨物，被運往目的地後，再卸貨裝貨，運往其他目的地，行踪不定，隨時有損壞之可能，亦隨時有修繕必要，欲期待出租人隨時負修繕義務，事實上有所不能。因此理論上貨櫃出租人以不負修繕義務爲宜，且事實上承租貨櫃之修繕亦均由貨櫃承租人（多爲船公司）自行爲之，以配合運輸之需要。因此吾人認爲出租人依習慣不負修繕貨櫃之義務。基於此種觀點，民法第四二三條後段「……並應於租賃關係存續中保持其合於約定使用、收益之狀態」之規定，對於貨櫃出租人應不適用，此種結論，減輕貨櫃出租人責任，有助國內貨櫃製造業與出租業之發展，自經濟利益觀點更應予以支持。

二、貨櫃出租與船舶抵押

　　船舶抵押者，以船舶及其屬具爲標的物，設定擔保，俾債權人之債權得就船舶及其屬具賣得之價金優先受償之法律關係也。何謂船舶之屬具，海商法並無明文規定，依船舶法第五十條之規定，所謂「船舶設備」一共列有十六款之規定，則海商法亦宜同此解釋。然則貨櫃是否屬於該條第十四款所規定之「大量散裝貨物之裝載儲藏設備」，吾人以爲不是，其理由有三：(1)貨櫃性質上爲運輸工具，縱兼有包裝皮之作用，但不得據此卽以「貨物之裝載儲藏設備」視之，此點前已申論甚明。(2)就立法沿革言，我國船舶法制訂於民國十九年，其後雖經四度修正，但該款早在第四度修正之前卽已存在，其後因襲不變，是時貨櫃運輸在我國尚未

註五〇　參閱洪遜欣：中國民法總則（民國六十五年版）二十六頁至三十頁。

施行，外國亦猶在發展階段（註五一），將貨櫃視為船舶屬具自非船舶法立法者本意。(3)就實際言，船公司之貨櫃多由承租而來，若必欲將貨櫃解為船舶之屬具，將有礙貨櫃出租業之發展。

據上所述，貨櫃既非貨舶之屬具，自非船舶抵押權效力之所及，從而不論貨櫃係船舶所有人所有，抑或船舶所有人向第三人承租而來，悉不得為船舶抵押權之標的，若有因船舶拍賣，指封貨櫃，出租人自得基於所有人之地位依強制執行法第十五條之規定提起異議之訴。

三、貨櫃出租與船舶所有人責任

船舶所有人之責任立法主義有多種，貨櫃是否為限制責任的標的物之一種，因各種主義而不同，在貨櫃由「租賃」而來時，無論海產主義、委付主義、金額主義、船價主義、選擇主義、併用主義，貨櫃均非限制責任之標的物。其在貨櫃由託運人提供時亦同。至於貨櫃由「船公司自備」之情形，由於貨櫃並非船舶之屬具，而為運輸工具，本質上為陸產之一種，因此(a)依海產主義，貨櫃非限制責任之標的物；(b)依委付主義，船舶所有人關於船舶所生一切債務原則上負人的無限責任，然對於特種債權人（例如：船舶所有人對於船長因船舶航行發生之債務，應負履行之責），亦得委付其海產（船舶設備及其屬具、運費）而免除其責任，此時貨櫃亦非限制責任之標的物（註五二）。(c)金額主義：金額主義依船舶登記噸位之比例而定船舶所有人之責任，不分海產與陸產，因此貨櫃係限制責任之標的物（註五三）。(d)船價主義：船舶所有人所負之責任，原

註五一　我國於民國五十七年四月始設立貨櫃運輸研究發展小組，五十八年由行政院決定全面推廣實施。詳參閱交通部交通研究所出版「貨櫃運輸」第一頁至第二頁。

註五二　吳智：海商法論第三十六頁。

註五三　吳智：海商法論第三十八頁。

則上雖只以本次航行終了時船舶財產之價格爲限度負人的有限責任，然亦得委付海產，而免其責任，無論前者或後者，貨櫃均非限制責任之標的物。(e)選擇主義：萬國海法會議於一九〇七年在威尼斯擬定草案，依該草案，船舶所有人得於委付主義、金額主義、船價主義三者中選擇一種，而免其責任（註五四），貨櫃是否爲限制責任之標的物，端視船舶所有人選擇何種主義而定，餘請參攷(b)(c)(d)之推論。(f)併用主義：依該主義，在有海產時每噸負八英鎊之有限責任，無海產時兼採金額主義，以期補救，則在有海產時貨櫃本非限制責任之標的物；在無海產時，既採金額主義，貨櫃即爲限制責任之標的物。

四、貨櫃出租與船舶扣押

貨櫃是否爲船舶扣押效力之所及，因貨櫃法律性質之見解之不同而異，本論文採取運輸工具或容器說，因此主張貨櫃非船舶扣押效力所及。惟在貨櫃屬於船舶所有人所有之情形，船舶所有人之債權人仍得依一般強制執行程序申請扣押或強制執行，自不待言。若貨櫃係承租而來，則船舶所有人之債權人申請強制執行之際，貨櫃出租人自得基於所有權依強制執行法第十五條提起異議之訴。茲應討論者厥爲債權人除使航行可能所生之債務（船舶修繕、糧食、燃料）外，基於其他保全名義所爲之扣押或假扣押對自發航準備完成之日起，迄航行完成之船舶不得爲之(海商法第四條)，唯船舶所有人是否得就船公司所有或承租之貨櫃爲扣押或假扣押？殊有疑義。誠如前述，貨櫃既非船舶之成分，亦非船舶之屬具，而爲獨立之運輸工具，自不得依海商法第四條受到特殊保護，因而除貨櫃係承租者外，債權人自得對船舶所有人所有之貨櫃爲扣押或假扣押，縱令該貨櫃已裝載貨物亦然。唯若就立法本意觀之，海商法所以禁止債權人就發航準備完成時起至航行完成之日止之船舶扣押或假扣押，

註五四　吳智：海商法論第四十頁。

實乃基於(1)使營運船舶順利出航，有利船舶所有人、貨物所有人及旅客(2)發航準備完成前，債權人有充分時間可以行使債權，乃怠於行使，自無庸特予保護（註五五）的玫慮。貨櫃係裝載貨物之運輸工具，以備船舶運輸，若許可債權人於船舶發航準備完成後扣押或假扣押已經裝置貨物之貨櫃，則何異敎令船舶停止出航，殊與海商法第四條及強制執行法第一百十四條之本意有違。吾人以爲應在海商法或強制執行法增列條文，明定船舶發航準備完成後，船舶以及供該次航行載運之貨櫃均不得扣押或假扣押但基於「非使航行於可能之債務人保全名義」不在此限。以貫徹海商法第四條強制執行法第一百十四條立法之本意。

肆、貨櫃運輸與海上運送人之義務

一、海上運送人應盡之注意義務

海上運送人依法應盡之注意義務有：

　　㈠適航性義務：

　　　1.使船舶有安全航行之能力。

　　　2.配置相當海員與船舶之供應。

　　　3.使船艙、冷藏室及其他供載運貨物部分適合於受載運與保存。

　　㈡適當裝載義務：

對於承運貨物之裝卸、搬移、堆存、保管、運送及看守應爲必要之注意及處置（海商法第一〇六條、一〇七條）。

二、貨櫃運輸下海上運送人之義務

　　上述之義務不得以特約免除之（海商法第一〇五條參照）。以上海商

註五五　　吳智：海商法論第十四頁。

法之強制規定，在貨櫃情況下，對於船舶之適航性、承運貨物之處理及
注意義務、甲板裝載悉有重加檢討之必要：

（一）船舶適航性義務

我國海商法第一○六條仿照一九二四年海牙載貨證券公約第三條第
一項及第四條第一項之規定：「運送人或船舶所有人於發航前與發航
時，對於左列事項應爲必要之注意及措施：（一）使船舶有安全航行之能
力；（二）配置相當海員、設備及船舶之供應；（三）使貨艙、冷藏室及其他載
運貨物部分適合於受載、運送與保存。船舶於發航後，因突然失去航行
能力所致之毀損或滅失，運送人不負賠償責任。運送人或船舶所有人爲
免除前項責任之主張，應負舉證責任。」狹義之適航能力指該條第一款，
廣義之適航能力包括第三款之堪載能力。

海商法第四條第一項有關適航能力之規定，其「發航前」原指船舶
在海港備妥預備工作，即將啓航而言。但在貨櫃運輸情形下，學者主張
「發航前」之時間擴充及於「貨櫃集散站開始裝載」或「貨櫃由託運人
拖回自行裝櫃前」之時，吾人以爲甚是（註五六）。貨櫃既非船艙，亦非
包裝皮，而係運輸工具，就此而論，貨櫃之裝載能力本與適航能力無關，
但吾人深入觀察，在貨櫃運輸情形，船舶特別設備之任務，已由船艙轉
嫁到貨櫃，故有所謂冷凍貨櫃、保溫貨櫃……等，因此船舶適航性（堪
航能力與堪載能力）於貨櫃應有其適用。

（二）對承運貨物之處理及注意義務

海商法第一○七條「運送人對於承運貨物之裝卸、搬移、堆存、保
管、運送及看守應爲必要之注意及處置。」，此種規定亦係強制規定，不
得以特約免除。該強制規定對於貨櫃有無適用，殊值得研究。按貨櫃爲
運輸工具或容器，前已述之甚明，其爲貨物或包裝皮之性質至爲淡薄，
原不得以貨物視之，因此應無海商法第一○七條之適用。惟若深入研究，

註五六　施智謀：貨櫃運輸的責任問題，政大法學評論第三期第五十二頁。

則在貨櫃運輸情形，若非科運送人對貨櫃亦盡該條之注意義務，殊不足以貫徹該條之立法本意，因爲貨物之裝卸、搬移、堆存、保管、運送及看守，在貨櫃運輸情形，一一與貨櫃發生密切關係，如必欲拘泥文義，以爲貨櫃既非貨物，則運送人不負海商法第一〇七條之注意義務，將有違立法本意。因此吾人以爲法院必須肯定運送人對於貨櫃之裝卸、搬移、堆存、保管、運送及看守仍應依海商法第一〇七條之規定，爲必要之注意及處置。異日修改海商法亦宜明文規定，以杜糾紛。

　　至於貨櫃內之貨櫃貨，是否有海商法第一〇七條之適用，學者有認爲應分別討論者（註五七），主張除「堆存」應另行討論外，海商法第一〇七條之規定對貨櫃貨當然適用。至於「堆存」，應視其係由船公司或託運人爲之而不同，如貨物之裝疊由運送人或其使用人爲之者，則運送人除對「貨櫃」之裝入船艙及運送應依海商法第一〇七條負注意義務外，並應對貨物「堆存」入櫃依海商法第一〇七條負注意義務。反之，貨物之裝疊入櫃若由託運人或其使用人爲之者，則運送人除對貨櫃之裝卸、搬移、保管、運送及看守，應爲必要之注意及處置外，對貨物之「堆存」入櫃不負任何之義務（註五八），此種見解甚是。

　　㈢關於甲板裝載之問題

　　裝載於甲板之貨物，依據航運通例，均認爲於共同海損時，雖經投棄，原則上亦不認爲係共同海損之損失，我國海商法第一五六條亦規定「裝載於甲板之貨物經投棄者，不認爲共同海損，但其裝載爲航運習慣所許者，不在此限。」，考其立法理由，無非以⑴甲板上貨物與船艙內之貨物危險程度不同，若使負共同海損，殊不公平；⑵甲板上之貨物易遭受損失，投棄前情況不易查明；⑶甲板上之貨物本有礙船舶之安全，基

註五七　施智謀教授主張分別討論，詳見政大法學評論第三期「貨櫃運輸的責任問題」一文。

註五八　同註五六所揭文。

於政策上之取締，應有此立法。但在貨櫃運輸情況下，由於必須將貨櫃放在甲板上，才能提高運輸量，達到經濟目的，而且貨櫃質地堅固，數目確定，所謂甲板上貨物損失不易查明，容易遭受損失等可能性已減少到最低程度，而且盱衡事實，在貨櫃運輸情形，常有一定比例之貨櫃放置於甲板上（一般是三分之一）之習慣，則放置貨櫃於甲板上不但為理論所必然，且為習慣所遵行，應認為係海商法第一五六條但書所稱之「航運習慣」，從而其雖放置於甲板上被拋棄，亦係共同海損之損失（註五九）。

㈣賠償額問題

猶如前述，貨櫃與貨櫃貨，不屬於運送人所有者，應分別計件，貨櫃貨之計件亦不因堆存入櫃之人不同而有異。貨物於裝載前，已經託運人聲明並註明其性質價值於載貨證券者，如有毀損滅失，應負賠償之責，其賠償依民法第六三九條「金錢、有價證券、珠寶或其他貴重物品，除託運人於託運時，報明其性質及價值者外，運送人對其喪失或毀損不負責任，價值經報明者，運送人以所報價額為限，負其責任」。如貨物未經聲明並註明其性質或價值者，除非運送人有惡意或重大過失，其賠償責任，每件以不超過三千元為限。學者有主張可以以特約提高，而不可以特約降低者（註六〇），亦有主張可以以特約升高或降低者（註六一）。吾人以為如果損害額低於三千元時，依損害賠償原則，船公司恆以實際損害額為賠償額，應不發生，亦無須約定降低三千元最高賠償額問題，若超過三千元之損害額，則以三千元為限制，應以前說為當。

註五九　桂裕：貨櫃運送之法律基礎，法令月刊第二十三卷第五期第七頁。

註六〇　同註五六揭文第五十一頁。

註六一　吳智：海商法論第一五八頁。

伍、貨櫃聯運、聯運責任與聯運載貨證券

一、貨櫃之聯運

傳統運輸方式，出口貨物須以卡車或火車自工廠運往海港卸貨儲存以備裝船，及至裝船出口抵達目的地港後，又須經由上述相反之轉運過程始能抵達受貨人。其間多次裝卸、多次變更運輸方式，非唯耗費人力，抑且浪費時間，既不經濟又不安全。貨櫃化運輸採一貫化之運輸作業，或由廠商自行裝疊入櫃，或由運送人在貨櫃集散站裝疊入櫃，然後由運送人托運到海港，用貨櫃船載運到卸貨港，再以拖車逕運受貨人處所，減少時間及人力之浪費，實為進步之運輸方式（註六二）。

貨櫃聯運涉及陸運、海運及空運，船舶集散場之作業取代傳統運輸中倉儲業之功能，如何區分聯運中各運送人與倉庫營業人之責任，實為貨櫃聯運之重要問題。

其次，理想之貨櫃聯運，託運人將貨物交付第一位運送人後，即完成託運工作，無庸於各轉運地派代理人代辦接運手續，因而簡化運輸文件之設計，以替代以往多張提單、倉單、載貨證券以及航空運輸書之作業方式，實有迫切之必要。此種運輸文件之簡化，對銀行及保險業甚有裨益，實為貨櫃聯運之另一個重要問題。

二、聯運責任之區分

聯運自廣義言之，包括部分運送（註六三），轉託運送（註六四），與共同運送（註六五）。貨櫃運輸之方式，自理論言之，三種聯運方式均

註六二　王洸：貨櫃運輸與我國貨櫃化運輸的創辦，航運季刊第七卷第三期第一頁、第十五頁至十七頁。

有可能，唯實務上多採部分運送方式中「前運送人完成自己負擔之途程後，因託運人之委託，自居運送承攬人地位，以自己名義與他運送人就以下銜接部分訂立運送契約。原託運人對原運送人係一法律關係，前運送人（即後託運人）對後一運送人（即次運送人）等為另外之法律關係，彼此獨立，互不相涉」之託運方式，因此探討聯運責任，除理論上分析陸運、海運、空運同類運送間，內部責任之區分外，尚應辨別不同種類運送人間責任之分擔。

㈠同種運送責任之分擔：陸、海、空任何同種運輸方式之聯運，其運送人有數人時，各運送人間責任分擔應如下所述，亦即：

1.陸上運送人聯運時，各運送人間，依民法第六三七條規定，以連帶負責為原則，但各運送人得證明自己無民法第六三四條至第六三六條之責任而免責。

註六三　部分運送乃數運送人就同一運輸之全部運送路程，各自分擔一部分之運送，又可分為三種典型(1)數運送人各就全程之一部，分別與託運人訂立運送契約，契約既各別，則各運送人自各自負其責任，數獨立法律關係互不相涉。(2)前運送人完成自己負擔之運送途程後，因託運人之委託，代理託運人與他運送人訂立以下銜接途程之運送契約。因代理人之行為其效力及於本人，故亦如同數運送人分別與託運人各就分擔之途程訂約同樣效力。(3)前運送人完成自己負擔之途程後，因託運人之委託，自居於運送承攬人之地位，以自己名義與他運送人就以下銜接部分訂立運送契約，此時原託運人對於原運送人，以及後一託運人對再後之運送人間，法律關係各自獨立，第一運送託運人言，與單獨運送無異。

註六四　轉託運送：乃由一運送人與託運人訂立契約，承擔全部路程之運送。該運送人再就途程之一部或全部，與他運送人一人或數人，訂立運送契約。

註六五　共同運送：乃數運送人就同一運送物，共同與託運人訂立一個運送契約，而於內部劃分途程，相繼為運送。

2.在海上運送人之聯運，簽發載貨證券之運送人對各連續運送人應負保證之責任，而各連續運送人僅就自己分擔之區間負擔責任（海商法第一一八條第二項）。

3.空中聯運，我國民用航空法對其責任之分擔並無明文規定，宜適用民法之原則規定，應由各運送人負連帶責任，保障託運人之利益。惟亦有學者認為海運與空運較相類似，因此主張宜準用海上聯運之規定，此說雖非無見，但究乏法律根據。雖然，在實務上，雙方當事人每以契約約定聯運責任分擔方法，因此未發生太多困難。

以上同類運送途中，貨櫃貨受到損害，但其損害究竟應由何運送人負責，無法辦識者，其責任分擔應如何處理，學者有二派見解：(1)、美國卡默修正議案(Carmark Amendment)，准許貨主將責任歸屬於最先或最末一個運送人（註六六）。(2)、國際海商法委員會(International Maritime Committee, C.M.I)為適應貨櫃運送之需要，於一九六六年起草公約草案，依該草案之規定，若不能確定損害發生於孰一運送人程途，應由各運送人按其所得運費比例分擔之（註六七），以上第二說較為公平可行。

㈡不同運送責任之分擔：此種情形可大別為兩種：1.同一人兼陸運、海運或空運中任何二種或三種運送，應如何認定責任，若不能辨別在何一運輸階段發生損害，運送人如何負責？2.不同階段不同運送人為不同種類之運送而發生損害時，應如何分擔責任？如不能辨別損害在何階段發生時，應如何區分其責任？

按在貨櫃運送，託運人於交付託運物後，每投有保險，若發生損害，乃逕向保險公司求償，因此辦別運送人責任對託運人實際不重要，唯在保險公司向運送人代位求償時，涉及運送人主張免責或最高限額問題，

註六六　胡頤：貨櫃船舶保險問題，保險季刊第八卷五二期。

註六七　桂裕：貨櫃運送之法律基礎，法令月刊第二十三卷第五期。

因此討論運送人責任在實務上仍有實益（註六八）。

同一運送人兼爲陸、海、空運二個或三個不同途程之運送時，通說認爲應分別其損害發生在陸運階段、海運階段或空運階段（卽非隱藏性損失），而分別依該階段有關之法律負任。至於損害發生之階段不明顯時（卽隱藏性損失），應如何處理，法無明文規定，但學者及有關公約草案，悉主張應推定在海上運送階段受損，而令運送人依一九七五年國際商會聯合貨運單據統一規則或一九八〇年聯合國國際貨物多式聯運公約（未生效）解決之（註六九）。此說若能爲各國採用，不失爲解決之良策。

不同階段不同運送人爲不同種類之運送時，若發生損害，多式聯運經營人依其運送階段之種類，依該種類的責任負責。若不能辨別損害發生之階段時，亦依前揭「隱藏性損失」之情形，原則向「託運人或其他權利人」負賠償責任；至於多式聯運經營人於對外賠償後，轉向各該運送階段之運送人行使內部求償權，則爲另一問題。

三、聯運載貨證券之必要性及立法趨勢

(一)聯運載貨證券發行之必要性

由於科學發達，陸、海、空聯運制度已成爲運輸界必然的趨勢。然而各國國內法對陸、海、空三種運輸之責任規定並不相同，而國際間對陸、海、空運輸責任之規定更見分歧，此種情形，不但費時耗力，而且構成運送之阻礙。

鑑於貨櫃運輸之實際作業多由託運人與運送人訂立運送契約（內兼運送承攬契約），再由運送人與其他運送人訂立契約，繼續聯運，然而第

註六八　詳請參閱 T. G. Coghlin, "International Carriage by Container II, Problems for Insurers." *Journal of World Trade Law,* Vol. 1, No, 4, p. 464 -474.

註六九　參閱一九七五 Uniform Rules for A Combined Transport Document 第十一條及一九八〇年聯合國國際貨物多式聯運公約第十九條。

一運送所簽發之陸運提單或載貨證券或空運提單,並不能涵蓋三樓聯運,此非唯使聯合運送人責任不明確,而且對於託運人申請押滙亦十分不便,因此聯運載貨證券有予發行之必要。

(二)聯運載貨證券之立法芻議

聯運載貨證券自其是否待貨物上船始發行,可分裝船載貨證券(Shipped Bill of Lading)與收載載貨證券(Received for Shipment Bill of Lading)兩種。前者謂貨已裝船,然後簽發,後者謂貨甫收到貨物正待裝船,即可簽發。此種區別之實益在採裝載後主義之國家,規定運送人必須於貨物裝載上船後,始得發給載貨證券(參照我國海商法第九七條),此種證券非唯爲運送人收受貨物之收據及運送契約之證明,而且是憑券付貨之物權性有價證券,因此在裝載後主義立法例下,貨物裝載上船前所簽發之證券,即非適法之載貨證券,只可爲收受貨物之收據及運送契約之證明文件。反之,在收載載貨證券主義國家,運送人收受貨物後簽發之證券,即具物權證券性質,我國是採裝載後發行證券的國家,任何預先發行之載貨證券,將不具眞正物權性證券性質。爲使託運人得以聯運載貨證券供轉讓或押滙,勢非承認收載載貨證券(貨櫃之聯運卡)具有物權效力不可,未來各國海商法亦勢須承認收載載貨證券之物權效力及其發行合法性。

聯運載貨證券內容之基本原則有三:(1)要式主義及外觀主義之強化:依現行法,提單、倉單以及載貨證券均係因託運人或寄託人之請求始簽發,而非當然必須簽發,然而運送及倉庫營業實務,則以簽發爲常態,以不簽爲例外。在聯運情形下,託運人除與第一位運送人接觸外,與其他運送人實際多未接觸,要式主義與外觀主義有予強化之必要,因此宜規定聯運載貨證券一律必須簽發,當事人之權利義務亦悉以聯運證券文義記載者爲準。(2)聯運文件內容之統一化:運送客體既已統一化,若使聯運文件內容亦統一化,可促進交易之敏活,使運送過程中,陸、海、空三樓運轉或存儲於倉庫,均可以同一張運送文件而達到目的。(3)

聯運文件效力之劃一：依目前法律規定，提單具有文義性（民法第六二七條），亦得背書移轉（民法第六二八條），且爲繳回證券（民法第六三〇條），其轉讓並與物權移轉有同一效力（民法第六二九條），此等規定於海上載貨證券與空運提單均有其適用，但某些效力不一的規定，亦應修改，例如海商法第九七條所謂貨物裝載前發給載貨證券者（學說上稱爲備運載貨證券），不生載貨證券應有之效力，在貨櫃聯運中不宜適用；又如聯運途程中，貨物時常有暫儲倉庫之必要，但該聯運證券不宜因而不許移轉。故依海商法準用民法第六一八條關於倉庫非經倉庫營業人簽名不生貨物所有權移轉效力之規定，亦不應適用於貨櫃聯運。

據上所述，吾人對民商法有以下更進一步之修改建議：

一、聯運載貨證券之記載事項應涵蓋現行提單、倉單及載貨證券之各應記載事項，以避免大幅度修改現行民商法，並謀足以代替各種運送文件之功能。

二、限制海商法第九七條「裝船後始得發行」之適用。良以在現行制度下，聯運貨櫃貨之作業並非逕交海上運送人，而法律上載貨證券之簽發須待裝船後始得爲之，此對託運人辦理押滙或移轉所有權十分不便。爲使託運人一經託運，卽可取得物權效力之全程證券，宜使備運載貨證券（收載載貨證券）物權化而不適用海商法第九十七條之限制。

三、規定民法第六百十七條之規定對兼具倉單性質之聯運載貨證券應不適用，庶聯運載貨證券之移轉勿須經倉庫營業人簽名。

陸、配合貨櫃運輸制度及銀行押滙制度海商法第九十七條所應爲之修正

一、銀行押滙手續簡述：

託運人委託運送人運送貨物，須先赴船公司辦理託運手續，向船公

司領取裝船書及申請丈量貨物尺碼，並填妥載貨證券，送船公司等候簽發載貨證券。託運人應將填妥之裝船書送海關蓋印，並提請副船長，請求接受裝船書上所列貨品裝船。迨貨品裝船，船上大副即可簽署收據交託運人送到船公司換取正式載貨證券，此時手續即告完備。託運人持信用狀，簽發指己滙票，附上載貨證券及其他信用狀所要求之貨物單據（註七〇），在出口地銀行辦理押滙，或逕寄原來保證付款之入口國之開狀銀行請求給付貨款。開狀銀行收到押滙銀行或出口商寄來之滙票、載貨證券等單據後，即通知進口商；進口商接獲通知後，應到開狀銀行繳清貨款，贖取滙票及載貨證券等單據，持往進口地之船公司並請其代理人簽署，或換取碼頭倉庫提貨單，即可報關提貨。

　　國際貿易上，不論 FOB 或 CIF 制度，信用狀每要求提供一定的貨運單據（例如載貨證券、保險單、商業發票……），附有此等單據之滙票爲跟單滙票。何以開證銀行或押滙銀行要求跟單滙票，其主要理由有二：⑴、人的擔保以及物的擔保：按跟單滙票本質與通常滙票相同，故押滙銀行於滙票退票時，可以票據受款人或執票人之地位，向發票人及其他前手請求償還票款。但跟單滙票附有載貨證券，可仰賴載貨證券所附之貨物爲物之擔保，因此押滙銀行每要求跟單滙票。⑵、押滙銀行須有信用狀要求之單據始得向開狀銀行請求付款（註七一）。

二、配合銀行押滙，應承認貨櫃運輸中收載載貨證券之物權性

　　據上所述，銀行押滙必須由託運人持跟單滙票向押滙銀行爲之，而所謂跟單滙票在信用狀實務上又每每指定須附有貨物之載貨證券，是載貨證券發行之制度與銀行押滙作業息息相關。我國目前只承認裝運載貨證券(Shipped　Bill　of　Lading)有物權性質，至於收載載貨證券

註七〇　通常指保險單、商業發票。
註七一　黃言章：貨運單據淺釋，華銀月刊第二一七期第十五頁。

(Received for Shipment Bill of Lading)則只有債權性質；前者可據以作押滙文件，後者不得作載貨證券而提出押滙；此種立法理由無非因爲傳統海上運輸，船舶停於港口裝載貨物，常歷時半月或旬日，碼頭工人竊盜事件層出不窮，貨物未裝上船舶之前，船公司無法保證該貨物之安全，因此採裝載載貨證券制度。但在貨櫃聯運情形，此種顧慮事實上不惟多餘，而且理論上徒生紛擾，良以貨櫃裝上貨物後，重量甚大，一般竊盜絕少發生，所謂竊盜之顧慮較少存在；進一步言，現行海商法有關收載載貨證券無物權效力之規定，使得貨物在貨櫃集散站裝上貨櫃後，只能取得債權憑證效力之收載載貨證券，待貨櫃裝上船舶後，再持收載載貨證券向船公司換取裝運載貨證券或由船長簽字、註明貨物上船、記載日期，而轉換爲裝船載貨證券，以便辦理押滙手續，此種規定，徒使船公司與託運人困擾不已。猶有進者，在貨櫃聯運情形，聯運載貨證券仍在內陸工廠地或貨櫃集散地簽發，依現行法只爲債權憑證之收載載貨證券，但一俟貨櫃裝上船舶後又自然變爲具有物權性質之裝載載貨證券，在理論上殊難自圓其說。爲使理論與實際配合，在銀行押滙制度下，配合貨櫃聯運的需要，除維持海商法第九十七條之規定外，並應承認貨櫃運輸之收載載貨證券具有物權性。

柒、結　論

臺灣地區屬於海島經濟類型，國家的富強，經濟的繁榮，有賴國際貿易的拓展；而拓展國際貿易，除國內各界努力生產外，尚應建立強大的海運網，強化競爭能力，採用「貨櫃運輸」實爲達到此一目的之捷徑。本研究報告之目的，旨在檢討貨櫃運輸適用現行民商法規定之得失，從事實之困難，發現法律之缺失，並提出可行之建議，提供立法、司法及航運界參考，期有利於貨櫃運輸之推行。本研究報告之結論主要有以下三點：

一、發展貨櫃運輸，拓展國際貿易，是今日發展經濟之當急要務，因此政府在行政方面，應籌措資金，自建貨櫃船及貨櫃箱，扶植貨櫃運輸之發展。

二、在立法方面，政府應儘速召開航運界、法學界聯席會議，組織委員會，專責研究，制訂貨櫃標準法，配合國際貨櫃標準化運動，俾運輸實務與司法裁判有所遵循；此外，並通盤檢討現行法在貨櫃運輸下有扦格難行者，予以修改，其最重要者為(1)、承認貨櫃運輸之收載載貨證券之物權性，配合貨櫃運輸內陸裝貨作業及銀行押滙實務而增修海商法第九十七條；(2)、規定民法第六一八條有關「倉單所載之貨物非由……並經倉庫營業人簽名，不生所有權移轉之效力」之規定，對於具有倉單性質之聯運載貨證券應不適用，以配合聯運載貨證券之發行及轉讓。

三、在司法實務方面，法院應於貨櫃運輸案件中，確認貨櫃為運輸工具或容器的法律地位，兼顧貨櫃運輸之特性，對貨櫃船的適航性以及承運貨物之注意義務作更進一步之詮釋，並以判例肯定甲板裝載貨櫃之習慣地位，否定貨櫃出租人事後修繕義務……以彌補立法之不足，均衡託運人、運送人與貨櫃出租人之共同利益。

四、英國海上保險契約之訂立

壹、前　　言

　　出口貨物買賣，常視運輸過程中需要陸上、海上或空中（Aviation）運輸工具之不同，於買賣契約中，約定投保不同保險，由保險人承保運輸過程中，因為意外事故而發生之毀損或滅失。

　　海上保險，顧名思義，乃由保險人承保海上運送中，因意外事故而發生之毀損滅失，但在實務上，為了因應「從出賣人之倉庫到出口港」「從出口港到目的港」以及「從目的港到買受人倉庫」（註一）之實際需要，海上保險常擴及陸上運輸、河川運輸所存在之危險。我國海上保險規定於海商法第九章（即自海商法第一百六十六條至第一百九十三條），

註一　*Schmitthoff's Export Trade,* p. 412, 1986.

該章無規定者，適用保險法之規定。

英國海商保險淵源於十四世紀，於一六○一年首度制訂成文法，規範海上保險之權利義務，現行有效之海上保險法典爲一九○六年海上保險條例（The Marine Insurance Act 1906，簡稱 MIA 1906），該條例之附表包括勞依茲船舶貨物保險單，爲一種定型化之保險單，英文稱爲 Lloyd's S.G. Policy。自一九八二年一月一日起，Lloyd's S.G. Policy 爲兩種文件所取代，亦卽①勞依茲海上保險單（The Lloyd's Marine Policy）②協會貨物保險基本條款；協會貨物保險基本條款有多種型式，其中最重要者爲 A 式、B 式及 C 式，稱爲 The Institute Cargo Clauses (A)(B)(C)。

由於我國保險公司承保海上保險契約，例多向英國之保險人轉投保，並以 The Institute Cargo Clauses (A)(B)(C)等作爲保險人與國內要保人訂立之保險契約內容，甚至將 ICC (A)(B)(C)契約條款英文原文逐行訂入契約，作爲契約內容之一部分，以免因英文原文本與中文翻譯本間，因翻譯之誤差，發生風險，因此本文特詳實敍述英國海上保險契約之訂立。

貳、海上保險契約之訂立

一、買賣契約與保險契約之訂立義務

買賣契約之約定決定訂立保險契約之義務人以及保險費之承擔人，析言之：

⑴FOB 契約：在 FOB 買賣契約，買受人必須負擔保險費，訂立保險契約，卽令依買賣契約之約定，出賣人應投保保險，性質上亦是買受人委任出賣人投保保險，保險費仍應由買受人負擔。

⑵CIF 契約：在 CIF 買賣契約，出賣人應負擔保險費，並負有訂立

保險契約之義務。

　　(3) C & F 契約：在 C & F 買賣契約，出賣人與買受人均無投保保險之義務，危險負擔於裝船時移轉，但若買賣契約中訂有「由買受人投保之約款（a Clause "Insurance to be effected by the buyer"）」，則買受人依契約有投保義務(a contractual obligation to insure)（註二），應注意之。

二、保險契約之當事人──要保人與保險人

　　海上保險契約之當事人稱為要保人與保險人(the Insurer)。由於海上保險，保險人簽發保險單予要保人，由要保人將保險單背書交付予第三人，因此在保險實務，要保人同時為保險人(the Insured)，以下要保人與被保險人同義。

　　保險人是收取保險費而於保險事故發生時，有給付保險金義務之人。在英國，保險人或為勞依茲保險人會員(Underwriting Members of Lloyd's)（註三），或為海上保險保險公司(Marine Insurance Companies)。

　　不同數量之勞依茲保險人組成不同的保險人經營組合(Syndicates)。各個經營組合藉著保險代理人(Underwriting Agent)從事保險運作。保險代理人多為經營組合之會員，但不以會員為必要。保險代理人為經營組合之代理人者，一人得同時為數個經營組合之代理人。勞依茲保險人不直接接受要保，而只接受經由勞依茲經紀人(Lloyd's Brokers)提出之要保，因此要保人欲為保險之要約，須透過勞依茲經紀人為

註二　*Schmitthoff's Export Trade*, p. 413, 1986.
註三　　勞依茲保險人會員(Underwriting Members)及非保險人會員(Non-Underwriting Members)組成勞依茲團體(Society of Lloyd's)

之（註四），應予注意。

　　海上保險保險公司是海上保險領域中與勞依茲保險人處於競爭地位之人，要保人得逕與海上保險保險公司訂立保險契約，亦得透過海上保險保險公司之代理人(an Agent of the Company)或保險代理人(an Insurance Broker)為之。

叁、保險契約之訂立

一、保險經紀人

　　欲投保海上保險之要保人，因得直接向海上保險保險公司洽訂保險（向勞依茲保險人要保時，須透過勞依茲經紀人為之），但實務上，要保人仍多透過保險經紀人(an Insurance Broker)為之。若要保人與保險經紀人經常有業務往來，要保人常於保險經紀人備妥之表格(Form)，填寫必須記載事項(the Required Particulars)（註五），交予保險經紀人。

二、要約與承諾

　　經紀人在授權之範圍內，得決定保險費率(the Rates of Premium)外，應於硬型紙卡(the Slip)（註六）上以慣常之簡寫方式記載

註四　*Schmitthoff's Export Trade*, p. 413, 1968.
註五　例如標的物品名、數量、金額、船名、地點……等。
註六　在英國，此種硬型紙卡由 Broker 自備，硬型紙卡自一九七〇年起用，並於一九七一年九月起對所有勞依茲保險經紀人強制適用。此種硬型紙卡，有標準化之形式，並通由二張或多張合用，每張 4.75 英吋寬，但長度有 8.27 英吋與 10 英吋兩種。在美國此種硬型紙卡由保險人供給。

該種保險之必要事項，然後將該硬型紙卡送交勞依茲保險人或海上保險保險公司。

　　保險經紀人將硬型紙卡送交勞依茲保險人或海上保險保險公司之行爲構成要約(Offer)，而勞依茲保險人或海上保險保險公司在硬型紙卡上簽寫承保金額及保險人名稱之行爲，英人稱爲"Writing a Line"，構成承諾。保險經紀人在訂約過程中是要保人之代理人，每一次持硬型紙卡請求保險人簽寫承保金額時，即構成一個要約，每一個保險人在硬型紙卡人簽寫承保金額及保險人名稱之行爲構成一個承諾，二者構成一個契約（註七），但該硬型紙卡只是法庭調查訂約當事人意圖及契約成立日期之資料，但不得視爲契約（註八）。此種硬型紙卡輪流供多數保險人簽寫承保金額，直到要保人所欲投保之保險金額全部簽寫完畢爲止。

　　在勞依茲保險人承保情形，保險經紀人每視保險金額之大小，選定適當之保險人經營組合(Syndicate)（註九），而以其中對此種保險最有經驗之保險人爲領銜保險人(Leader, Lead)，將該硬型紙卡送請領銜保險人簽寫承保金額，只要該領銜保險人簽寫承保金額，其他保險人基於對領銜保險人專業知識的信賴，亦多樂於跟進簽保，保險易於完成。若

註七　*Schmitthoff's Export Trade*, p. 414, 1986.

註八　MIA 1906, § 21.

註九　保險經紀人必須選擇保險人，諸多勞依茲保險人(Lloyd's Underwriters)與海上保險保險公司(Company Underwriters)中，各自承保不同種類保險事故之業務，保險經紀人須就其需要選擇適當的保險人經營組合。保險經紀人並且必須在保險人經營組合中，選擇有對該種保險具有專長，信譽卓著之保險人作爲領銜公司，與之談判契約，確定保險費率。

保險人與領銜保險人談妥契約，確定保費之後，領銜保險人常於硬型紙卡(Slip)上打上"His syndicate line stamp"，此時要保人與領銜保險人間之保險契約成立。保險經紀人將該硬型紙卡逐一請其他保險人簽寫承保金額，直到百分之百承保爲止。

保險經紀人所擬的保險人經營組合的所有保險人簽寫完畢，而保險金額猶未獲全數承保，保險經紀人不得任意將各保險人承保金額比例擴大，而達到保險金額相同數目之目的，而應透過其他保險經紀人，另覓保險人承保（註一〇）。反之，若同一預訂之保險人經營組合之所有保險人簽寫之保險金額總額逾越要保人所欲投保之保險金額者（即Over-placing），各保險人所承保之保險金額應比例減少，使各保險人承保保險金額之總數與要保人所欲投保之保險金額相等（註一一）。但保險經紀人不得將保險人自硬型紙卡名單上刪除（註一二）。

三、保險契約備忘錄

當保險金額由保險人承保完畢，保險經紀人應即通知要保人，送一份保險契約備忘錄（a Memorandum of the Insurance Effected），此種備忘錄可分兩種不同形式：

①確定之暫保通知（the Form of a Closed Note）：要保人已給付保險經紀人完整之重要事項——諸如貨物（Cargo）、託運（Shipment）及保險（insurance）——時，保險經紀人應給予「確定之暫保通知」。

②開放之暫保通知（the Form of an Open Cover Note）：若要保人給予保險經紀人之指示，只是一般性的、不確定的，則保險經紀人於安排好保險之後，應給予要保人「開放之暫保通知」，具體保險內容——例如貨物、航程（Voyage）或託運利益（Interest Shipped）——等開放予要保人，待要保人通知，始予確定。此種保險多發生於浮動保險（a Floating Policy）、開放保險（Open Cover）或要保人保留最後指示

註一〇　*Marine Insurance,* Vol .1 Principles 4th Edition, p.28, by R.H. Brown.
註一一　同註八。
註一二　同註八。

權(the Right to Give Closing Instructions)之情形（註一三）。

　　保險經紀人在法律上雖然沒有儘速將「確定之暫保通知」「開放之暫保通知」通知要保人之義務，但商業實務上，保險經紀人多儘速爲通知之行爲。

肆、要保人、保險人與保險經紀人之關係──代結論

　　在保險契約訂立前、訂立時以及訂立後，要保人（被保險人）、保險人與保險經紀人之關係可分爲三點述之：

一、要保人與保險經紀人

　　就契約之訂立言，保險經紀人是要保人（被保險人）之代理人，由於保險經紀人財務較値得信賴，勞依茲會員的保險人不直接與要保人訂立契約，只接受以保險經紀人爲代理人而提出之要約。

　　保險經紀人向要保人收取保險費等，若要保人怠不給付保險費等，保險經紀人得留置保險人交給保險經紀人的保險單（註一四）。

二、保險經紀人與保險人

　　保險經紀人與保險人之關係是契約訂立關係，保險人不直接向要保人收取保險費，而是向保險經紀人收取，保險經紀人是唯一對保險人負有給付保險費義務之人（註一五）。

　　保險經紀人則向要保人收取保險費，並向保險人收取佣金。

註一三　*Schmitthoff's Export Trade,* p. 414, 1986.

註一四　MIA 1906, § 54 (1)

註一五　MIA 1906 § 53 (1)

三、要保人與保險人

要保人與保險人之關係有二，一是保險事故發生時，保險人應給付保險金給要保人（被保險人）：另一是保險人有退還保險費情事時，應將保險費退還要保人（註一六），二者爲保險契約之當事人。

註一六　MIA 1906 § 53 (1)

五、海上保險之保險期間

壹、保險期間之意義

保險期間者，保險事故發生時，保險人須負給付保險金之時間之起點至終點也，亦即保險契約效力開始與終止之期間。我國海商法第一百六十八條將保險期間分兩類：①船舶及其設備屬具：關於船舶及其設備

屬具，自船舶起錨或解纜之時，以迄目的港投錨或繫纜之時（海商法一六八條前段）。②貨物：關於貨物自貨物離岸之時，以迄目的港起岸之時，爲其期間（海商法一六八條後段），此與德國海商法（註一）、日本商法（註二）之立法方式相似，但內容不同。

貳、英國關於保險期間之實務發展

英國保險實務，保險期間之演變分爲三個階段：㈠S. G. Policy（船舶貨物保險單）階段。㈡Warehouse to Warehouse Cover（從倉庫至倉庫）階段。㈢運輸條款階段（The Transit Clause）。茲分述如下：

一、S. G. Policy 階段

依 S. G. Policy，貨物保險之效力，始於貨物實際裝船（Actually on Board），終於貨物在目的港卸下碼頭完成時（註三），其情形可以下圖示之：

註一　德國海商法
　　　第八二三條（船舶保險之開始與終了）在船舶航海保險，保險人負擔之危險，自貨載或壓艙開始裝船之時起，如無貨載或壓艙貨裝船時，自船舶發航時起，迄到達目的港將貨載或壓艙貨卸完時止。
　　　因被保險人卸貨不當而有延遲時，保險人所負之危險，以無延遲存在應行卸貨終了時止。
　　　卸貨終了前，爲新的航海而有貨載或壓艙貨裝船時，其危險自該項貨載或壓艙貨開始裝船時止。

第八二四條（貨物、手續費及預期利益保險之開始與終了）以貨物、預期利益、或貨載之手續費投付保險時，其危險自載貨船舶或為裝貨目的所用之駁船離開陸地時起，至該貨物到達目的港之陸地時止。

由於被保險人之卸貨不當延遲，或在貨物與預期利益保險，由於被保險人或第八二一條第五款內所示任何一人有不當延遲時，其危險負擔以無延遲存在，卸貨應行終了時為止。保險人對於裝船卸貨之際，依地方習慣使用駁船者，仍負擔其危險。

第八二五條（運費保險之開始及終了）在運費保險，如運費從屬於船舶者，關於發生危險之事故，以對航海中船舶保險之開始與終了之同時，為運費危險之開始與終了。如運費從屬於貨物者，關於發生危險之事故，以對航海中貨物保險之危險開始與終了，為運費危險之開始與終了。

旅客運費保險之危險，以船舶保險之開始與終了之各時為其開始與終了。貨運費及客運費之保險人，以訂有貨物運送契約及旅客運送契約為限，於船舶發生事故時，負其責任。船舶運送自己貨物時，用船舶或駁船裝貨，以貨物離開陸地時為限。

第八二六條（冒險借貸金及海損必要費保險之開始與終了）在冒險借貸金保險及海損必要費保險，危險負擔自支付金錢時開始，如由被保險人自己支付海損必要費時，自危險成立時開始。因之危險負擔在擔保冒險借貸之目的物，或備付海損必要之目的物已經投保時，以該目的物危險之終了為終了。

註二　日本商法

第八二一條「航海保險之法定保險期間」①就一次航海將其船舶投保者，保險人之責任以着手貨物或船底貨裝載時開始。②貨物或船底貨裝載後，將船舶投保者，保險人之責任以契約成立時開始。③前二項情形，保險人之責任以到達目的港將貨物或船底貨卸載終了之時為終了，但其卸載非因不可抗力而遲延時，以其應終了之時，為終了。

第八二二條「貨載保險、期待利益保險之法定保障期間」①將貨載投保，或將因貨載到達可得之利益或報酬投保者，保險人之責任以其貨載離開陸地時開始，而以在卸載港終了時終了。②前條第三項但書之規定，於前項情形準用之。

註三　*Marine Insurance*, Vol. -2*Cargo Practice*, 4th Edition, p. 121, By R.H. Brown.

若貨物由駁船由起航港運往承運船舶，然後裝船，該駁船運送期間不在保險範圍內，但抵目的港時，若承運船舶停泊於外海，由駁船載運貨物到達碼頭卸貨，該駁船載運期間，仍在保險範圍內，其情形可以下圖示之：

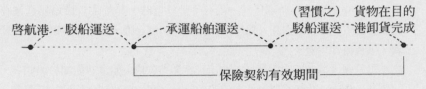

二、Warehouse to Warehouse Cover 階段

由於 S. G. Policy 之保險期間與實際需要不相符合，乃增加從倉庫到倉庫條款，依此種條款，保險期間始於「貨物離開保險單所載地點（from the time the goods left the place named in the policy）」之時，終於「貨物送達交付保險單所載目的地（until they were delivered to the place named as the destination in the policy）」之時，其涵蓋期間包括由港口碼頭以駁船運送上承載船舶、由承載船舶以駁船運送到碼頭（cover in craft to and from the ship）、陸上運輸（cover in overland conveyances）以及在通常運輸途徑習慣上存放於倉庫或其他儲存地方，其情形可以下圖示之：

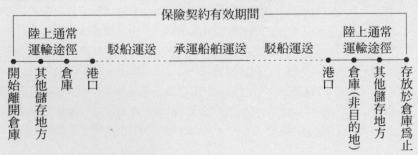

但實務上有下列三種情形之一者，保險效力終止：

㈠保險貨物安全進入保險單所載目的地之倉庫，但運輸途中之通常起卸仍在保險效力之範圍。

㈡保險貨物在港口卸載完畢，但未進入目的地之倉庫時，則自卸載完畢之午夜起算，逾十五日，保險契約之效力終止，但若於十五日內進入目的地倉庫，依前述第㈠點之規定，保險契約之效力亦終止。

㈢目的地無特定之卸載港者，自卸載完畢之午夜算起，逾三十日保險契約之效力終止，但若於三十日內進入目的地倉庫，依前述第㈠點之規定，保險契約之效力亦終止。

三、運輸條款(The Transit Clause)階段

一九三九年至一九四五年間，正值二次大戰，一方面由於交付貨物十分困難，Warehouse to Warehouse Clause 不切實用，只得將上述十五日、三十日一律延長爲自卸貨後六十日，仍在保險效力範圍，且不論最後交付地點(the place of final delivery)，以爲權宜。另一方面所謂"Final Warehouse"一詞究竟是何意，是否包括分銷倉庫(Distribution Warehouse) (註四)，事關貨物存置於分銷倉庫，等待運交第三人時，若發生毀損或滅失，保險人是否應負理賠責任。凡此因素，促使技術及條款委員會(The Technical & Clauses Committee)起草運輸條款(the Transit Clauses)，俾代替 Warehouse to Warehouse Clause。運輸條款首次見諸一九六三年協會貨物保險基本條款(Institute Cargo Clauses 1963)，其後見諸一九八二年協會貨物保險基本條款(A)(B)(C)的第八條(ICC 1982 (A)(B)(C))；後者與前者基本上相同，所異者唯條款號碼以及若干澄清性之用語耳。

註四　Martin v. Russel 1960

叁、一九八二年協會貨物保險基本條款之保險期間

依一九八二年協會貨物保險基本條款第八條第一項「8.1.1 本保險之效力始於所保貨物基於運輸之目的而離開本保險單所載之倉庫或儲存所之時，於通常運輸過程中繼續有效……」之規定，茲述保險契約效力之開始及過程之效力如下：

一、保險效力之開始（Attachment of Cover）

保險契約自貨物運往目的地而啓運，眞正離開保險單所載倉庫或儲存所時開始。因此若貨物在倉庫、儲存所、正在裝上卡車、火車或包裝中……等皆不在保險範圍內，反之，貨物已離開保險單所載倉庫或儲存所，運往貨櫃集散場，以便裝入貨櫃繼續運送時，即爲保險效力之範圍之所及：

又在任意保險（Faulative Insurance），貨物須於保險人承保之後合理期間內啓運，否則保險人得解除契約。

二、運輸過程之保險效力

依協會貨物基本條款第八條第三項之規定：

「8.3 本保險效力（除因前述規定而終止以及依第九條之規定終止運送外），於下列情形仍繼續有效：非被保險人所能控制之事由所致之遲延，任何偏航、被迫卸載、重新裝船或轉船以及依運送契約所賦予船舶所有人或傭船人之自由權，而爲海上冒險之變更。」

以上運輸過程效力之規定可分下列數點說明之：

㈠正常運輸途徑（Ordinary Course of Transit）

貨物之運送須按通常運輸途徑。通常運輸途徑，須兼顧以下要素：⑴貨物之種類；⑵該貨物若有慣常之運送方法者，其慣常之運送方法；

(3)慣常之運輸途徑或最直接之運輸途徑。因此貨物因等待承運船舶而發生慣例性遲延、等待驗關或進出口文件而於港口倉庫遲延均在正常運輸途徑之範圍。反之，因被保險人之作為或不作為致生遲延，若該作為或不作為非不可避免者，例如被保險人遺漏文件，則不在正常運輸途徑之範圍。

　　除非保險保人願意繼續承保，否則，運送一脫離正常運輸途徑，保險契約之效力即告終止。

　　㈡運送遲延

　　運送遲延之法律上效果，歷經多次不同之演變，茲析述如下：

　　1.「英國海上貨物運送條例(M. I. A. 1906)：航行須於合理期間啟航(Reasonable Despatch)，若啟航有不合之遲延，保險人不負責任。」

　　2.由於 MIA 1906 只適用於海上航行，不切合實際，乃以運輸條款將陸上運送及海上運送同納入保險範圍，一九八二年協會貨物保險基本條款第十八條即規定被保險人於其所能控制之情況下須於合理期間啟運，否則自遲延時起，保險人不負責任。若遲延係非因被保險人所能控制之原因而造成，保險契約雖不因此而無效，但因遲延為「主力近因」而生之損害或費用，屬於協會貨物保險基本條款第四第五款所規定不保之範圍，因此保險人不予理賠。

　　㈢偏航(Deviation)

　　偏航者，船舶客觀上偏離保險單所載或習慣所採之航線，但主觀上仍有返回預定航線，完成航行之意思也。此與變更航程(Change of Voyage)之客觀上不論已否偏離保險單所載或習慣所採之航線，但主觀上已另有目的港，不再回到原來航線、原定目的港者不同。圖示如下：

關於偏航之法律效果，不同法律或條款有不同規定：

1.一九○六年英國海上保險條列（M. I. A 1906）：

依一九○六年英國海上保險條列第四十六條之規定，船舶無法定之理由（lawful excuse）而偏航，保險人自船舶偏航之時起不負責任，但對於船舶偏航之前所受之損失，仍應負理賠之責。

2.一九八二年協會貨物保險基本條款：

有鑑於「偏航被視爲非被保險人所能控制」之事實，一九八二年協會貨物保險基本條款，將任何偏航均納入保險範圍，此與一九六三年協會貨物保險基本條款相似。於此應注意者，此處之偏航係指海上航行而言，陸上運送之改變路徑不及之。

㈣轉船（Transhipment）

一九○六年英國海上保險條例第五十九條係關於轉船之規定，所謂轉船指運送期間貨物由一船轉往另一船而言。若因保險契約所承保之保險事故發生而有轉船之必要時，保險契約之效力不受影響。又因保險事故發生，而有卸船及裝船之必要時，亦同。一九○六年英國海上保險條例並未對其他情況之轉船加以規定，但轉船若非習慣所許可，且未於訂約時預先告知保險人，則保險人得以重大事由未誠實告知或遺漏爲理由，解除保險契約。

應注意者，重裝船（Reshipment）及偏航（Deviation）固然皆在一九八二年協會貨物保險基本條款之範圍（第八條第三款），保險人應否理賠，仍須視有無協會貨物保險條款第八條第一項、第二項之契約終止事由及第九條契約終止條款（Termination of Contract of Carriage Clause）之情況決定之，詳見後述。

㈤駁船危險(Craft Risk)

駁船危險者，以駁船將貨物由啓航港運往承載船舶或由承載船舶將貨物運往目的港所發生之危險也。一九〇六年英國海上保險條例對此並無規定；一九六三年協會貨物保險基本條款於適用「單獨部分損失不賠條款(F.P.A)」或「起賠額(Franchise)」時將每一駁船當個一保險處理。其後海上保險單(MAR Policy Form)代替 S. G. Policy Form 不再採用「F.P.A 條款」或「起賠額條款」，駁船危險遂未被特別提及。但一九八二年之協會貨物保險基本條款，一如以往，將駁船危險視爲在「正常運輸途中(Within the ordinary course of transit)」之範圍內，而爲保險契約效力所及。

三、卸載後之保險效力(Cover after Discharge)

卸載後之保險效力，須分兩種情況說明，一爲保險標的物儲存於目的地等情況，二爲保險標的物儲存於被保險人另行選擇之處所。

㈠保險標的物儲存於目的地等情況

依協會貨物保險基本條款第八條第一項第二項之規定：

「本保險之效力……於下列三種情況之一時終止其效力：

8.1.1 至本保險單所載目的地之受貨人倉庫、最後倉庫或儲存所或

8.1.2 至本保險單所載倉庫或儲存所以外之其他倉庫或儲存所，不論該其他倉庫或儲存所座落於本保險單所載目的地或目的地之前，而被保險人以之作爲下列二種用途之一：

8.1.2.1 通常運輸過程以外之儲存或

8.1.2.2 分裝(Allocation)或分配(Distribution)

8.1.3 至被保險貨物在最後卸貨港自船舶(the Overseas Vessel)卸載完成屆滿六十天。

8.2 若被保險貨物在最終卸貨港自船舶（海輪）卸載完成後，但在本保險契約失效以前，貨物被運往本保險單所載目的地以外之其他目的

地時，本保險契約之效力，除仍受前述效力終止規定之限制外，於貨物開始運往該目的地時失效。」據上述規定，保險期間自貨物開始運輸離開港口開始，至貨物在最後港口(the Final Port)或卸貨地(Place of Discharge)卸貨完成時止。運送人須注意啓航不可延遲，但條款並未限制貨物須於某特定期限內將貨物自船舶上卸下，因此貨物停放於船舶之期間，被保險人無須另外給付保險費，保險人仍須繼續承保。但在實務上，船舶所有人不可能允許貨物所有人不提領貨物，將貨物久置船舶，使船舶形同倉庫。但貨物自船舶卸下來後，何時保險之效力終止應有約定，以杜爭議，此上開條款所以規定也。於此應注意者，若貨物因罷工等事故致無法卸下時，仍在保險效力範圍內，縱保險單載有排除「罷工」之條款亦然（註五）。茲將保險契約效力終止之情況，分述如下：

1.六十天期限：

保險期間，自貨物從船舶卸載完成之午夜十二時起，期間爲六十天。雖然一九六三年協會貨物保險基本條款與一九八二年之協會貨物保險基本條款對此欠缺明文規定，但應採此一解釋。上述六十天之保險期間，被保險人無須另繳保險費，保險人卽予特保(Held Covered)，因此是固定期間，若被保險人認爲六十天之期間有所不足，須另行投保，無法以另付附加保險費(Additional Premium)之方法，延長原訂保險契約之有效期間。

2.運交預定倉庫或儲存所：

除了受上述自船上卸下貨物之日午夜十二時起六十天之期間限制外，貨物只要在通常運輸過程(the Ordinary Course of Transit)中，不論其是陸上運輸、海上運輸或空中運輸，悉在保險範圍內，但縱在上述六十天之期限內，若貨物已運交保險單所指定之受貨人倉庫、其他最

註五　*Marine Insurance*, Vol. 2-*Cargo Practice*, 4th Edition, p. 126, By R.H. Brown.

後倉庫或儲存所，保險契約之效力，悉告終止。貨物於上述倉庫、儲存所等卸載完畢，保險契約之效力，既然完全終止，貨物在倉庫或儲存所之期間雖發生保險事故，保險人亦不負任何責任，即令發生保險事故之時間係在自船舶卸貨完畢起算六十天內亦然。

3.運交分裝或分配地點：

若貨物運交某地，不準備繼續完成託運，而欲以該地為基點，將貨物分裝或分配到不同之目的地，則該地被視為「最終目的地(the Final Destination)」，保險契約於運交此一分裝或分配地點之時即告終止。被保險人若欲就其後之儲放或運輸投保保險，須另訂新的保險契約，不得以另付附加保險費之方法，依特保條款(Held Covered)，延長原訂保險契約之期間，使其涵蓋及此。

又被保險貨物若與其他非保險標的之貨物，裝於同一貨櫃內，貨櫃運入貨櫃場，卸下「非保險標的之貨物」，而以原貨櫃裝載所有被保險貨物，繼續往目的地時，保險契約之效力不因此而終止。但若貨櫃所裝載之被保險貨物於貨櫃場分拆並分運往不同的目的地，而非全部被保險貨物被運往同一目的地時，保險契約於貨櫃運抵貨櫃場(Container Depot)時，即告終止，此時貨櫃就保險言，被視為最後之倉庫(the Final Warehouse)或儲存所(Place of Storage)。

㈡保險標的物儲存於被保險人另行選擇之處所──有特保條款之適用

被保險人將被保險貨物儲放於其所選擇之處所，保險人是否須負保險責任，決定於三個因素：①須有特保條款(Held Covered Clause)之訂定。②須於儲放後，立即通知保險人。③須給付附加保險費。一般言之，只要被保險人同意②③兩個條件，習慣上保險人同意特保條款之安排。被保險人於被保險貨物儲放於其選擇處所後，若未立即通知保險人，保險人於保險事故發生後將不負理賠責任，縱令被保險人能證明保險事故發生於保險期間，而且其遲延通知對保險人並未造成任何損害亦然。

被保險人未有「特保條款」之約定，而自行選擇儲放地點，其效力如何，須分兩種情況述之：

1. 在裝船前：

協會貨物保險基本條款中之運輸條款(The Transit Clause)對於被保險人於裝船前，將被保險貨物儲放在其自行選擇儲放之地點之效力並未規定，一般認為此種情形，已構成「脫離正常運送途徑(outside the Ordinary Course of Transit)」，因此於被保險貨物運交該自行選擇之儲放地點時，保險契約效力終止，保險人無給付保險金額之義務。

2. 在卸載後：

若被保險人於卸載後(after Discharge from the Overseas Vessel)，將被保險貨物存放在其自行選擇之儲放地點時，依協會貨物保險條款中之運輸條款之規定，該自行選擇之儲放地點應被視為「最後倉庫(the Final Warehouse)」，因此保險契約之效力於貨物被運交此一倉庫之時即告終止，但被保險人能證明其所選擇之儲放地點在「通常運輸途徑」者，保險契約於貨物存放在該倉庫期間，繼續有效。

四、因被保險人無法控制之事由而終止運送時之保險效力

海上保險須船舶、貨物及運費處於危險或災害(Perils)之情況下，始有意義。若船舶於目的港以外之中間港停止，並卸下貨物，則「冒險終止(Termination of Adventure)」，此時若無特保條款且經被保險人立即通知，一方面，保險契約因危險不存在而效力終止，另一方面，運送人為免於支付自該中間港起之轉運費用(the Cost of Forwarding)，亦將終止運送契約，此尤以船舶無繼續航行能力（例如船舶碰撞而嚴重受損）時為然。英國協會貨物保險基本條款有鑑及此，將此種情形，列為保險契約終止原因，訂為條款，但一九六三年協會貨物保險基本條款，將此種條款稱為「冒險終止條款(Termination of Adventure Clause)，一九八二年協會貨物保險基本條款將此條款稱為「運送契約終

止條款（Termination of Contract of Carriage）」，名稱雖異，所指則一，惟後者較能突出意思；且後者規定：若被保險人欲使保險契約之效力延續須於獲悉運送終止時，立即通知保險人耳。

一九八二年倫敦保險人協會貨物保險基本條款第九條規定：

「因非被保險人所能控制之原因，運送契約在保險單所載明之目的地以外之港口或地點終止，或運輸在貨物未能依第八條規定交貨終止時，保險契約之效力終止，但被保險人於知悉後立即通知保險人，請求延長保險契約之效力延長至下列情況之一，且同意應保險人之請求另付附加保險費者，不在此限。

9‧1至所保貨物在該港口或該地點出售交付爲止，或除當事人另有約定外，至所保貨物抵達該港口或該地點之時起算六十天止，不論如何，以先發生者爲準。或

9‧2如貨物在六十天期限內（或任何同意延長承保期限內）仍須運送至保險單所載之目的地，或其他目的地者，本保險單之效力依前述第八條規定之情形發生時終止之。」茲舉一例以明之，設有某載運保險標的物（貨物）之船舶，因爲碰撞，而進入附近港口修繕，並卸下貨物，此時運送人終止運送契約，貨物所有人可能有以下數種選擇：

㈠貨物所有人在當地出售交付

貨物所有人若在避難或修繕地出售交付貨物，在立即通知保險人而且給付附加保險費（Additional Premium）之情形下，從貨物抵達該地起算之六十天內，依協會貨物保險基本條款第九條第一項前段之規定，仍在保險範圍內，貨物所有人只要於六十天內出售交付貨物，均受保險之保障。

若貨物抵達該地六十天後，仍未出售交付，依協會貨物保險基本條款第九條第一項後段之規定，保險契約之效力繼續到六十天屆滿後終止。

㈡貨物所有人安排另一艘船舶繼續載往目的地

　　貨物所有人安排另一艘船舶裝載貨物，在六十天內或任何雙方同意延展之期間內，繼續運送到達保險單所訂之目的港之情形，若貨物所有人於運送契約終止時，立即通知被保險人並給付附加保險費者，依協會貨物保險基本條款第九條第二項之規定，保險契約效力之終止須依該基本條款第八條（前已述之）之規定而定。

　　㈢貨物所有人將貨物運往保險單指定目的港以外之其他地點出售交付時

　　貨物所有人欲將貨物出售，但須運往保險單指定之目的港以外之其他地點出售交付時，依一九八二年協會貨物保險基本條款第九條第二項之規定，其效力依基本條款第八條之規定，於「貨物被運往保險單所載目的地以外之其他目的地時，保險契約失效。將貨物運回貨物所有人之倉庫時，其情形亦同。

　　適用協會貨物保險基本條款第九條時，須注意以下諸點：

　　㈠運送契約須因被保險人無法控制之原因而終止

　　運送契約須因被保險人無法控制之原因而發生，始有協會貨物保險基本條款第九條之適用，若運送契約因被保險人所能控制之原因而發生，則縱令被保險人立卽通知保險人，要求使保險契約繼續有效，並願意另付附加保險費，保險契約之效力亦不因之延長。

　　㈡運送契約終止包括在海運階段以及陸運階段

　　協會貨物保險基本條款雖稱爲「運送契約終止條款」，由於協會貨物保險基本條款有第八條「運輸條款(The Transit Clause)」之規定，將運送延至陸運階段，因此本條對於因被保險人無法控制之原因而發生運送契約終止之情況，不論其在海運階段，抑或發生在陸運階段，均適用之。

　　㈢被保險人須立卽通知保險人

　　依協會貨物保險基本條款第九條之規定，運送契約終止後，保險之效力並不自動繼續生效，必須被保險人於獲悉運送契約終止後立卽通知

保險人，同意給付附加保險費，保險契約之效力才能延續。

　　㈣六十天之起算日期自被保險貨物抵達該港或該地時起算

　　一九八二年協會貨物保險基本條款第九條第一項之規定，延展期間「……至所保貨物抵達該港口或該地點時起算六十天止。……」，其起算時間係從所保貨物「抵達」該港口或該地點時起算，此與一九六三年協會貨物保險基本條款第二條第一項規定延展期間「……至被保險貨物從海輪在該港或該地卸載完畢之時起算六十天……」，其起算時間係從所保貨物「卸載完畢」之時起算者不同，適用之際，宜注意之。

　　㈤被保貨物若運往保險單所指定之目的港以外之地點時，保險契約之效力終止

　　因被保險人所不能控制之原因而運送契約終止者，被保險人固得立即通知保險人另付附加保險費之方法請求保險人延展保險期間，但若被保險貨物從船舶上卸下，變更目的港，將貨物運往保險單所載目的地以外之其他目的地時，依一九八二年協會貨物保險基本條款第八條第二項之規定，保險契約之效力終止。

五、變更航程之保險效力

　　變更航程（Change of Voyage）者，航行開始之後，變更目的地也。依一九〇六年英國海上保險條例第四十五條之規定，保險人自變更航程之意圖（Intention）明白顯示（Manifestation）之時起，保險人之責任終止。

　　㈠變更航程與偏航之區別

　　變更航程與偏航有相同之點，二者都發生於航行之後，其相異之點有二：①保險人終止保險責任之時間不同。在變更航程，保險人責任自變更航程之「意圖明白顯示」時終止，在偏航，保險人之責任自船舶「實際偏離預訂航線」起終止，但新保險條款已將偏航納入保險範圍。②船舶航行之目的港不同：在偏航，船舶仍有返回原訂航線原訂目的港之意

圖，在變更航程，則船舶或已偏離原訂航線，或尚在原訂航線上但變更目的港之意圖已告明顯，不論如何，其已選擇新目的港，只要離開原訂航線，將不返回原訂航線，不航向原訂目的港航行則一。

㈡變更航程與不同航程之區別

變更航程與不同航程(Different Voyage)亦不相同。變更航程指「航行開始之後」變更目的地。不同航程則指「航行開始之前」，包括出發地相同，但目的地變更，以及出發地變更，但目的地相同兩種情形（註六），一九〇六年英國海上保險條例對於變更航程之定義雖針對海上航行而規定，但協會貨物保險基本條款之運輸條款(The Transit Clause)，已將保險範圍擴大及於陸上運輸，前者可否適用於後者，成爲學術上研究之問題。

㈢特保條款與變更航程

一九八二年協會貨物保險基本條款第十條規定「保險契約生效以後，被保險人變更目的地時，被保險人可立即通知保險人而且另付附加保險費，使本保險契約繼續有效」，一方面使一九〇六年英國海上保險條例變更航程之觀念擴大及於從倉庫到倉庫(Warehouse to Warehouse)，另一方面利用特保條款，在被保險人立即通知保險人且另付附加保險費之條件下，使保險契約繼續有效。此一條款與一九六三年協會貨物保險基本條款第四條「航程如有變更，或對承運船舶或航程之陳述有遺漏或錯誤情事時，本保險繼續有效，但須另洽保險費」有數點差異：

㈠一九六三年協會貨物保險基本條款就航程變更並未明文規定「被保險人應於知悉後，立即通知保險人」，但此種通知義務解釋上已成爲默示條件，到了一九八二年此種通知義務正式明文規定，訂立於基本條款第十條。

㈡一九八二年協會貨物保險基本條款刪除「……對承運船舶或航程

註六 MIA § 45

之陳述有遺漏或錯誤情事時，本保險契約繼續有效，但須另洽保險費」
等文義文字，刪除被保險人關於船名及航程之陳述有錯誤時，可以另洽
保險費，仍獲保險保障之規定，因此新基本條款對保險人較爲有利。按
對於投保船舶、利益或航程等有關之陳述有錯誤或遺漏時，保險人原得
依一九○六年英國海上保險條例之規定，解除保險契約，不負理賠責任，
此時，若錯誤或遺漏（Errors and Omissions）之發生係因可歸責於經紀
人（Broker）之過失而發生者，被保險人固得向經紀人請求，其請求數額
包括被保險人因不能自保險人獲得保險金所受之損害，但經紀人若無賠
償能力，被保險人之求償，仍將不獲滿足，爲此一九六三年協會貨物保
險基本條款第四條訂定「……陳述有錯誤或遺漏情事時，本保險得繼續
有效，但須另洽保險費。」所以保護被保險人也。但由於有一九六三年
協會貨物保險基本條款第四條之規定，被保險人對於文件之提出及重要
事項之告知或說明，逐漸疏忽，保險人咸感不當，一九八二年協會貨物
保險基本條款第十條將關於錯誤或遺漏得另付保險費加保之規定予以刪
除，因此，目前若被保險人等說明有錯誤或遺漏時，保險人依一九○六
年海上保險條例之規定，可以解除契約，拒絕給付保險金，若該「遺漏
或錯誤」係因經紀人之過失而發生，被保險人可向經紀人求償。

　　綜上所述，一九八二年協會貨物保險基本條款第八條第一項第三款
──貨物在卸載港卸載以後尚未送達目的地六十天內之特保條款、第九
條運送契約終止後之特保條款、第十條變更航程之特保條款，爲三個「特
保條款（Held Covered Clause）」，均由被保險人之主張納入被保險之
範圍。依一九○六年英國海上保險條例之規定，「特保條款，有按雙方同
意合理的保險費繼續承保之含意，須先由被保險人通知始可，若被保險
人不履行通知義務，保險人不自動承保。」

　　爲提請被保險人立卽通知，一九六三年協會貨物保險基本條款之最

註七　孫堂福：海上保險學，第二○二頁。

下方有一注意事項(Note)，以醒目字體(in Bold Type)印刷之補充規定，記載「當被保險人得知一個可依本保險規定要求特保之情事時，應儘速通知保險人，而此項可要求特保之權利，須基於此通知義務之履行」。一九八二年的協會貨物保險基本條款下方之注意事項亦有相似內容之規定，惟改以斜體字(in Italics)印刷，尤為醒目耳。

<h2 style="text-align:center">肆、結　論</h2>

　　保險期間係保險事故發生時，保險人須負給付保險金之時間之起點至終點。保險事故於保險期間以外發生者，保險人不負給付保險金之責任。

　　由於我國海上貨物運送保險，係以英國一九八二年倫敦保險人協會貨物保險條款等作為保險人與要保人訂立海上保險契約之內容，因此關於海上保險期間，宜特別重視英國保險界實務之見解。

　　依英國倫敦保險人協會貨物保險基本條款之規定，保險契約自貨物為運往目的地而啓運，真正離開保險單所載倉庫或儲存所時開始。

　　在運輸過程中，由於非被保險人所能控制之事由所致之遲延、任何偏航、被迫卸載、重新裝船或轉船以及依運送契約所賦予船舶所有人或傭船人之自由權，而為海上冒險之變更，仍繼續有效。

　　卸載後保險契約之效力如何，一般須分①保險標的物儲存於目的地等情況或②保險標的物儲存於被保險人另行選擇之處所定之，茲分述如下：

　　在第一種情況：保險契約因下列情形之一，保險契約之效力終止：

　　　　①貨物運至本保險單所載目的地之受貨人倉庫、最後倉庫或儲存所。

　　　　②貨物運至本保險單所載倉庫或儲存所以外之其他倉庫或儲存所，不論該其他倉庫或儲存所座落於本保險單所載目的地或於目的地之

前，而被保險人以該倉庫或儲存所作爲通常運輸過程以外之儲存，或分裝或分配。

　　③被保險貨物在最後卸貨港自船舶卸載完成屆滿六十天。

　　在第二種情況，保險標的物儲存於被保險人另行選擇之處所之情形，在符合①有特保條款之訂定②於儲放後，立即通知保險人③另行給付附加保險費等三條件下，保險人仍負保險責任。若無特保條款之約定，運送人於「裝船前」將被保險人貨物儲放在其自行選擇儲放之地點，解釋上構成「脫離正常運送途徑」，於將被保險貨物運交該自行選擇之儲放地點時，保險契約效力終止；若於「卸載後」，將被保險貨物存放在其自行選擇之儲放地點，則原則上自行選擇之儲放地點應被視爲「最後倉庫」，保險契約之效力，於貨物被運交此一倉庫時即告終止。但例外情形，被保險人能證明其所選擇之儲放地點在「通常運輸途徑」者，保險契約於貨物存放在該倉庫期間，繼續有效。

六、論海上保險之保險利益

壹、海上保險利益之意義

保險法只規定保險利益之必要性以及保險利益之種類，但就保險利益之定義，並無規定。保險法第十七條規定「要保人或被保險人，對於保險標的物無保險利益者，保險契約失其效力。」一方面規定要保人與保險標的物須有利害關係，以避免道德危險，另一方面規定被保險人與保險標的物須有利害關係，以避免被保險人沒有損害而獲得保險金之利益，使保險淪為賭博行為。又保險法第十四條至十六條、二十條規定財產保險人及人身保險不同種類之保險利益，但對於保險利益之定義，迄未規定。

一九○六年英國海上保險條例對保險利益之意義加以界定：

「(1)依本法之規定，對於海上冒險有利害關係者，有保險利益(an Insurable Interest)。

(2)特別是，對海上保險(Marine Adventure)或海上冒險中任何曝露於危險而得被保險之財產有法律上或其他相當之關係，而由於得被保險之財產安全或準時抵達將獲得利益，因得被保險之財產滅失、毀損、留置而受損或發生債務者，對該海上冒險有利害關係。」分析上述規定，海上保險利益之要素有三：

1.保險利益是一種利害關係。

2.保險利益是對「海上保險」或「海上冒險中任何曝露於危險而得被保險之財產」有利害關係，但不以此為限。

3.保險利益所指之利害關係包括「法律上」或其他相當之關係。

英國一九○六年海上保險條例第五條關於保險利益之規定，廣為保險界所接受，成為保險利益之多數說。

貳、海上保險利益應存在之期間

　　海上保險利益不論於訂約時即已存在，抑或訂約時並無保險利益，但可得期待將來有保險利益均可，惟無論如何，被保險人於保險事故發生時對於保險標的物須有保險利益，則無疑義（註一）。若保險契約訂有「危險事故發生在訂約前或訂約後均予理賠條款（Lost or not Lost Clause）」，在英國，則只惟於訂約時，「被保險人知悉危險事故已經發生而保險人不知保險事故已經發生」之情形，保險人始不負理賠責任。其他情形，諸如：①被保險人於訂約時知悉保險事故已發生，且保險人於訂約時亦知保險事故已發生②被保險人於訂約時不知保險事故已發生，但保險人於訂約時知保險事故已發生③被保險人、保險人於訂約時均不知保險事故已發生等三種情形，保險人均應理賠（註二）。但依我國保險法第五十一條第一項第二項「保險契約訂立時，保險標的之危險已發生或已消滅者，其契約無效；但爲當事人雙方所不知者，不在此限。」「訂約時，僅要保人知危險已發生者，保險人不受契約之拘束。」「新約時，僅保險人知危險已消滅者，要保人不受契約之約束。」之規定觀之，若「被保險人於訂約時知悉保險事故已發生，且保險人於訂約時亦知悉保險事故已發生」者，保險契約無效，保險人不負給付保險金之責任，其已收受之保險費應予退還。若「被保險人於訂約時不知保險事故已發生，但保險人於訂約時知保險事故已發生」者，保險人意在圖得保險費，解釋上，要保人不受拘束，理論上要保人（被保險人）得主張保險契約有效，給付保險費，保險人須給付保險金，亦得主張保險契約無效，請求

註一　MIA § 6(1)。

註二　MIA § 6(1)，又 *Marine Insurance,* Vol. 1-The principles, p. 46. by R. H. Brown.

返還保險費，但不請求保險金，但保險法第二十四條第二項則規定「保險契約因第五十一條第三項之情事而要保人不受拘束時，保險人不得請求保險費及償還費用，其已收受者，應返還之。」若「被保險人於訂約時知悉保險事故已發生，但保險人於訂約時不知保險事故已發生」者，保險人不受拘束，理論上保險人得主張保險契約無效，而不負給付保險金之責任，但應退還已收受之保險費；亦得主張保險契約有效，收受保險費，但應給付保險金，但保險法第二十四條第一項則規定「保險契約因第五十一條第二項之情事，而保險人不受拘束時，保險人得請求償還費用。其已收受之保險費，無須返還。」惟在實際上，若被保險人不受拘束，被保險人必將主張保險契約有效，以期獲得保險金；若保險人不受拘束，保險人必將主張保險契約無效，以避免給付保險金之義務。

叁、海上保險利益之內容

海上保險利益之內容，可分為「貨物之保險利益(Cargo Interest)」、「船舶之保險利益(Hull Interest)」及「責任之保險利益」三類。貨物之保險利益指貨物所有人與貨物或貨物有關之各種利益(all Types of Interest Related to the Cargo)之利害關係；船舶之保險利益指船舶所有人與船舶或與船舶有關的各種利益(all Types of Interest Related to the Hull)之利害關係；責任之保險利益指運送人與運送人於履行運送契約時所負債不履行或侵權行為責任之利害關係。茲分述如下：

一、貨物之保險利益

運送人就其所僱用之船長、海員、引水人或其他受僱人，因航行或管理船舶之行為而有過失致貨物發生毀損或滅失，得主張免責（海商法第一百十三條第一款），失火解釋上亦同（註三），因此貨物所有人有就

其託運貨物投保保險之必要。其他利害關係人。

　㈠貨物保險利益之內容

　1 貨物所有人之保險利益：

　⑴所有權(Ownership)：

　　　貨物所有人對貨物有所有權，因貨物之安全及準備運達目的地而獲利益，反之，亦因貨物之滅失、毀損或被置留(Detention)而遭受不利，因此，所有人對其所有之貨物有保險利益。此種保險利益之存在期間正與所有權之存在期間相同。

　　　所有人只對於託運貨物之一部分有所有權者（Partial Ownership；按：此非分別共有，亦非公同共有），就該部分、該部分之保險費、該部分之期待利潤有保險利益（註四）。託運貨物之某一部分所有權之歸屬，若其包裝有明確標誌，甚易辨識，例如數不同所有人所有之罐頭放置在一起，成批託運是，則所有人只就其託運之罐頭有保險利益。MIA 1906 第七十二條即對此種情況下毀損滅失之理賠加以規定。

　　　基於所有權之保險利益，須注意下列三點：

　　①貴重物品(Cargo Specie)

　　　貴重物品(Specie)，包括金條(Gold Bullion)、其他貴重金屬(other Precious Metals)、寶石(Precious Stones)、債券(Bonds)、股票(Share Certificates)、錢幣(Money in Coin)以及鈔票(Currency in Notes)等，所有人對之有保險利益，惟因此類貴重貨物，性質特殊，因此保險人都單獨估計其價值再為承保，不與一般貨物同視。但茲所謂貴重物品，不包括磁器(Valuable Porcelain)、雕刻(Sculptures)、繪畫(Paintings)……等在內。

註三　參閱拙著，「在海上運送，因運送人或其履行輔助人之過失發生火災致貨物毀損或滅失者，運送人是否均不得主張免除責任？」國立臺灣大學法學論叢特刊，p. 69～107.

註四　MIA 1906 Sec. 8.

②保險利益之續存或偶發性保險利益（Contigent Interest）

　　貨物之出賣人，對拒領之貨物有保險利益。貨物之所有權由出賣人移轉予買受人時，出賣人本於所有權之保險利益消滅，買受人對貨物取得基於所有權之保險利益。但有時，保險契約訂定有出賣人給付遲延或有其他特定原因時，買受人得拒絕受領貨物之條款，苟出賣人有給付遲延或有約定之特定原因，而買受人行使拒絕受領之權利時，對買受人因此一「偶發」事實而不能取得保險利益，出賣人亦因此一「偶發」事實，而保險利益繼續屬於出賣人之情形，此稱爲「偶發性保險利益（Contigent Interest）」。

③可消滅之保險利益（Defeasible Interest）

　　貨物之出賣人本於所有權對貨物有保險利益，但貨物所有權於載貨證券移轉予買受人時，保險利益消滅，此種保險利益，係因航行進行中，因保險事故發生以外之原因而消滅，因此稱爲「可消滅之保險利益（a Defeasible Interest）」。在保險單移轉中，保險利益消滅，但保險費並不返還。

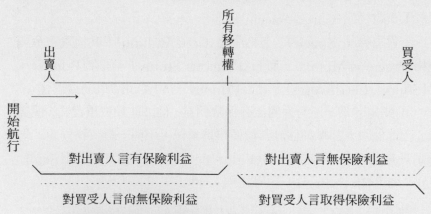

(2)運費（Freight 或 Shipping Cost）：

　　貨物所有人就其出售之貨物而預付運費者，就該運費有保險利

益。貨物出賣人於出賣貨物時，通常須預付貨物載運至買受人目的地所需運費，該預付之運費，若貨物未交付予買受人，則不得請求返還，因此貨物所有人就運費有保險利益。

　　(3)保險費(Insurance Charges)（註五）：

　　　　貨物所有人就其給付之保險費均有保險利益（註六），在 CIF 之買賣，由貨物所有人（出賣人）給付保險費，而該保險費即包含於買受人所給付之價金中，若貨物發生毀損或消滅，買受人拒絕給付價金，保險費亦無法收回，反之，若貨物不發生毀損、滅失，出賣人可自買受人獲得價金給付，保險費亦因之收回，因此給付保險費之貨物所有人，就保險費有保險利益。

　　(4)期待利益

　　　　貨物所有人對貨物安全抵達目的地出售可期待之利潤，有保險利益。按貨物之出賣人出售貨物期望獲得利潤，此其利潤包涵於貨物價格中，若貨物未能達到目的地，交付予買受人，則買受人拒付價金，出賣人之期待利潤亦將落空，因此被保險人就期待利益有保險利益。

　　期待利益，以市價不變動之情況，可得預期之利潤為限。若海上運送中，貨物市價上漲所生之差額，則非期待利益。期待利益之保險利益為屬於所有權之保險利益，通常惟貨物所有人有之。

　　(5)繼續運送之費用(Forwarding Expenses)或轉運費用：

　　　　貨物所有人就繼續運送之費用(Forwarding Expenses)有保險利益。按海上運送契約常常訂有約款，約定若目的港因罷工、戰爭……等原因不能卸貨時，運送人得於到達目的港前，或於超越目的港後之其他港口，卸下貨物，再由貨物所有人自負費用安排運往目的港。又運送人因目的港不能卸貨，致將貨物運抵目的港後之其他港口所生之費用，

註五　　MIA 1906 Sect. 12.

註六　　MIA 1906 Sect. 13.

亦得向貨物所有人請求。上述貨物所有人自負費用運往目的港、運送人逾越目的港抵達另一卸貨港所付費用（運送人得向貨物所有人請求）……均爲茲所謂繼續運送之費用，貨物所有人就此費用是否發生有利害關係，因此有保險利益，若保險人有承保此種危險，貨物所有人得據以投保，蓋貨物所有人對此種繼續運送費用有保險利益也。

又目的港有冰封(Ice-bound)情形時，因冰封之事實，船舶常須繼續航赴他港卸貨，或須提前於其他港口卸貨，貨主再以其自己之費用將貨物運抵目的港或目的地，貨物所有人是否負擔此種費用乃基於「冰封發生之早晚」之不確定事實，貨物所有人得投保「冰封偏航險(Ice Deviation Risk)，約定於危險事故（卽港口冰封）之事實發生時，由保險人給付被保險人每噸若干元或若干英磅之保險金，惟在冰封偏航險，保險人常與被保險人約定被保險人須於某月某日之前啓航，以避免遲遲啓航，寒冬屆至，港口冰封，無從卸貨，使保險事故發生。

2擔保物權人之保險利益：

貨物設定抵押權（或質權）後，所有權人對貨物固然有保險利益，債權人（抵押權人或貨權人）對於爲擔保標的物之貨物，亦有保險利益，惟保險利益之範圍，一如其所擔保之債權，可因利息之增加，債權範圍擴大，保險利益之範圍隨之增加耳。

債權人對於作爲擔保標的物之船舶、運費、貨物三者或（單純）貨物有保險利益。船長爲航行之需要，以「船舶、運費、甚至貨物」作爲擔保標的物貸款稱爲船貨擔保貸款(a Bottomry Bond)；船長爲航行之需要，單純以「船舶」作爲擔保貸款之標的物，稱爲船舶擔保貸款(Respondentia)，二者都涉及船長爲完成航行之需要，設定擔保而爲貸款之行爲。近代，由於通訊發達，滙款較易，船長在航行中，不難獲得運送人之指示或補給金錢，但亦不得因此卽謂船長無以「船舶、運費、貨物」或「貨物」設定擔保，貸款告急之必要，苟有設定擔保之情形，若擔保標的物滅失，債權亦欠缺保障，因此債權人對於擔保標的物有保

險利益。

3代理人之保險利益

貨物所有人之代理人就其期待獲得之傭金(Commission)有保險利益，MIA 1906 第五條「得因保險標的物之安全或準時到達而獲利益」，即指此而言。惟傭金之權利之取得，旣以標的物安全到達為前提，因此貨物之毀損或滅失旨即與代理人有利害關係，因此代理人就貨物亦有保險利益。

二、船舶之保險利益

船舶之保險利益者指船舶所有人就船舶或與船舶有關之各種利益之利害關係，茲分述如下：

㈠船舶所有人之船舶保險利益

1所有權：

船舶所有人基於所有權對船舶有保險利益。在保險單，通常以對「船體及機器」，或對「船體、機器及冷凍機器」之保險利益稱之。

若船舶為共有，共有人對共有船舶有保險利益，但以其應有部分為限。現在船舶共有之情形逐漸減少，多數船舶為船公司所有，船公司之股東(Shareholder)對於船舶有無保險利益，素有爭議，英國採否定觀點（註七），但美國判例，認定股東在其擁有股份之範圍內，對公司之船舶有保險利益。

2保險費：

船舶所有人就其保險費有保險利益。按保險實務船舶所有人通常以十二個月為期，為其船舶投保險，並預支保險費，該保險費預期於其後十二個月之海上航行之運費中，逐漸賺回。保險期間，若船舶毀損、滅失，則船舶無法從事海上運送，無法賺取運費，其結果預付之保險費亦

註七　*Marine Insurance,* Vol. 1-The principles, p. 51 by R. H. Brown.

無法賺回,船舶所有人將損失保險費,因此船舶所有人對於其保險費有保險利益。

由於船舶所有人,理論上逐月從運費中賺回十二分之一保險費,因此隨著月份之經過,尚未賺回之保險費應逐漸減少,習慣上,每個月減少十二分之一之保險費,舉例言之,船舶所有人預付之保險費為一千二百英磅,八個月後,從運費中收買保險費八百英磅,只剩四百英磅,到最後一個月,只剩一百英磅,此種逐月遞減之保險費保險利益稱為縮減型保險費保險利益(Premium Reducing Interest),此在船舶保險,甚常見之。

若船舶保險為航程保險而非期間保險,則船舶所有人給付一定數額保險費,不發生遞減之情況,船舶期間保險,實務上較少發生,一般於解體船舶,自出賣交付地開返解體港時用之。

㈡船舶所有(權)人兼為運送人之船舶保險利益

船舶所有(權)人兼為運送人時,除有前揭對船舶所有權及對保險費之保險利益外,尚對下列諸項有保險利益:

1 運費(Freight):

船舶所有人(運送人)對於「目的地卸貨付費」之運費有保險利益,反之,貨物所有人對於「預付運費」有保險利益,按運費之給付,有於運送之前預付者,稱為「預付運費」(Advanced Freight),有於目的地卸貨後給付者,稱為「目的地卸貨付費」。在前一情形,若因船舶毀損滅失而不能完成,貨物所有人亦不得請求返還,因此貨物所有人對「預付運費」有保險利益。反之,在「目的地卸貨付費」,貨物(註:通常為散裝貨)若未能運抵目的地卸貨,其收不到運費而發生損失之不利益固應由船舶所有人承擔,縱一部分運抵目的地,船舶所有人之運費亦多依目的港卸下之貨物計算,因此船舶所有人對「目的地卸貨付費」有保險利益。

2 支出費用(Disbursement):

船舶所有人(運送人)就船長為繼續航行之需要而支出之費用有保

險利益。在航行進行中，船長因航行進行之需要，應支出費用，例如為繼續航行而購買燃料、食物等。此種費用，原加入運費中，於貨物抵達目的地卸貨後，因收取運費而賺回；若船舶發生毀損滅失，則運費無法收取，包括於運費中之「船長支出之費用（Disbursement）」亦將落空，因此船舶所有人就「船長支出費用」有保險利益。惟此類保險只於「目的地卸貨付費」之情形用之，在「預付運費」之情形，即無必要，在海上運送實務，前者情況甚少，後者情況居多。

㈢船舶承租人之船舶保險利益

在船舶租賃（a Charterparty by Demise），承租人提供補給、燃料，僱用船長及海員，占有並支配船舶，承租人須為船舶之毀損、滅失負責，因此對船舶有保險利益。

船舶租賃與船舶承租不同，傭船人對於所傭船舶並無保險利益，按傭船人所以訂立傭船契約，乃因其於一定航程或一定期間必須使用船舶之全部或特定一部，前者為航程傭船，後者為期間傭船，不論如何，傭船人只有將貨物送交運送人以船舶運送，但不占有船舶，因此傭船人對於船舶無保險利益。

傭船人就傭船費（Charterer's Freight）有保險利益。按傭船費之給付有二：①預付全部之傭船費，但約定船舶發生毀損或滅失時，傭船費不予退還。②不預付全部傭船費，但約定縱然船舶發生毀損滅失，傭船人仍應於一定期間每天給付傭船費若干元。以上不論何種情形，傭船人就其預付之傭船費或將來須付之傭船費有保險利益。

㈣抵押權人之船舶保險利益

船舶設定抵押權後，船舶所有人仍然基於所有權對船舶有保險利益，抵押權人基於抵押權對船舶有保險利益，但抵押權人之保險利益只於其債權額（貸款額）以及債權額之費用之範圍內有之（註八）。

註八　MIA 1906, § 4.

三、責任之保險利益

(一)運送人就貨物毀損滅失之責任之保險利益

運送人就貨物毀損滅失之責任有保險利益，此種情形，又分爲二：

1 運送人就其本人因航行、船舶管理或失火有過失，致貨物發生毀損滅失之責任有保險利益：按運送人因本人之過失或實際過失（Actual Fault），雖爲航行、船舶管理或失火，仍不得依海商法第一百十三條第一款第三款（相當於海牙規則第四條第二項 a 款 b 款）主張免責，因此依法須負債務不履行責任或侵權行爲責任，運送人就此一責任之發生，有利害關係，因此有保險利益。須注意者，保險人對於運送人基於此種保險利益所投保之保險，限於運送人因「過失」致發生保險事故時，始給付保險金，若因「故意」致發生保險事故時，即不給付保險金，因爲保險人對於要保人或被保險人因「故意」所致之保險事故，不負給付保險金之責任也。

2 運送人就其本人或其履行輔助人之貨物管理有故意或過失致貨物發生毀損滅失之責任有保險利益：按貨物管理之故意過失，不論任何運送人本人之過失（Actual Fault）或因爲履行輔助人之過失致擬制其有過失（Constructive Fault），依海商法第一百十三條第十七款（相當於海牙規則第四條第二項款）之規定，不得主張免責，因此運送人就因貨物管理有過失致生毀損滅失，不論由於運送人本人所致，抑或由於履行輔助人所致，均應負賠償責任，亦即有利害關係，因此運送人對此一責任有保險利益。

船舶所有人就其因運送契約對貨物所有人應負之契約責任（Contractual Liability）有保險利益，惟其保險人，實務上多爲 P&I Club，而非一般保險人。按船舶所有人之運送貨物，若非基於傭船契約，而係依一般運送契約，稱爲「公共運送人」。運送人與貨物所有人訂立運送契約，對於在其監督管領下之貨物之損失，除有免責事由外，必須爲貨物

之毀損或滅失負賠償責任，因此運送人就貨物之毀損滅失所生契約責任有保險利益。在實務上，承保此種保險者，非一般海上保險人，而是防護暨補償協會（P&I Club）。

㈡船舶碰撞對第三人責任之保險利益

第三人責任險常見諸船舶碰撞，以協會期間保險條款（船體險）之規定言，保險人承保者惟對第三人責任額（指船體、貨物之損失或遲延費用，但不包括人員死傷）之四分之三，且以不逾保險價額（the Insured Value）之四分之三爲限。又就運送人之船體險言，保險人願全額承保，船舶所有人若投保全額保險，且發生全損，保險人應依保險金額（此時，保險金額與保險價額相等）全額理賠，其理賠總額可表列如下：

理賠總額＝對第三人之賠償責任額×¾＋本船船舶保險金（須視全額保險或部分保險而定）

對第三人責任險之責任額四分之一常由防護暨補償協會承保。

㈢其他對第三人責任之保險利益

由於很多賠償責任（例如船舶碰撞對他船責任之四分之一、人員傷亡、對本船貨物依法須負賠償責任……）爲一般保險人所不承保，船舶所有人乃組織防護暨補償協會（P & I Club），加以承保，其承保事項包括一般保險人所不承保之四分之一碰撞責任、人員之死亡、身體之傷害、對港口、碼頭、防波堤（Piers）、浮標（Buoys），及其他物體之毀損、殘骸之清理、侵害權利（Infringement of Rights）、停泊費用（Quarantine Expenses），海難對船長、海員之賠償、對貨物之賠償責任（即本船貨物發生損害，又依法不得免責者）……等。

須注意者，因船舶碰撞，常發生海水污染（Pollution）、環境污染（Contamination），船舶所有人依法須負責任，但一般保險公司不承保此種危險，即令 P&I 亦然。

肆、其他附屬性保險利益

其他附屬性保險利益包括：

一、船長及海員之薪資利益

船長及海員就其薪資有保險利益。海上危險事故發生時，船長及海員可能蒙受薪資損失，因此船長海員就其薪資有保險利益，得以之向保險人投保。

二、再保險利益

保險人承保保險後，若因保險事故發生，即對被保險人負有理賠責任。保險人為分化理賠之危險，常以其理賠責任，向再保險公司投保。因此保險人對於其理賠保險金之責任有保險利益。

伍、結　　論

保險利益是保險契約的有效要件，不但要保人對保險標的須有保險利益，若要保人與被保險人不同一人時，被保險人亦必須有保險利益，才能貫徹保險制度旨在分担危險，塡補被保險人損害之功能。要保人於投保時，必須就有關保險利益之事實，據實說明，俾保險人得據以判斷要保人、被保險人與保險標的間是否存有保險利益，以決定其是否承保。

無保險利益之契約固然無效，免除證明保險利益之保險單亦應屬無效。按免除證明保險利益之保險單（Policy Proof of Interest，簡稱 P.P.I.）旨在免除被保險人證明保險利益之義務。按海上保險之保險事故發生時，被保險人須證明其保險利益，始得請求保險人理賠，惟因某些保險利益例如貨物之增加價值、船長支出之費用、預期利潤……等概念模

糊，證明困難，其結果被保險人不願提出證據證明其有保險利益，放棄索賠，影響所及，減低被保險人之投保意願，爲克服此一問題，乃有免除證明保險利益之保險單之設計。

免除證明保險利益之保險單(P.P.I.)與無保險利益之保險單相同，皆爲賭博契約（註九），同屬無效，被保險人與保險人皆不得因此主張權利，亦不因此負擔義務。實務上，有保險經紀人將「免除證明保險利益之保險單」以別針別在保險單上，而不像其他附加保險文件貼黏於保險單上，其目的在隨時除去「免除證明保險利益之保險單」，使保險契約發生效力，但此種作法，法院並不肯定其效力，主要理由是「原已無效之保險單（契約）」，不因任何後來之行爲（即除去免除證明保險利益保險單之所爲），成爲有效」（註一〇）。

無保險利益而簽發保險單、無法預期有保險利益而簽發保險單、或保險經紀人簽發免除證明保險利益之保險單者，皆涉及賭博行爲，依一九〇六年英國海上保險條例之規定，得以簡易刑事審判(Summary Conviction 無陪審團) 之程序，科處六個月以下有期徒刑，並得併科勞役或科以一百鎊以下之罰金，其契約上所得之金額，應予沒收。

註九　MIA 1906, § 4.

註一〇　Edwards (John and Co.,) v. Motor Union Insurarce Co. (1922).

七、論一九八二年協會貨物保險基本條款

壹、協會貨物保險基本條款簡史

一九八二年一月一日起，倫敦保險市場採用「協會貨物保險基本條款(Institute Cargo Clauses 1982)」配合「新式海上保險單」(The New Marine Policy Form 或 The Lloyd's Marine Policy)」，並自一九八三年三月三十一日起廢止使用多年之「一九六三年協會貨物保險

基本條款」（註一）及配合該基本條款使用之「勞依茲船舶貨物保險單
（The Lloyd's S.G. Policy Form）」。

一九八二年協會貨物保險基本條款（註二）主要包括下列三種：

①協會貨物保險基本條款(A)：Institute Cargo Clauses 1982 (A)，
簡稱 ICC 1982 (A)。

②協會貨物保險基本條款(B)：Institute Cargo Clauses 1982 (B)，
簡稱 ICC 1982 (B)。

③協會貨物保險基本條款(C)：Institute Cargo Clauses 1982 (C)，
簡稱 ICC 1982 (C)。

此外主要還有：

①協會戰爭險基本條款（貨物）——Institute War Clauses
（Cargo）

②協會戰爭險基本條款(郵寄)——Institute War Clauses（Send-
ing by post）

③協會戰爭險基本條款（空運貨物）（但不包括郵寄）——Institute
War Clauses（Air Cargo）（Excluding sendings by post）

④協會罷工保險基本條款（貨物）——Institute Strikes Clauses

註一　一九六三年協會貨物保險基本條款分以下五種：

1. 協會貨物保險基本條款（一切險）——Institute Cargo Clauses 1963（All
   Risks），簡稱 ICC 1963（AR）.

2. 協會貨物保險基本條款（單獨部分損失理賠險）——Institute　Cargo
   Clauses 1963（With Average），簡稱 ICC 1963（WA）.

3. 協會貨物保險基本條款（單獨海損不賠險）——Institute　Cargo　Clauses
   1963（Free From Particular Average），簡稱 ICC 1963（FPA）.

4. 協會貨物戰爭保險基本條款——Institute War Clauses 1963.

5. 協會罷工暴動及民衆騷擾保險基本條款——Institute Strikes Riots & Civil
   Commotions Clauses 1963，簡稱 SRCC 1963.

(Cargo)

⑤協會罷工保險基本條款（空運貨物）——Institute Strikes Clauses（Air Cargo）

⑥協會貨物保險基本條款（空運）（但不包括郵寄）——Institute Cargo Clauses（Air）（Excluding Sending by Post）

　　　︙

以上諸種，有屬於空運、郵寄者，有屬於特別危險另行加保者，本文於茲從略，以下所述者惟 ICC 1982 (A)、ICC 1982 (B)與 ICC 1982 年 (C)。

新海上保險單（註三）並無保險契約條款，其內容包括前言（Preamble）及簽字（Signing）外，尚有一張表格，供記載下列內容：①保險單號碼（The Policy Number）②被保險人名稱及船舶名稱（The Names of the Assured and the Vessel）③保險之航程或保險之期間（The Voyage or Period of Insurance）④保險標的物及其約定價值（若有約定）（The Subject-Matter Insured and its Agreed Value-If Any）⑤保險金額（The Amount Insured）⑥保險費（The Premium）⑦附加之條款及批單（Clauses and Endorsements to be Attached）⑧其他特約條件或擔保（A "Catch-all" of Special Conditions and Warranties）。

貳、新舊協會貨物保險基本條款之關係

新舊協會貨物保險基本條款均規定有「承保危險事故（Risks Covered）」與「除外不保事故（Risks Excluded）」，二者之關係，新協會貨物保險基本條款較舊協會貨物保險基本條款能「簡化名稱」以及「綜覈名實」，茲分述如下：

註二 一九八二年協會貨物保險基本條款之制訂及發展過程大略如下：

1. The S.G. Policy Form 於一七七九年開始在倫敦保險市場採用。

2. The S.G. Policy Form 於一七九五年在倫敦保險市場取代其他各種形式之海上保險單。

　　The S.G. Policy Form 沿用將近二百年，該保險單用語古老晦澀，其精確意義，須參酌二百年來無數判決，才能確定；每一條款之意義，常因時代變遷而有更易。由於以判決賦 The S.G. Policy Form 以新的意義，形成解釋準則(The Guidelines to Interpretation)，使 The S.G. Policy 具有彈性，因此遲延了 The S.G. Policy Form 被廢棄不用之時間。

3. ICC 1912 (FPA)、ICC 1912 (WA)、ICC 1912 (AR)倫敦保險人協會貨物保險基本條款於一九一二年被引進倫敦保險市場，該基本條款係由代表勞依茲保險人以及海上保險公司市場(The Lloyd's and Company Markets)的技術及條款委員會(The Technical & Clauses Committee)起草，在實際上，The S.G. Policy Form 與 ICC 1912 (FPA)、ICC 1912 (WA)及 ICC 1912 (AR)合併使用，The S.G. Policy Form 之內容受到 ICC 1912 (FPA)、ICC 1912 (WA)及 ICC 1912 (AR)之修正及補充。

4. ICC 1963 (AR)、ICC 1963 (WA)、ICC 1963 (FPA)基本上仍維持 ICC 1912 (AR)、ICC 1912 (WA)、ICC 1912 (FPA)之內容，但是文字上稍有潤飾，與上述三種基本條款搭配使用者仍為 The S.G. Policy Form.

5. ICC 1982 (A)、ICC 1982 (B)、ICC 1982 (C)此即現行有效之貨物保險基本條款。

註三 The New Marine Policy Form 肇因於聯合國貿易暨發展會(The United Nations Commission on Trade and Development)對 The S.G. Policy Form 之批評，倫敦保險人協會轄下之技術條款委員會(The Technical Clauses Committee of The Institute of London Underwriters)乃起草新海上保險單(The New Marine Policy Form)與協會貨物保險基本條款三式(ICC 1982 (A)、ICC 1982 (B)、ICC 1982 (C)、Institute War Clauses (Cargo)、Institute Strikes Clauses (Gargo)配合使用。

一、簡名化稱

新協會貨物保險基本條款之名稱較舊協會貨物保險基本條款之名稱簡化，此可由下表見之：

新協會貨物保險基本條款 (1982. 1. 1～使用中)	舊協會貨物保險基本條款 (1963. 1. 1～1983. 2. 31)
1. Institute Cargo Clauses 1982 (A) 簡稱 ICC 1982 (A) 一九八二年協會貨物保險基本條款(A)	Institute Cargo Clauses 1963 (All Risks)簡稱 ICC 1963 (AR) 一九六三年協會貨物保險基本條款(一切險)
2. Institute Cargo Clauses 1982 (B) 簡稱 ICC 1982 (B) 一九八二年協會貨物保險基本條款(B)	Institute Cargo Clauses 1963 (With Average)簡稱 ICC 1963 (WA) 一九六三年協會貨物保險基本條款(單獨海損部分損失理賠險—亦稱水漬險)
3. Institute Cargo Clauses 1982 (C) 簡稱 ICC 1982 (C) 一九八二年協會貨物保險基本條款(C)	Institute Cargo Clauses 1963 (Free From Particular Average) 簡稱 ICC 1963 (FPA) 一九六三年協會貨物保險基本條款(單獨海損不賠險)

二、綜覈名實

ICC 1963(AR)自文義言，是承保一切險，惟實際上 ICC 1963(AR)並未承保一切保險事故，因此改為 ICC 1982 (A)，避免名實不符，滋生誤會。

ICC 1963（WA），自文義言，只要是單獨海損（相對於共同海損），即令是部分損失，仍予理賠，但在實際上，常有起賠額（Franchise）之限制，其損失非達到保險標的物之一定比例或達到一定金額，雖然因保險事故所致，保險人仍不予理賠，但已投保 IOP（Irrespective of Percentage）者，不在此限，因此改稱爲 ICC 1982（B），避免名實不符，滋生誤會。

ICC 1963（FPA），自文義言，只要是單獨海損（相對於共同海損），雖然因保險事故而發生，自不予理賠，但在實際上，若因載運貨物之船舶或駁船（Craft）擱淺、沈沒、碰撞、火災、爆炸或於避難港卸貨等事故而發生單獨海損，仍予理賠，且不受起賠額之限制，因此爲 ICC 1982（C），避免名實不符，滋生誤會。

叁、一九〇六年海上貨物保險條列（MIA 1906）與 ICC 1982 (A)(B)(C)之關係

一九〇六年英國海上保險條例與 The S.G Policy 一樣，將「危險事故」稱爲 "Perils"，但一九八二年協會貨物保險基本條款則將「危險事故」稱爲 "Risks"，名稱雖異，但 MIA 1906 所規定之原則對於 ICC 1963（AR）、（WA）、（FPA）與對於 ICC 1982 (A)(B)(C)同樣適用則一，申言之：

一、主力近因原則（Proximate Cause）之適用

一九〇六年海上保險條例第五十五條第一項規定「除本條例另有規定，或保險單另有約定，保險人對於以保險事故爲主力近因所發生之任何損失負賠償責任」，又「除本條例另有規定或保險單另有約定外，保險人對於保險事故並非主力近因所生之損害不負賠償責任」，此種原則在解釋一九八二年協會貨物保險基本條款時，仍適用。

二、法定除外不保事項之適用

一九〇六年英國海上保險條例第五十五條第二項所列之法定除外不保項目（The Statutory Exclusions）對於新的海上保險單（The MAR Policy）及 ICC 1982 (A)(B)(C)仍然適用。因此現在觀察除外不保事項，除了 ICC 1982 (A)(B)(C)所列舉者外，尚須加上 MIA 1906 § 55 第二項所列舉之三種情況：①因被保險人故意之不法行為而發生之損害不負賠償責任。②除保險單另有約定外，對於因遲延（Delay）而生之損害不負賠償責任，縱令遲延係因保險事故而發生者亦然。③除保險單另有約定外，保險人對於因正常之磨損及撕裂（Ordinary Wear and Tear）、正常之滲漏及破損（Ordinary Leakage and Breakage）、保險標的物之固有瑕疵或性質（Inherent Vice or Nature of The Subject-Matter Insured）、或任何因鼠咬蟲喫為主力近因而生之損害（Any Loss Proximately Caused by Rats or Vermin），或任何對機器之損害但海上危險（Maritime Perils）並非其主力近因者不負賠償責任。

一九八二年協會保險基本條款與新海上保險單（The New Mar Form of Policy）併用，而於前者詳細記載「承保事故」與「除外不保事故」，此與以往以「The S.G. Policy」與「ICC 1963）配用，而將危險事故記載於 The S.G. Policy（註四）不同。

註四　該條文全文是：

Touching the Adventure and Perils which the Assurers are contented to bear and do take upon themselves in this voyage, they are, of the Seas, Men-of-War, Fire, Enemies, Pirates, Rovers, Thieves, Jettisions, Letters of Mart and Countermart, Surprisals, Taking at Sea, Arrests, Restraints and Detainments of all Kings, Princes and People, of what Nation, Condition, or Quality soever, Barratry of the Master and Mariners, and of all other Perils, Losses and Misfortunes that have or Shall Come to the Hurt,

肆、新海上保險單之準據法條款

解釋協會保險基本條款(ICC)——包括ICC所列之保險事故——時,必須適用一九○六年英國海上保險條例及其他英國之案例法(Case Law)。按海上保險單(The MAR Policy)中都訂有「本保險依英國法及實例(This insurance is subject to English Law and Practice)」,稱爲準據法條款,準據法條款旨在提供不同管轄法院解釋協會保險基本條款之相同準則,使能對相同之條款採取相同之解釋,不因管轄法院之國家不同,適用法律不同,而發生解釋上之差異。

準據法條款與管轄法院條款不同,後者之功能在於約定承辦審理之管轄法院,例如The MAR Policy上均載有由英國法院管轄條款

(承前註)

Detriment or Damage of the said Goods and Merchandises, or any Part thereof:

簡單介紹上述危險事故之內容如下:

㈠ Perils of the Seas:

一般言之,Perils of the Seas 包括下列事故:

1. 船舶碰撞(Collision):所謂船舶碰撞有廣狹二義,狹義之船舶碰撞專指二艘或二艘以上之船舶,在水面或水中相互爲物體之接觸,致發生損害而言。廣義之船舶碰撞,兼指狹義之船舶碰撞以及船舶因某一操作之執行或不執行,或未遵航行法規,雖無物體上之接觸,但仍導致他船船體,或任何一艘船舶人或貨之傷亡或毀損滅失而言。

2. 擱淺(Stranding):擱淺,指承載貨物之船舶擱置於礁石上,經過一段相當期間而言。

3. 惡劣天氣(Heavy Weather):惡劣天氣指風浪之異常現象,如暴風雨引起之損害,除了浪捲入海以外之落海損失、貨物非裝載於船舶、駁船、貨櫃、貨箱或儲存所之水漬損失、貨物在碼頭候運時因洪水引起之損失。

4. 沉沒(Sinking):因海水侵入,致承載貨物之船舶翻覆或完全浸水。

5.觸礁(Grounding)：承載貨物之船舶碰撞礁石，船舶受損，或船上所裝載之貨物，因慣性向前衝撞，致粉碎或破裂。

(二) Men-of-War and Enimies

Men-of-War 在訂立於 S.G. Policy 時，原用於有相當體積之海軍船隻 (naval vessels of a considerable size) 當時由於通訊不發達，故我船艦不易辨識，本國商船有時亦受本國海軍砲擊，因此將「Men-of-War 戰爭人員」與「Enemies 敵人」並列爲危險事故，Enemies 一辭專指被保險船舶船旗國之敵對國而言。但在新的保險單已將「Men-of-War」與「Enmies」併爲「War Risks 戰爭危險」。

(三) Fires 火災

海上火災有兩個特色：一是救援困難，二是火災與損害間之因果關係認定困難。因此適用「合理誘因」原則，如火災發生於船舶、駁船、或在倉庫、運輸工具內時，凡合理誘因於火災引起之過熱損失，保險人悉予理賠，被保險人無須證明火災係損害之主力近因。火災爲海上保險基本保險之一種，包括因火災而貨物毀損、烤焦、烟薰之損害及因救火所致之水漬損害。但因戰爭、罷工、暴動所致之火災損失須另保兵險或罷工險。因貨物固有瑕疵或本質所致之自燃性火災，不在承保範圍。

(四) "Pirates" and "Rovers" 海盜及海上流浪者

海盜者，爲滿足私慾非法掠奪、戮殺、焚毀他人海上財產之人也。MIA 1906 解釋規則第八條對於海盜之定義未爲界定，但規定海盜一辭應包括叛變之旅客以及自岸上攻擊船舶之行爲。海上流浪者是流浪於海上伺機從事海盜行爲之人也。

S.G. Policy 所承保之危險事故包括「海盜及海上流浪者」，但因爲海盜或海上流浪者多半以小船攻擊小船，於十九世紀，船舶噸位較小，海盜行爲較爲頻仍，時至今日，船舶噸位動輒千噸萬噸，海盜行爲只於東南亞地區偶然見之，因此 S.G. Policy 用 ICC 1963 後，即將海盜等刪除，不列在承保範圍，除非另外加保，否則不在承保範圍。

(五) Thieves 攻擊性竊盜

Thieves 一詞淵自十七世紀、十八世紀時之攻擊性竊盜，爲避免攻擊性竊

盜，必須緊鎖門窗，以防侵入，此種攻擊性竊盜成隊游蕩，發現有隙可侵，即侵入房屋進行竊盜。此種攻擊性竊盜亦見諸海上，因此 MIA 1906 之解釋規則亦指出「Thieves」指攻擊性竊盜，須實際破壞行為，侵入儲存貨物之處所，再實施竊盜行為，始足稱之，不包括秘密性之竊賊或船公司人員之監守自盜或旅客之偷竊在內，因此①Pilferage：順手牽羊式之竊盜②Theft 開箱取物式之竊盜③Non-delivery 箱裝、袋裝或包裝能以件計算之貨物於抵達目的港時，發現不明原因之整件滅失等三種情形，均不在 Thieves 之觀念內。

Thieves 在 ICC（AR）1963 時列在承保範圍，ICC（WA）1963、ICC（FPA）1963 則不列入承保範圍，若欲投保，可另付保費，以附加保險方式承保，ICC（A）1982 將 Thieves 列在承保範圍。

㈥ Jettisions 投棄

投棄是將貨物或財產投棄於船舶之外，俾減輕船舶負擔，以防船舶或船貨全部沉沒之行為。投棄與共同海損，有相異之處，在投棄，貨物與船舶分屬不同之人或屬於同一人均無不可，船長被授權丟棄任何危險物品，或基於其判斷或基於船舶所有人之判斷認為是危險之物品，但在後種情形（即基於船長之判斷或船舶所有人判斷而為投棄之情形，須貨物堆放於船舶，並未在包裝袋或包裝箱上，鮮明註明貨物性質，且船長或船舶所有人並未收到關於貨物性質之通知……等情形為限，始得為之。

共同海損則船舶與貨物分屬不同之人，因船舶及貨物處於同一之危險，船長乃故意對貨物或船舶處分，犧牲一小部分，保全其他部份，以避免全部滅失損毀。

在 S.G. Policy 適用之期間，不論共同海損而為之投棄，抑或非共同海損而為之投棄，均稱為 Jettisions，均予承保，以其亦對保險人有利也。ICC 1982 之後，亦均予以承保，但關於理賠方法，分別適用 General Average 與 Jettisions 之不同規定。

㈦ Letters of Mart and Counter Mart（奪捕令與反奪捕令）

奪捕令與反奪捕令早期稱為"Letters of Marque and Counter marque"，"marque"一辭是報酬(Reprisals)或私掠(a Privateer)之意，因此 Letters of Marque 卽爲〝執行具有故意行爲之掠奪許可〞之意思，在十六、十七世紀，一些武裝的民用船在獲得君王許可後，有權鹵獲敵方商船，此種民用船雖爲君王之利益，非爲個人之利益而爲掠奪，但仍具有海盜本質，爲防止此種危險，仍將此列爲承保之危險事故。

(八) Surprisals and Taking at Sea （意外襲擊與海上捕獲）

意外襲擊是一種驚嚇行爲。十六、十七世紀時，常於霧中或黑暗中意外襲擊他船之行爲，爲此商船常須武裝，保險人承保此種意外襲擊。海上捕獲包括貨物於任何情況下，在海上被無權利人所捕獲而言。

(九) Arrests, Restraints, and Detainment of all Kings, Princes and People of what Nation, Condition, or Quality soever, （官府之拘捕、限制及扣押）。

依一九〇六年海上保險條例解釋規則第十條，所謂「官府之拘捕、限制及扣押」專指政治性或行政性之拘捕限制及扣押，暴民或正常司法程序而引起者不在其內。

(十) 船長或海員之惡意行爲(Barratry)

Barratry 一詞指船長或海員之惡意行爲，例如船長或海員故意鑿穿船艙，致使海水浸入，而損及貨物是，保險人之承保範圍及於「船長或海員之惡意行爲」，但若船舶所有人（運送人）自己參與此種惡意行爲，卽不在承保範圍。

(土) All Other Perils, Loss or Misfortunes

依一九〇六年美國海上保險條例解釋規則第十條之規定，所謂"All Other Perils"一詞，包括所有類似於保險單所列上的保險事故之其他危險事故，例如「Smoke（燻煙）」類似於「Fire（火災）」，因此因「燻煙」而生之一切損失，卽被涵蓋於「火災」之保險事故中。又如「海水毀損(Seawater Damage)」一般稱爲「惡劣天候(Heavy Weather)」，列爲海上保險事故之一種，由於「海水結冰(Ice Formed from Seawater)」類似於「海水(Seawater)」，因此因「海水結冰所生之損失」，類似於「海水之損失」，而應納入惡劣天氣之範圍，爲保險事故之範圍所及。

（Subject to English Jurisdiction）之文字，指基於協會貨物保險基本條款而訂立之保險契約發生訴訟糾紛時，由英國法院管轄，但此種管轄法院條款得以當事人之合意刪除更改之（註五），刪除更改時，須另約定管轄法院，但其刪除更改並不影響解釋協會貨物保險基本條款時，仍應適用英國 MIA 1906 或其判決先例（慣例）之義務。

伍、ICC 1982 (A)(B)(C)之承保範圍

一、ICC 1982 (A)、ICC 1982 (B)與 ICC 1982 (C)承保範圍之總體比較

ICC 1982 (A)、ICC 1982 (B)、ICC 1982 (C)之承保範圍有廣狹之別，茲以下表，述其梗概，至於其詳細內容，另闢專節解釋之：

基本條款種類 ＼ 保險事故範圍	承保事故 ICC1983(A)§1～§3	除外不保事故 ICC1982(A)§4～§7	說　明
ICC 1982(A)	§1承保條款 　本保險承保肇致保險標的物滅失或損毀之一切危險事故（第四、五、六、七條所列之危險事故除外。）	§4一般不保條款 　4.1因可歸責於被保險人故意不法行為而發生之滅失、毀損或費用。 　4.2保險標的物之正常滲漏、重量或數量之正常損失、或正常之磨損或撕裂。	ICC 1982(A)之承保範圍為〔ICC1982(A)§1～§3〕－〔ICC1982(A)§4-§7〕

註五　*Marine Insurance,* Vol.2- *Cargo Practice,* 4th. Edition, p.p. 102-103 R.H. Brown

4.3 保險標的物之不充分或不適當包裝或準備而引起之滅失、毀損或費用。（本項「包裝」一詞包括在貨櫃或貨箱內之儲放，但以此一儲放於保險契約生效前完成，或由被保險人或其受僱人完成者為限）。

4.4 因保險標的物之固有瑕疵或本質所引起之滅失、毀損或費用。

4.5 因遲延主力近因而引起之滅失、毀損或費用，縱令遲延係因保險事故而發生者亦然。（但依第二條之規定，共同海損應予理賠之費用不在此限）。

4.6 由於船舶所有權人、經理人（Charterers）或其他操作船舶之人之無力清償（Insolvency）或金

錢上給付遲延
（Financial
Default）而
引起之滅失、
毀損或費用。

4.7因使用任何由
於利用原子或
核子分裂及（
或）融合或其
他類似反應或
輻射力等武器
而引起之滅失
、毀損或費用
。

§5欠缺適航性或欠
缺適載性條款。

5.1本保險不承保
因船舶或駁船
欠缺適航性，
或因船舶、駁
船、運輸工具
、貨櫃或貨箱
不適合安全裝
載保險標的物
所引起之滅失
、毀損或費用
，但以保險標
的物裝載時，
運送人或其受
僱人對於欠缺
適航性或欠缺
適載性已經知
情者為限。

5.2保險人茲放棄
將保險標的物
運送至目的地
時，船舶所應
具有適航性或

適載性之法定擔保之違反（之抗辯—譯者加註），但被保險人或其受僱人對該適航性之欠缺或適載性之欠缺已知情者，不在此限。

§6 戰爭危險不保條款

本保險不承保因下列原因所發生之滅失、毀損或費用。

6.1 因戰爭、內戰、革命、叛變、暴亂、或因此而引起之國內戰鬥、或對敵對武力之行爲。

6.2 因捕獲、扣押、逮捕、禁止或扣留（海上劫掠除外）以及上述原因所致之結果，或任何企圖、威脅。

6.3 因遺棄之水雷、魚雷、炸彈或任何其他遺棄之戰爭武器。

§2共同海損條款本
保險承保依據運
送契約及（或）
應適用之法律慣
例所理算或確定
之共同海損及施
救費用，而其（
共同海損及施救
費用）發生係爲
避免任何原因（
Cause）致生損
失或與避免損失
有關而發生者，
但爲避免第四、
五、六、七條或
任何本保險其他
排除不保之危險
者不在此限。

§7罷工不保條款
本保險不承保因
下列危險所發生
之滅失、毀損或
費用。
7.1因罷工者、被
迫停工者（
Locked-out
Workmen）
、或參與工潮
、暴動或民衆
騷擾者所引起
者。
7.2因罷工、停工
、工潮、暴動
或民衆騷擾結
果所引起者。
7.3因任何恐怖主
義者或任何人
基於政治動機
而引起者。

	§3船舶碰撞雙方過失條款 　　本保險擴及對被保險人依運送契約中船舶碰撞雙方過失條款比例下所應負擔之責任額內依本保險單之規定予以理賠。 　　船舶所有人依船舶碰撞雙方過失條款為請求時，被保險人應立卽通知保險人，保險人得以自己之成本及費用，為被保險人對該賠償之請求提出抗辯。		
ICC1982(B)	§1危險條款 　　本保險承保下列危險事故所發生之損失，但因第四、五、六及七條所列危險事故所引起者，不在此限。 　1.1.因合理可歸責於下列危險事故致保險標的物滅失或毀損者： 　1.1.1.火災或爆炸 　1.1.2.船舶或駁船擱淺、觸礁、沉沒或傾覆。 　1.1.3.陸上運輸工具之傾覆或出軌（Derailment）。	ICC1982(B)§4～§7與ICC1982(A)之規定基本上相同，不同之點有二： 1. ICC1982(B)§4.7為ICC1982(A)§4所無 2. 由於ICC1982(B)4.7之制訂，原來ICC1982(A)§4.7在ICC1982(B)改列為ICC1982(B)4.8。 茲將ICC1982(B)4.7敘述如下： 「任何人之不法行為（The Wrongful Act）而蓄意對保險標的物之全部或一部份毀損或摧毀。」	ICC1982(B)之承保範圍如下：〔（ICC1982(B)§1～§3）〕－〔（ICC1982(B)§4～§7）〕其中ICC1982(A)§1、ICC1982(B)§4兩條之規定與ICC1982(A)§1、ICC1982(A)§4兩條之規定不同，其除之規定相同。

1.1.4.船舶、駁船或運輸工具與除水以外之任何外在物體（any External Object）之碰撞或接觸（Contact）。

1.1.5.在避難港之卸貨。

1.1.6.地震、火山爆發、或閃電。

1.2.因下列原因致保險標的物滅失或毀損者：

1.2.1.共同海運之犧牲

1.2.2.投棄（Jettision）或波浪捲落（Washing Overboard）

1.2.3.海水、湖水或河水進入船舶、駁船、封閉式運輸工具、貨櫃、貨箱或儲存所。

1.3.任何一件貨物於裝上船舶或駁船，或自船舶或駁船上卸下時，自船上（駁船）滑落或掉落而發生之全部滅失。

	註：ICC1982(B)之承保範圍及於ICC1982(B)§2、ICC1982(B)§3所規定危險事故，該兩條之規定與ICC1982(A)§2、ICC1982(A)§3相同，請分別參照前揭ICC1982(A)§2、ICC1982(A)§3之規定，茲不贅言。		
ICC1982(C)	ICC1982(C)之保險範圍係ICC1982(B)之縮小。 ICC1982(B)之下列保險事故，在ICC1982(C)中，不列入保險範圍內： 　1.1.6.地震、火山爆發或閃電。 　1.2.2.之後段；波浪捲落（Washing Board）。 　1.2.3.海水、湖水或河水進入船舶、駁船、封閉式運輸工具、貨櫃或儲存所。 　1.3.任何一件貨物於裝上船舶或駁船，或自船舶或駁船上卸下時，自船上（駁船）滑落或掉落而發生之全部滅失。	ICC1982(C)之除外不保項目規定於ICC1982(C)§4～§7，其內容分別完全與ICC1982(B)§4～§7相同，請參照上表內容，茲不贅言。	1. ICC1982(C)之保險範圍為〔（ICC1982(C)§1）＋（ICC1982(C)§2～§3）－〔（ICC1982(C)§4～§7）〕其中ICC1982(C)§1、ICC1982(C)§4與ICC1982(A)§1、ICC1982(A)§4不同，其餘各條款之內容均相同。但ICC1982(C)§4與ICC1982(B)§4內容仍然相同。 2. ICC1982(C)之承保範圍較ICC1982(B)之承保範圍小。

以上表格中，危險事故是否爲保險人承保範圍，須視保險契約「承保事故（Risks Covered）」與「除外不保事故（Exclusions）」二欄定之，其可列入「承保事故」之範圍而又非「除外不保事故」者，即在保險範圍，因此種危險事故而發生之毀損、滅失或費用，保險人須依約理賠，反之，若不在「承保事故」範圍下，或雖可納入「承保事故」範圍內但亦屬於「除外不保事故」之範圍者，即不在保險範圍，因此種危險事故所發生之毀損、滅失或費用，保險人無庸理賠。

二、ICC 1982 (A)、(B)、(C)基本用語闡釋

保險人所承保之保險事故，因訂立之契約爲 ICC 1982 (A)、ICC 1982 (B)、ICC 1982 (C)之不同，其範圍之廣狹以及法條用語均有差異。被保險人（實即要保人）得視實際情況，選擇適當者投保，以節省保險費之給付。茲將 ICC 1982 (A)(B)(C)基本用語闡釋如下：

㈠單獨部分損失（Particular Average）

單獨部分損失者，因保險事故爲「主力近因」而肇致保險標的物發生部分毀損、滅失，且該毀損滅失非因共同海損而發生也。Particular Average 一詞，在 ICC 1982 (A)(B)(C)三種保險單中，均未提及，但實務上均適用之（註六）。

㈡共同海損之犧牲（General Average Sacrifice）

依一九○六年英國海上保險條例第六十六條第二項「稱共同海損者，在共同航海冒險中，爲保全遭受危險之財產，於危險存在之際，故意且合理地爲非常犧牲或支出非常費用也。」就貨物保險言，所謂共同海損所爲之犧牲，包括全部或一部之犧牲，但以 ICC 1982 (A)(B)(C)各保險單之「除外不保事項」中，不將之納入除外不保項目者爲限。共同海損

註六　*Analysis of Marine Insurance Clauses,* Book 1, "the Institute Cargo Clauses," 1982, By R.H. Brown. p.4

之理賠，包括下列二種：

　　1.共同海損之犧牲：共同海損之犧牲者，因共同海損行爲致保險標的物滅失或減少也。舉例言之，因爲暴風雨，船舶與貨物皆面臨沉沒之

　險，船長爲減輕船舶負荷，乃下令將貨物之一部分投棄入海，以避免船舶及其他貨物同遭沉沒，此被投棄之貨物即爲「共同海損之犧牲」。保險人以保險金理賠「共同海損之犧牲」所發生之損失後，即代取得因共同海損被投棄貨物之人對於因共同海損而船舶、貨物獲得保金之人分攤求償權。

　　2.共同海損之費用：共同海損之費用者，船舶、貨物及運費遭遇共同危險時，爲了避免該危險，船長及其他人爲保險標的物所支出之非常費用也。舉例言之，船舶擱淺時，爲使擱淺之船舶重新浮揚，乃僱傭駁船以及碼頭工人將船上貨物卸下所支出之費用即是。又爲船貨之安全，將船舶駛入避難港而發生之引水費、港工捐……亦是共同海損之費用。共同海損之費用應納入共同海損之範圍，保險人於給付保險金後亦得基於代位求償權，行使對船貨獲得保金之人分攤請求權。

　　因共同海損而船舶貨物被處分者，固得請求其保險人給付保險金，再由保險人基於代位權行使分攤求償權。易言之，船舶或貨物因他人貨物、船舶之共同海損被處分而獲得保全者，對於該因共同海損而被處分之船舶、貨物所有人應負共同海損分攤之責，此種分攤之數額，該被保全之船貨所有人之保險人，應負給付保險金之責任。

　　㈢實際全部滅失(Actual Total Loss)

　　有下列情況之一者，視爲實際全部滅失：

　　1.貨物全部被毀損(Completely Destroyed)

　　2.被保險人被剝奪貨物所有權而且不可能回復(Irretrievably)

　　3.被保險貨物喪失其原來之屬性(Specie)

　　4.載運貨物之船舶已經被公布爲失踪(Has been Posted as "Missing")（註七）

㈣擬制全部滅失（Constructive Total Loss）

貨物雖非全部滅失，但由於危險事故發生之緣故，對被保險人言，雖勉強完成航程且於目的地交付貨物，已經不切實際，被保險人寧可放棄貨物將貨物委付予保險人，基於「擬制全部滅失」爲保險金之請求。一九○六年英國海上保險條例第六十一條即規定於六十條（註八）條件下，得主張「擬制全部滅失」而請求保險金（註九）。ICC 1982 (A)(B)(C)第

註七　*Analysis of Marine Insurance Clauses*, Book I, "the Institute Cargo Clauses," 1982, By R.H. Brown. p.4,

註八　MIA 1906 § 60

60 (1) 除保險單另有明示規定外，由於實際上全部滅失似乎無可避免，或由於非支付超過保險標的物價值之費用無法避免全部實際損失，因而放棄保險標的物是合理時，擬制全部滅失。

　(2) 在下列情形，特別應視爲擬制全部損失。

（i）　因保險事故，被保險人被剝奪船舶或貨物之占有，而且(a)依具體情況，被保險似無回復之可能，或(b)依具體情況，回復船舶或貨物之成本超過其回復所得之價值；或

（ii）　在船舶受毀情形，若船舶因保險事故而受損至修繕毀壞所需成本超過船舶修繕後之價值者。

　　於估計修繕成本時，因其他人對修繕所應給付之共同海損分攤額(General Average Contribution)不得扣除，但對於將來救助操作之費用以及該船被修繕時，該船將來所應負擔之共同海損分攤額應予列入。

(iii)　在貨物受損情形，修繕毀損之成本以及將貨物繼續運往目的地之成本合計超過貨物到達目的地時之價值時。

MIA 1906

　有擬制全部滅失之情形時，被保險人得將該滅失以部分滅失處理，亦得委付保險標的物予被保險人，將該滅失作爲實際上全部滅失處理(As if it were an Actual Total Loss)

註九　同註七揭書 p. 5.

十三條更進一步詮釋「除非由於保險標的物之實際全部損失顯然無可避免，而將保險標的物合理地委付，或是由於保險標的物之回復、重置及運往保險標的物之目的地所需要之費用超過保險標的物到達（目的地）時之價值，不得基於擬制全部滅失而為請求。」(No claim for constructive total loss shall be recoverable hereunder unless the subject-matter insured is reasonably abandoned either on account of its actual loss appearing to be avoidable or because the cost of recovering, reconditioning and forwarding the subject-matter to the destination to which it is insured would exceed its value on arrival)。被保險人基於「擬制全部損失」而為保險金之請求時，須將委付之意思通知保險人，「通知」不得遲延，俾保險人有時間減少或防止損失之發生，但「通知」對於保險人無利益者（即通知與保險人採取保護標的物行為無關者）或保險人已放棄被通知之權利者，不在此限。

　　若保險人接受委付，則必須給付保險金，而取得保險標的物之所有權。但在實務上，保險人例多拒絕被保險人之委付，甚至提起訴訟，以避免被解釋為接受委付。為了杜防因委付而發生糾紛，ICC 1982 (A)(B)(C)均於條款中訂有「放棄條款(Waiver Clause)」。此種條款早於 The S. G. Policy Form 中即有記載，ICC 1982 (A)(B)(C)只是重新措辭而已。放棄條款之意旨在於強調保險人與被保險人之權利，不因保險人之提起訴訟而受影響，該條款全文是「被保險人或保險人基於救護、保護或回復保險標的物而採取各種措施之行為，不得視為是放棄或接受委付之表示，亦不得影響雙方當事人之權利。」

　　㈤被保險人發生之費用

　　貨物運送中，發生各種不同的費用，保險人對於「因運送而發生之通常費用(the Ordinary Expenses Incurred in Connection with Transit)」，一般均不予理賠，但對於「與得請求理賠之損失有關之費用」「因防止被保險損失所生之費用」，仍在保險人承保範圍，茲析述其主要

者如下：

1.特別費用（Extra Charges）：

「特別費用」在 MIA 1906 稱爲「Particular Charges」。特別費用包括「鑑定費（Survey Fee）」以及「重置成本（Reconditioning Costs）」等，不論因「單獨海損部分損失」或「共同海損」均得列爲損失之一部分，而爲求償，但「特別費用」以及「保險標的物損失」二者合計所得請求之保險金，不得逾越保險金額。

2.訴訟費用以及勞工費用（Sue and Labour Charges）

The S.G. Policy 訂有"Suing and Labouring Clause"即訴訟費用以及勞工費用條款。依該條款之規定，保險人對於被保險人在運輸過程中，爲防止因貨物毀損或滅失而保險人應負責任之事由發生所支付之特別費用（Particular Charges），應予理賠，此蓋緣自 MIA 1906（Section 78），該條規定被保險人採取合理方法防止貨物滅失之義務，被保險人因履行此一義務而支出之費用，保險人必須理賠，始稱公允。爲請求理賠而生之訴訟費用及勞工費用（Sue and Labour Charges）係在保險金之外另加，換言之，縱令保險人就損失全額理賠，被保險人仍得請求訴訟費用及勞工費用。ICC 1982 (A)(B)(C)並未訂立 The Sue and Labour Charges Clause，蓋爲避免文字古老用語也，但 ICC 1982 (A)(B)(C)第十六條訂有下述條文：

「被保險人及其受雇人及代理人對於依本保險得請求之損失賠償，應履行下列義務：

　　(1)應採取可能之合理措施以防止或減輕其損失及

　　(2)應保證適當地保留及行使所有得對運送人、受託人或其他第三人主張之權利。且保險人除理賠任何得請求之損失外，尚承諾賠償被保險人因履行上述義務而適當且合理發生之任何費用」。本條之意旨有二：

　　　　①提請被保險人注意：提請被保險人注意，於運送中保護貨

物，被保險人因保護貨物而合理支付之費用，保險人將悉數補償。

　　②要求採取保全措施：要求被保險人對運送人或受託人行使請求權，以保全保險人之代位權。

　　③繼續運送費用（Forwarding Expenses）

　　保險人依 The Sue and Labour Clause 是否有負擔繼續運送費用（又譯：轉運費用—Forwarding Expenses），一直存有爭議，為解決此一爭議，ICC 1982 (A)(B)(C)第十二條規定：

　　「如果由於本保險承保之危險事故發生之結果，致所承保之運輸航程在本保險承保以外之港口或地點終止時，保險人願補償被保險人因保險標的物之卸載、儲放及轉運至本保險指定之目的地，所適當且合理發生之特別費用（額外費用 Extra Charges）。

　　本條（第十二條）不適用於共同海損或救助費用，並受前揭第四、五、六及七條除外不保事故規定之限制，且不包括由於被保險或其受僱人之過錯、疏忽、無清償能力（Insolvency）或金錢償務不履行（Financial Default）引起之費用在內」。據此規定，有兩點須加注意：

　　(1)須因保險事故發生致貨物運輸於目的地以外之其他地點或港口終止。

　　(2)保險人只於該條「除外不保事故」以外之原因所發生之特別費用始負理賠責任。

　　在實務上，不論共同海損或救助，保險人不直接承保因共同海損或救助所發生之費用，被保險人須先就共同海損分擔人所應分擔數額求償，保險人再對運送人負給付保險金之責任（註一〇）。

　　㈥共同海損及救助分攤

　　1.共同海損：

　　共同海損發生時，被保險人必須參與分攤損失，分攤之計算以目的

註一〇　同註七揭書 p. 5.

地標的物之價值爲準（卽以被犧牲貨物及安全到達目的地貨物在目的港之價值爲準）。貨物未運送抵達目的地者，不參與共同海損之分攤；因共同海損被犧牲之貨物，不但應參與共同海損之分攤，而且其本身亦作爲共同海損被賠償之價值(The amount to be made good)。

保險人之保險責任範圍，原則上係全部分攤額(The full amount of the contribution)，例外情形，部分保險情形（亦卽保險金額與攤付金額並非等額情形），保險人對共同海損分攤額所應付之保險金，須依部分保險之比例計算之。

一九〇六年英國海上保險條例規定，保險人僅對保險事故所引起之共同海損負理賠責任；ICC 1982 (A)(B)(C)進一步規定保險人對「所有共同海損之分攤額」，均應予理賠，但屬於除外不保項目者不在此限。但若有部分保險者，仍應依部分保險之理論，予以扣減(Reduction)，此觀ICC 1982 (A)(B)(C)第二條之規定可知：

第二條：「本保險承保依據運送契約及／或應適用之法律、慣例所理算或確定之共同海損及救助費用。上述共同海損或施救費用係指因避免或與避免損失有關而發生者，但第四、五、六及七條或本保險其他除外者，不在此限。」

2.救助：

當救助之報酬應由船舶或船舶上之貨物負擔時，所有因救助而獲利益之財產所有人，其應分攤額以報酬總額爲基礎，依該被救助之財產價值與被救助之全部財產價值比例定之。被保險之貨物之分攤額之計算與共同海損分攤額之計算同，所不同者，被救助之貨物分擔價值係以「救助行爲完成時之價值」爲準，而非以「貨物到達目的港時之價值」爲準。保險人對於因救助，而對被救助貨物分擔額應給付之保險金，其情形與前述共同海損相同。又共同海損與救助既規定於同一法條，該條不保部分，對共同海損與救助同有其適用，應予注意。

㈦船舶碰撞(Collision Liability)

　　一般言之，保險人承保範圍不包括被保險人對第三人（註：在此指運送人）之法律責任(Legal Liability)——亦即被保險人（貨主）因為「船舶碰撞共同過失條款(Both to Blame Collision Clause)」而必須補償運送人之責任。茲將此一條款之背景說明如下：

　　1.運送人因其船長、海員及其他受僱人之過失致貨物毀損或滅失者，依法或依約定原可以完全免責（註一一）。

　　2.貨物保險人對貨物所有人理賠（保險金）。

　　3.貨物保險人代位貨物所有人對發生船舶碰撞之他船基於共同侵權行為應付連帶責任之理由行使百分之百代位求償權。

　　4.該其他船舶對載運貨物之船舶依雙方過失比例行使內部分擔求償權。基於上述結果，原來運送人依法或依約定可以對貨物所有人（即本船之貨物所有人）主張免責者，反而不得主張免責矣！其法律關係可以以下圖解釋之：

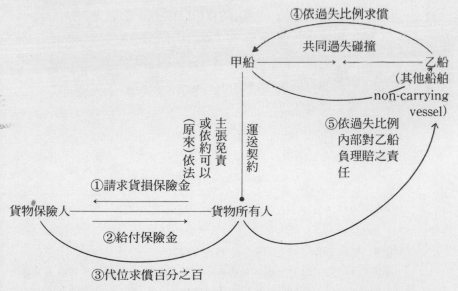

據上圖之比較，由於英國海上運送關於船舶碰撞，相撞兩船對於貨物所有人並非採過失比例分別責任制（註一二），而是採連帶責任制，因此對運送人發生不利益，為此才於運送契約或載貨證券中訂立「船舶碰撞共同過失條款」，約定運送人應向其他船舶賠償時，可以轉向託運人或貨物所有人求償，其結果貨物所有人自運送人獲得之保險金，又因補償運送人之緣故，而悉數支付出去，為保護貨物所有人，兼顧「船舶碰撞共同過失條款」存在之事實，在 ICC 1982 (A)(B)(C)第三條有如下規定：

「本保險並擴及對被保險人依運送契約船舶碰撞雙方過失條款下所應負擔之責任額內，依本保險單之規定予以理賠。

船舶所有人（運送人）依船舶碰撞雙方過失條款（向被保險人）為請求時，被保險人應立即通知保險人，保險人得以自己之成本及費用，為被保險人對該賠償之請求提出抗辯。」

關於船舶碰撞共同過失條款可以以下例說明之：

1. 事實：(1)甲乙兩船相撞，兩船各有百分之五十之過失。

(2)甲船之貨物損失 80,000 英鎊。

(3)甲船受損，貨物所有人曾投保全部保險。

(4)甲船運送人與貨物所有人之運送契約訂有船舶碰撞共同過失條款。

註一一　參閱我國海商法第一一三條第一款及海牙規則第四條第一項。

註一二　我國海商法採過失比例分別責任制，此觀海商法第一百三十七條第一項「碰撞之船舶有共同過失時，各依其過失程度之比例負其責任，不能判定其過失之輕重時，雙方平均負其責任。」可知，因此在我國，運送人並無如同英國運送人一樣，在運送契約或載貨證券中訂立「船舶碰撞共同過失條款」之必要。

2.求償及理賠關係：

	被保險人	運送人(甲船) (船舶所有人)	相撞船舶 (乙船)	貨物保險 之保險人
⑴貨物損失	80,000(−)			
⑵保險金	80,000(+)			80,000(−)
⑶保險人行使代位求償權			80,000(−)	
⑷相撞船舶(乙船)對運送人(甲船)依過失比例求償		40,000(+)		
⑸運送人(甲船)對被保險人(貨物所有人)依船舶碰撞共同過失條款行使請求權	40,000(−)	40,000(+)		
合　　計	40,000(−)	40,000(+)		
⑹貨物保險之保險人基於ICC 1982(A)(B)(C)第二條向被保險人理賠	40,000(+)			40,000(−)
			40,000(−)	40,000(−)

三、ICC 1982 (A)(B)(C)承保之保險事故及其意義

ICC 1982 (A)原則上承保一切保險事故，但屬於「除外不保事故」者不在此限，因此 ICC 1982 (A)並未列舉保險事故之名稱。

ICC 1982 (B)(C)只承保列舉之保險事故，此種保險事故，依其適用原則之不同，可分二類：

1.適用合理諉因原則：此類保險事故不適用「主力近因原則」，只要損失可「合理諉因」於保險事故，保險人卽予理賠。

2.適用主力近因原則：此類情形，須因「保險事故」係「損失」發生之主力近因，保險人始予理賠。

茲將 ICC 1982 (B)(C)所承保之保險事故，依適用原則之不同，表列如

下，以利對照：

適用法則	保　險　事　故	ICC 1982 (B)	ICC 1982 (C)
適 用 合 理 誘 因 原 則	1.火災或爆炸(Fire or Explosion)	111.	111.
	2.船舶或駁船之擱淺、觸礁、沉沒或傾覆 (Vessel or craft being stranded, grounded, sunk or capsized)	112.	112.
	3.陸上運輸工具之翻覆或出軌(Overturning or derailment of land conveyance)	113.	113.
	4.船舶、駁船或運輸工具與除了水以外之其他任何外在物體之碰撞或接觸(Collision or contact of vessel, craft or conveyance with any external object other than water)	114.	114.
	5.在避難港之卸貨(Discharge of cargo at a port of distress)	115.	115.
	6.地震、火山爆發或閃電(Earthquake, volcanic eruption or lighting)	116.	※不列入承保之範圍
適 用 主 力 近 因 原 則	1.共同海損之犧牲(General Average Sacrifice)	121.	121.
	2.投棄(Jettision)	122.	122.
	3.海浪捲落(Washing Overboard)	122.	不列入承保之範圍
	4.海水、湖水或河水之浸入船舶、駁船、船艙、運輸工具、貨櫃、貨箱或儲存所(Entry of sea, lake or river water into vessel, craft, hold, conveyance, container, liftvan or place of storage)	123.	不列入承保之範圍
	5.任何貨物於裝卸船舶或駁船時，因自船上滑落或掉落而發生之整件損失(Total loss of any package loss overboard or dropped whilst loading onto, or unloading from, vessel or craft)	13.	

　　茲將上表所列危險事故解釋如次：

㈠火災或爆炸

關於火災或爆炸有兩點說明：

　　1.毀損或滅失以「合理誘因(Reasonably Attributable to)」於火災或爆炸爲已足，不以被保險人證明「火災或爆炸」係「毀損或滅失」之「主力近因」爲必要，例如船舶、駁船、倉庫或運輸工具發生火災，其因「高熱而致損失」只要「合理誘因」於火災或爆炸卽可。

　　2.火災或爆炸之原因爲何，在所不問，但因戰爭或因被保險人之故意或不法行爲(Misconduct)者不在此限（註一三）。

㈡船舶或駁船之擱淺、觸礁、沉沒或傾覆

　　貨物卸下之後，發現已被壓碎或毀損者，該被壓碎或毀損究竟因堆裝不妥，抑或因爲擱淺、觸礁等原因所致，殊難判斷，因此只要發生損失，而該損失可以「合理誘因」於擱淺、觸礁爲已足，不以證明擱淺、觸礁係毀損、滅失之主力近因爲必要。上述原則於沉沒或傾覆同其適用。

　　須注意者，ICC 1982 (C)不承保海水浸入所生之毀損滅失，但若因爲沉沒(Sinking)、傾覆(Capsizing)致發生海水浸入船舶或駁船，而毀損滅失又可「合理誘因」於因沉沒、傾覆所致之海水浸入，則保險人仍應予理賠（註一四）。

㈢陸上運輸工具之翻覆或出軌

　　在 The S.G. Policy 起草時，保險人並未考慮將保險範圍擴及「將貨物裝載於船舶之前」，以及「從船舶卸下貨物之後」兩個階段，其後因爲實際需要，乃於 ICC 中訂入「從倉庫到倉庫條款」，使保險範圍擴大，雖然如此，截至 ICC 1982 (A)(B)(C)使用前，協會貨物保險基本條款並未就陸上運送意外事故所發生之毀損或滅失有充分處理與規範，此次

註一三　參閱 ICC 1982 (B) C1.4.1、6.1 及 ICC 1982 (C) C1.4.1、6.1.

註一四　ICC 1981 (C) C 1.1.2.2.

ICC 1982 (B)(C)特就此加以規定，明訂保險人就「陸上運輸工具之翻覆或出軌」所致之毀損或滅失應負賠償責任，只要「合理諉因」卽可，不以「主力近因」爲必要。

　　㈣船舶、駁船或運輸工具與水以外之其他任何外在物體之碰撞或接觸

　　一九六三年協會貨物保險基本條款與一九八二年協會貨物保險基本條款關於船舶、駁船或運輸工具與水以外之其他外在物體之碰撞或接觸均有規定，但有兩題不同① ICC 1982 (B)(C)將水以外之「物體」用"Object"一詞，ICC 1963 (B)(C)則將水以外之「物體」用"Substance"一詞；② ICC 1982 (B)(C)將「水」排除於"Object"之外，但 object 一詞是否包括「冰(Ice)」並無明文規定，此與 ICC 1963 (B)(C)，將「冰(Ice)」排除於水之外，使船舶、駁船等與冰塊相撞亦構成船舶碰撞、構成保險人理賠之事由者不同。ICC 1982 (B)(C)此種用語之改變，是否意指將船舶與「冰塊」碰撞排除於「船舶碰撞」範圍之外，使保險人免於負擔給付保險金之責任，頗滋疑義，但依 R.H. Brown 氏之觀點，Object 一詞已可涵蓋「冰塊」，ICC 1982 (B)(C)此種用語之改變，實際上不影響保險人承保範圍（註一五）。據此言之，若毀損或滅失可「合理諉因」於載貨船舶、駁船、或運輸工具與其他「外在物體」碰撞而發生，保險人卽有理賠之義務。但由於天氣惡劣(during Heavy Weather)，貨物於船艙(the Ship's Hold)內滑動撞擊而發生之毀損或滅失，既非與「外在物體」相撞，保險人自不負給付保險金之責任。同理可推，在陸上運送，貨物因車上顛簸而發生毀損或滅失時，亦不在承保範圍。

　　㈤在避難港卸貨(Discharge of cargo at a port of distress)致生之毀損或滅失

註一五　*Analysis of Marine Insurance Clauses*, Book 1, "the Institute Cargo Clauses," 1982 by R.H. Brown.

本保險事故是承保「保險貨物(The Insured Cargo」在避難港卸貨所發生之毀損或滅失。由於船舶遭遇困難，不能將貨物繼續運抵目的地，因此在途中之避難港將貨物卸下。迨至貨物以各種途徑運抵目的地，才發現貨物毀損或滅失時，該毀損或滅失究是「被迫卸貨(the Forced Discharge)」所引起，抑或因為「自避難港重裝(Reloading)」，繼續向目的地運送途中所發生，甚至在「最終目的港卸貨時」所引起，殊難判斷，為解決此一問題，只要證據顯示，貨物之毀損或滅失「合理誘因」於在避難港之卸貨，保險人即應給付保險金。

㈥地震、火山爆發及閃電

在使用 The S.G. Policy 時期，由於海上保險不擴及陸運階段，因此未將地震、火山爆發及閃電納入保險事故之範圍，換言之，地震、火山爆發及閃電危險事故，並未納入「Perils of the Seas」一詞中。

ICC 1963 雖將保險範圍擴及於陸上運送過程中所發生之危險，但並未指明地震(Earthquake)或火山爆發(Volcanic Eruptions)是否在保險事故之範圍內。

直到 ICC 1982，終於將「地震」、「火山爆發」列為保險事故。惟毀損滅失只要可「合理誘因」於地震、火山爆發為已足，不以地震、火山爆發係毀損滅失之「主力近因」為必要。

「閃電」是否在保險範圍，可分下述不同階段述之：

1. The S.G. Policy 時期：貨物在海上運送階段，天氣惡劣、遭受閃電，而發生毀損或滅失，此時「閃電」應納入「a Perils of the Seas」的概念中，保險人應給付保險金。

2. ICC 1963 時期：ICC 1963 時期，貨物儲存於倉庫期間，因閃電而發生火災，或貨物在陸上運送期間因閃電而毀損滅失，均視為因「火災」而發生，納入 ICC 1963 之承保範圍內。

3. ICC 1982 時期：因 ICC 1982 (B)(C)並不承保所有其他危險(All Other Risks)，因此須經特別指明者，始在保險範圍內，析言之，在

ICC 1982 (B)，貨物之毀損或滅失若「合理誘因」於閃電，不論是否因閃電而發生火災，均在保險範圍內，且保險之範圍兼及於陸上運送及海上運送階段。ICC 1982 (C)並未將「地震」、「火山爆發」、「閃電」列入承保範圍，其因此而發生毀損或滅失，保險人不須給付保險金之責任。

㈦共同海損之犧牲

共同海損之犧牲者，在海難中船長為避免船舶及貨載之共同危險所為處分，而直接發生之損害及費用也（海商法第一五○條），保險人對共同海損之犧牲應負理賠責任。

共同海損之犧牲，其理賠數額，因部分損失或全部損失而異，在部分損失，依個別部分損失(Particular Average Loss)計算之；在全部損失，則依保險金額全數理賠。

被保險人無須等待共同海損理算完畢即得行使請求權。保險人於理賠被保險人之後，即依法取得代位權，就共同海損額(The General Average Amount)求償。若保險人自共同海損額所分配之數額超過其給付之保險金時，應將逾額部分退還予被保險人。舉例言之，甲之貨物因共同海損而犧牲，價值一萬英鎊，但因甲投保者為部分保險，保險人只給付保險金五千英鎊之義務，保險人於給付保險金後，基於代位權，自船舶所有人或其他貨物所有人獲得八千英鎊（甲自己亦應參加共同海損之分擔）則保險人應將超過保險金（五千英鎊）部分即三千英鎊——退還予被保險人，以期公允。

㈧投棄(Jettisions)

投棄者，於海難時，為避免全部損失，而將貨物或其他財產投擲於船舶之外也。投棄時，若船舶與貨物分屬不同之人，不論貨物之全部或一部投棄悉構成共同海損犧牲(a General Average Sacrifice)。但在船舶與貨物同屬一人所有時，無法適用共同海損，因此保險人不依共同海損理賠。此所以保險人將投棄列為保險事故，於有投棄之事實發生時，縱非共同海損情況，仍予理賠。

㈨甲板上貨物浪捲入海（Washing Overboard）

甲板上貨物浪捲入海之作爲保險事故，須注意以下數點：

1.只有 ICC 1982 (A)(B)承保此一保險事故，ICC 1982 (C)對於任何情況之甲板貨物損失（包括浪捲入海、船體搖動所發生之落海損失…等）均不承保，但因共同海損或投棄而毀損或滅失者不在此限。

2.被保險人請求保險金時，須證明貨物確係自甲板上被浪捲入海（Actually Washed Overboard），而非一般落海（Simply Lost Overboard）。

3. ICC 1982 (B)雖然承保「任何一件貨物於裝上船舶或駁船，或自船舶或駁船上卸下時，自船舶（或駁船）滑落或掉落而發生之全部滅失」（註一六），但並不擴及於甲板上之貨物因惡劣氣候（Heavy Weather）船體搖動所發生之落海損失，蓋此非浪捲入海也。

㈩海水等進入船舶（Entry of Water into Vessel etc.）

關於海水進入船舶等致使貨物發生毀損滅失作爲保險事故，因 ICC 1982 (B)(C)與 ICC 1982 (C)而不同，析言之：

1. ICC 1982 (B)承保海水進入船舶等而發生之毀損或滅失：ICC 1982 (B)之承保範圍較 ICC 1982 (C)之承保範圍大，舉凡海水、湖水或河水進入載貨船舶、駁船、貨櫃、貨箱而發生之毀損或滅失，以及海水、湖水或河水進入船艙而發生之毀損或滅失均在承保之範圍內，即令「壓艙海水」自底艙進入「貨艙」致生貨物毀損滅失者亦然，申言之，只要有「海水進入船舶等而發生毀損或滅失」之事實，不問其原因如何，悉在承保範圍內，被保險人無須證明海水進入船艙係因保險事故所致。此點與 ICC 1963（WA）之規定不同，ICC 1963（WA）約定保險人必須證明海水之進入船舶係因承保之保險事故發生所致，例如天氣惡劣是。

ICC 1982 (B)之特色是將保險範圍擴及海水、湖水或河水進入「儲存

註一六　ICC 1982 (B) C 11.3。

處所(a Place of Storage)」所生之毀損或滅失,所謂儲存處所者,凡儲放保險標的物之貨物之地點處所均屬之,不問其有無加蓋、亦不問其爲暫時性或永久性均是。又因海水漲潮、湖水流入或內河上漲而氾濫所致亦在承保範圍 (註一七)。

2. ICC 1982 (C)原則上不將「水進入船舶」列爲保險事故,因此「海水進入船舶」亦不在承保範圍,但有下列者不在此限:

(1)承擔貨物之船舶或駁船擱淺、觸礁、沉沒或傾覆而進水,致發生貨物毀損或滅失,其間有「合理誘因」關係者。

(2)貨物之毀損或滅失可「合理誘因」於船舶或駁船與外在物體(an External Object)碰撞或接觸而發生之浸水者。

(3)貨物因爲共同海損或投棄爲「主力近因」而發生毀損滅失。

㈩惡劣天氣(Heavy Weather)

由於「浪捲入海」(Washing Overboard)並未涵蓋所有的「船上落失(Loss Overboard)」,即令該「船上落失」係因惡劣天氣引起亦然。因此有必要將「惡劣天氣」另訂爲保險事故,但是須注意三點:

1. ICC 1982 (C)並未將「惡劣天氣」所引起貨物之毀損滅失納入承保範圍。

2. ICC 1982 (B)雖將「惡劣天氣」所引起貨物之毀損滅失納入承保範圍,但對於「極端惡劣天氣(Exceptionally Heavy Weather)」,致貨物滑動所生之破損(Breakage)、凹下(Denting)或其他毀損滅失,仍不予承保,此與 ICC 1963 (WA)將之列入承保範圍者不同。

3. ICC 1982 (A)將「惡劣氣候」致貨物發生毀損滅失,悉納入承保範圍,即令由於「極端惡劣氣候」而發生者亦然。

㈩掉落損失(Sling Loss)

註一七 *Analysis of Marine Insurance Clauses,* Book I, "*the Institute Cargo Clauses,* 1982, By R.H. Brown, pp. 9-10.

　　ICC 1982 (B)規定，保險人承保之損失包括裝卸船舶或駁船時掉落或滑落之整件損失(Dropped or Lost Overboard during Loading or Discharge)（註一八），此種掉落損失(Sling Loss)旨在持續承保 ICC 1963(FPA)、ICC 1963(WA)第五條所列之承保範圍，按該條條文有「整件(Entire)」一詞，保險人只惟發生「整件」滅失時，始負給付保險金之責任，若只發生「部分」損失，保險人不負理賠責任。ICC 1982 (B)第一條第三項雖將「整件(Entire)」一詞刪除，但並非實質上有所改變，換言之，保險人對「並未整件完全滅失(The entire package has not been totally lost)」之情形，仍然拒絕理賠。須注意者，前所謂「裝貨(Loading)」與「卸貨(Discharging)」二詞，不但包括原定裝貨港之裝貨(the Original Port of Loading)以及「目的港之卸貨(the Final Port of Discharge)」，而且包括「轉船(Transhipment)」時之裝貨、卸貨在內。

陸、除外不保之危險

一、從適用主力近因原則或合理誘因原則分

　　從適用「主力近因原則」或適用「合理誘因原則」之不同，可以對「除外不保之危險」作概括劃分。由於英國海上運送，基本上是 MIA 1906 搭配 ICC 1982 (A)(B)(C)等而適用，因此宜先就各自適用之原則，加以概述：

　　㈠ MIA 1906：原則上適用「主力近因原則(Poximate Cause)」，但另有規定者除外。

　　㈡ ICC 1982 (A)：均適用「主力近因原則」，即保險事故為主力近因

註一八　ICC 1982 (B) C 11.3.

而引起之毀損或滅失，始在保險之範圍內。但因為「無可避免之情況(an Inevitable Circumstance)」而發生之毀損滅失，不列入承保範圍。ICC 1982 (A)中，列舉甚多「除外不保事項」，其中多為「無可避免之情況」而引起，蓋「無可避免之情況」而發生之毀損滅失，本在預料之中，當然列入除外不保之項目也。須注意者，ICC 1982 (A)第四條雖然列舉有「除外不保危險事項」，但若該條所未列舉，而性質上屬於「無可避免之情況」者，仍不列入 ICC 1982 (A)之保險事故範圍。

㈢ ICC 1982 (B)及 ICC 1982 (C)：ICC 1982 (B)及 ICC 1982 (C)第一條第一項所列之保險事故不適用「主力近因原則」，而適用「合理誘因原則(Reasonably Attributable)」，此一規定構成 MIA 1906 第五十五條之「保險單另有約定」之情況。

二、除外不保危險之具體內容

㈠ MIA 1906 之規定

MIA 1906 第五十五條第一項及第二項(a)(b)(c)均是法定的「除外不保危險事故」，其中第一項及第二項(b)或(c)均得加以排除，而將之列入承保範圍，但因被保險人之故意不法行為(Wilful Misconduct)屬於不保危險，且不得以約定排除之。茲將 MIA 1906 第五十五條全文侈釋如下，以利說明：

MIA 1906 § 55

⑴除本法另有規定，或保險單另有約定外，保險人對於因「保險事故(a Peril Insured against)」為主力近因而發生之任何損失負賠償責任，但除本法或保險單另有規定外，保險人對於保險事故並非主力近因(not Proximately Caused by a Peril Insured against)所發生之任何損失，不負賠償責任。

⑵特別是——

　　(a)保險人對於可歸因於被保險人故意不法行為所發生之任何損

失(any Loss Attributable to the Wilful Misconduct of the Assured)，不負賠償責任。但除保險單另有約定外，保險人對於保險事故為主力近因而發生之任何損失應負賠償責任，縱令該損失因船長或海員之故意不法行為或過失行為而發生亦然。（按原文：縱令該損失若非船長或海員之不法行為或過失行為即不發生亦然。）

　　(b)除保險單另有約定外，船舶或貨物之保險人對於由於遲延為主力近因而發生之任何損失不負理賠責任，縱令該遲延係因為保險事故而引起者亦然。

　　(c)除保險單另有規定外，保險人對於保險標的物之正常磨損或撕裂、正常滲漏或破壞、隱藏性瑕疵或固有性質(Inherent Vice or Nature of the Subject-matter Insured)發生之損失、或因鼠咬蟲喫為主力近因而發生之任何損失，或海上危險並非（船舶）機器發生任何損害之主力近因均不負理賠責任。

　　以上法定免責事由，不論在「貨物保險」或「船舶保險」，均搭配保險單使用，才構成全部除外不保之內容。但法定免責事由中之最後一種（即第五十五條第二項(c)款）只對船體險適用，蓋該款之規定涉及船舶機器損壞問題。

　　須注意者，貨物被保險人閱讀保險單固然可以知悉保險單所載之除外不保危險事故，但仍然無法知悉整個除外不保保險事故之全貌，因為被保險人未必知悉 MIA 1906 所列舉之法定除外不保危險事故也。ICC 1982 (A)(B)(C)所列之「除外不保危險事故」，有相當部分與 MIA 1906 所列法定「除外不保危險事故」相同，但不得據此視為保險人放棄主張 ICC 1982 第四條所未列舉，但為 MIA 1906 所列舉之「法定除外不保項目」之權利。例如，因「蟲喫鼠咬」為主力近因而發生之毀損滅失，MIA 1906 第五十五條第二項(c)款列為除外不保危險事項，但是 ICC 1982 (B)(C)之第四條並未列為「除外不保危險事故」，但保險人仍得依據 MIA 1906 而主張此一法定除外不保危險事故，而告免責。再如：

正常破損（Ordinary Breakage）——亦即易碎貨物（例如整片玻璃），在正常運輸途中，無可避免之破損——亦不屬於 ICC 1982 (A)所謂「一切危險（All Risks）」一辭之範圍，因為所謂"All Risks"並不包括「無可避免，當然發生毀損滅失之情況在內，從而 MIA 1906 所列該法定除外不保危險——正常破損——對於以 ICC 1982 (A)(B)(C)訂立保險契約者而言，均仍有其適用，申言之，保險人遇有「正常破損」之情形，仍得主張免除責任。

㈡ ICC 1982 (A)(B)(C)有關除外不保之規定

ICC 1982 (A)(B)(C)第四條至第七條規定除外不保條款，茲分條逐點，析述如下：

1. ICC 1982 (A)(B)(C)第四條

在闡釋第四條所列除外不保項目之內容前，有二點說明：

⑴ ICC 1982 (A)(B)(C)第四條所列除外不保危險事項中，有不少係 MIA 1906 第五十五條所列法定除外不保危險事故。

⑵ ICC 1982 (A)(B)(C)第四條所列舉除外不保危險事故，基本上內容相同，惟一例外是第四條第七款「故意毀損（Deliberate Damage）」在 ICC 1982 (B)、ICC 1982 (C)均列為除外不保危險事故，但 ICC 1982 (A)則未為規定，因此仍將之列為承保範圍，應予注意。

以下先侈譯 ICC 1982 (B)(C)第四條所列除外不保危險事故，其中第七款為 ICC 1982 (A)所無，適用上須予注意。

ICC 1982 (B)(C)第四條

「本保險不保下列各項毀損、滅失或費用

4. 1 因被保險人故意之不法行為（Wilful Misconduct）引起之毀損、滅失或費用。

4. 2 保險標的物之正常蒸滲、重量或數量之正常滅失，或正常磨損或撕裂。

4. 3 保險標的物不充分或不適當包裝或準備而引起之毀損、滅

失或費用（就本款言，包裝（Packing）包括儲存於貨櫃或貨箱，但以該儲存於本保險生效以前或由被保險人或其受雇人為之者為限）。

4.4 保險標的物之隱藏性瑕疵或本質所引起之毀損、滅失或費用。

4.5 遲延為主力近因而引起之毀損、滅失或費用，縱令遲延係因承保之保險事故所引起者亦然（但依第二條得予理賠之費用（按：指共同海損之費用）不在此限）。

4.6 因船舶所有人、經理人、傭船人（Charterers）或操作船舶之人（Operator of the Vessel）之無力清償（Insolvency）或金錢債務不履行（Financial Default）而引起之毀損、滅失或費用。

4.7 任何一人或多人之不法行為（the Wrongful Act）對保險標的物全部或一部之故意毀損或故意摧毀（Dellberate Damage to or Deliberate Destruction）。

4.8 因使用原子或核子分裂及（或）融合或其他類似反應或放射力之戰爭武器所引起之毀損、滅失或費用。」

以下僅就 ICC 1982 第四條——共同除外不保條款之內容加以解釋。除 ICC 1982 (A)(B)(C)第四條第二款（Clause 4.2）及 ICC 1982 (B)(C)第四條第七款外，所有除外不保之範圍均涵蓋「毀損」、「滅失」及「費用（Expense）」，而 ICC 1982 (A)(B)(C)(Cl. 4.2)及 ICC 1982 (B)(C)(Cl. 4.7)則未將「費用」列在除外不保之範圍。

(1)被保險人之不法行為（ICC 1982 (A)(B)(C) Cl. 4.1）

被保險人之不法行為（Wilful Misconduct of the Assured）列為除外不保項目，在 MIA 1906 第五十五條第二項(a)款已經列為除外不保之危險事故，ICC 1982 (A)(B)(C)第四條第一款又加以規定，R.H. Brown 認是 ICC 1982 (A)(B)(C) Cl. 4.1 之約定，旨在強調 MIA 1906 § 55 之規定（註一九），Schmitthoff 亦認為 ICC 1982 (A)(B)(C) Cl. 4.1 之規定，在於反映 MIA 1906 § 55 之規定（註二〇），用語不一，觀點基

本上一致。

  (2)正常蒸滲(ICC 1982 (A)(B)(C) Cl. 4. 2)

  正常之蒸滲指貨物含有液體成分，因滲漏蒸發而發生損失，因爲此種損失係因物之本質原因而引起，損失之發生原爲意料中之事，因此不列入承保範圍，此種損失——例如油料之減少、穀物之縮水——保險人不予理賠，不惟如此，在貨物發生部分損失時，保險人理賠時，亦常先扣除「正常滲漏（包括蒸發）」之損失，作爲估算實際損失之用（註二一）。茲所謂「正常(Ordinary)」一詞，指在通常運送(Normal Transit)」過程中，常態情形下不免發生者而言，例如因貨物之性質所引起者是。若第一批貨物之正常蒸滲，而引起第二批貨物之毀損時，第二批貨物之被保險人只在投保 ICC 1982 (A)之情形，得請求給付保險金（註二二），若投保 ICC 1982 (C)，則不得請求保險人給付保險金。

  (3)重量或數量之正常損失(Ordinary Loss in Weight or Volume)

  「正常破損(Ordinary Breakage)」在 MIA 1906 中，列爲除外不保危險事故，但於 ICC 1982 中並未明訂。反之，「重量或數量之正常損失」在 MIA 1906 中亦無規定，但於 ICC 1982 (A)(B)(C)中則均有訂定。二者關係如何，據 R.H. Brown 的看法，「正常破損」可被納入「重量或數量之正常損失」內（註二三），但此種見解是否有當，有斟酌餘地，例如保險標的物爲玻璃時，玻璃可能發生正常破損，但該正常破損未必發生重量或數量之損失。

註一九　*The Insitute Cargo Clauses,* 1982, by R.H. Brown, p. 11.

註二〇　*Schmitthoff's Export Trade,* by Clive M. Schmitthoff 1986, p. 438.

註二一　*The Institute Cargo Clauses* 1982, by R.H. Brown p. 12.

註二二　*Schmitthoff's Export Trade,* by Clive M. Schmitthoff, 1986, pp. 438-439。

註二三　*Analysis of Marine Insurance Clauses,* Book 1, by R.H. Brown. p. 12.

「重量或數量之正常損失(Ordinary Loss in Weight or Volume)」所以列爲除外不保項目旨在補充「正常蒸滲(Ordinary Leakage)」，使在交易中正常發生之損失，旨排除於除外不保之範圍，避免有所缺失。

(4)正常之磨損與撕裂(Ordinary Wear and Tear)

正常之磨損與撕裂被列爲除外不保項目，並不適用於原料(Raw Materials)或新製造之貨品(Newly Manufactured Goods)，換言之，原料或新製造之貨品若有「正常之磨損與撕裂」，仍在保險人承保範圍，保險人仍應給付保險金，反之，二手貨「正常之磨損與撕裂」，卽非在保險人承保範圍，保險人無庸理賠。

(5)包裝不當(Improper Packing)

除非保險單特別將「包裝(Packing)」列入保險範圍，否則保險人對於「包裝物（皮、材料）之單獨受損」（卽貨物未受損，只有包裝物受損），不負賠償責任。

在「包裝物與貨物皆受損壞」之情形，實務上多只以「貨物」所受毀損滅失之比例，依其全部保險或一部保險，計算理賠保險金，至於「包裝物」之毀損滅失，不另計算，因爲貨物保險之保險金額，多包括「貨物成本」、「費用」及「預期利潤」，而包裝已構成貨物成本之一部分，因此無另行計算之必要。

若因「包裝不足或不適當(Insufficiency or Inadequacy of Packing)」而發生(Actually Caused)貨物之毀損或滅失，依 ICC 1982 (A)(B)(C)之約定，不在理賠之範圍（註二四）。是否「包裝不足或包裝不當」的事實判斷問題，須依特定之交易習慣法決定（註二五），舉例言之：

註二四　*Schmitthoff's Export Trade,* By Clive M. Schmitthoff, *1986 p. 439.*

註二五　同註二四。

①易碎物品（例如玻璃），若未予特殊之「巢墊（Nested）」或以其他特殊方法包裝，使之足以承受該特定運輸過程中，在可得預期之正常操作下，所發生之震動等，即爲包裝不足或不適當。保險人對於因此所發生之損失或是因更換不當包裝所發生之費用，不予理賠（註二六）。

②貨物由被保險人或其受僱人自行堆裝入貨櫃或貨箱之情形，不論其堆裝之時間係在保險契約生效前或生效後，其有堆裝不當者，亦視爲包裝不足或包裝不當，其因而發生貨物毀損或滅失者，保險人不予理賠，反之，若貨物堆裝入貨櫃或貨箱，被保險人及其受雇人均未涉入，純由其他貨櫃操作員爲之，其因堆裝操作不當時所發生之毀損滅失，如當時保險契約已經生效，保險人仍應理賠（註二七）。

(6)固有瑕疵（隱藏性瑕疵或物之本質）

「固有瑕疵」在 MIA 1906 與 ICC 1982 (A)(B)(C)第四條第四款皆將之列爲除外不保危險事故，所謂固有瑕疵指保險標的物內部蘊釀或存在之瑕疵（註二八），例如保險標的物儲放於自燃性物質附近，因爲自燃性物質起火而被波及，則仍在保險人承保範圍，保險事故發生後，保險人仍應理賠。反之，就保險標的物本身自燃而發生毀損滅失，則不在保險範圍，蓋其因爲「固有瑕疵」而發生也。又易腐物貨——例如水果——因遲延交貨，必然招致損失，故因遲延交貨而發生貨物毀損滅失者，即不在保險之範圍（註二九）。

有一種特殊情況，毀損或滅失之發生，並非由於貨物本身固有瑕疵（an Inherent Vice of the Goods），而是由於包裝不足（by Insufficient Packing），但仍將「包裝不足」視爲「貨物本身固有瑕疵」，Sellers

---

註二六　同註二四，又 *Analysis of Marine Insurance Clauses*, Book 1, "The Institute Cargo Clauses" 1982. By R.H. Brown, p. 12.

註二七　同註二六。

註二八　同註二四。

註二九　同註二三揭書第一二頁。

J.在 F.W. Berk & Co. Ltd. V. Style 一案（註三〇），指出「包裝不足本身卽是貨物之固有瑕疵」，Sellers J.指出該案之保險標的物是「板狀矽藻土(Kieselguhi)」，無法承受必要的起吊以及運輸之事實（卽指出保險標的物本身亦具有固有瑕疵）。反之，若包裝足敷承受通常之運輸及起吊，但不足以防免在特殊事故下發生毀損或滅失，且該特殊事故爲發生毀損滅失或費用之主力近因時，保險人仍應予以理賠（註三一）。

(7)遲延(Delay)

MIA 1906 與 ICC 1982 (A)(B)(C)均將遲延列爲除外不保項目，縱令該遲延係因保險事故發生而引起者亦然。例如船舶碰撞而發生遲延，因遲延又發生貨物品質惡化，則縱然貨物品質之惡化肇因於船舶碰撞，而船舶碰撞在保險範圍內，保險人對於貨物品質惡化所發生之滅失、毀損或費用，仍不負賠償責任（註三二）。

ICC 1982 (A)(B)(C)將因遲延所生之滅失(All Loss)、毀損(Damage)或費用(Expense)悉列入除外不保之範圍，與 MIA 1906 並未規定毀損、費用不同，一般認爲 ICC 1982 (A)(B)(C)之規定，旨在加強並明確 MIA 1906 之除外不保範圍。

遲延若「非被保險人所能控制之原因」而發生時，依運輸條款(The Transit Clause)，保險契約仍然有效，只是被保險人就該「遲延」爲主力近因而發生之任何損害，不得請求保險人給付保險金耳（註三三）。

於此應注意者，若因共同海損或救助而發生遲延，被保險人得請求在遲延期間其所應分攤之任何費用，例如所應分攤之船員工資是（註三四）。

註三〇　(1956) 1 Q.B. 180。

註三一　同註二四。

註三二　同註二三。

註三三　*Schmitthoff's Export Trade,* By Clive M. Schmitthoff, 1986, p. 440.

⑻無 力 清 償(Insolvency)或 金 錢 上 遲 延 給 付(Financial Default)

ICC 1982 (A)(B)(C)所以將無力清償(Insolvency)列為除外不保項目，旨在防止或降低被保險人將貨物託運予有財務困難之運送人。本除外不保之範圍包括：①因運送人財務困難，致保險標的物（貨物）發生之任何損失；②因運送人財務困難，致被保險人發生之任何費用。例如運送人因財務困難未能完成航程，而於中途港口或地點卸貨，保險人對於卸載、另裝他船、或或任何繼續運送之費用(Any Forwarding Expenses)所發生之損失，均不負理賠責任。此與 ICC 1982 (A)(B)(C) Cl. 12 約定承保之「繼續運送費用(Forwording Expenses)」不同，該條所承保者，係指保險事故發生，致貨物在中途港口卸下，始有其適用。

至於運送人「金錢上給付遲延(Financial Default)」一詞，一般多指運送人在航行途中，因為財務問題，在中途港口，以貨物作為擔保標的物，將貨物留下，使他人（一般是債權人）占有，以求船舶准予放行，並載運其他貨物繼續航行，雖然運送人在主觀上願意返回該中途港口，清償費用（例如港口稅捐），俾取回貨物，繼續運送，交付貨物，但客觀上，船舶在返回該中途港口前因沉沒，運送人又無資力依約清償，致該貨物繼續被留置或供擔保，被保險人喪失貨物，此種由於運送人「金錢上給付遲延」所致之貨物損失，不在保險之列。

⑼蓄意性之毀損或摧毀(Deliberate Damage or Destruction)

ICC 1982 (B)與(C)之第四條款第七項將「任何人（按：除被保險人外）之不法行為而蓄意對保險標的物全部或一部為毀損或摧毀」列為除外不保項目，但 ICC 1982 (A)並未將之列為除外不保項目。此一除外不保

註三四　*Schmitthoff's Export Trade,* By Clive M. Schmitthoff, 1986, p. 440；及 *Analysis of Marine Insurance Clauses,* Book 1. "The Institute Cargo Clauses," 1982, By R.H. Brown p. 12.

之範圍至廣，舉凡縱火（Arson）、鑿舶（Scuttling）、任何方式之破壞行動、（Any Form of Sabotage）或任何其他惡意行為（Any Other Malicious Acts），故意毀損或摧毀保險標的物者均屬之，保險人對此不負理賠責任，被保險人若必欲就此投保保險，須另外加保「惡意毀損條款（a Malicious Damage Clause）」，茲侈譯該條款全文如下：

「一九八二年八月一日、協會惡意毀損條款

茲同意於繳付附加保險費後，任何人之不法行為而蓄意對保險標的物全部或一部之毀損或摧毀之除外不保條款視為被刪除。茲又同意除本保險之其他除外不保條款另有約定外，本保險並承保保險標的物因惡意行為或惡意破壞（by Malicious Acts, Vandalism or Sabotage）引起之滅失或毀損（Loss of or Damage to the Subject-matter Insured）。」

⑩核子武器

ICC 1982 (A) Cl.4. 7 與 ICC 1982 (B)(C) Cl. 4. 8 均訂有「因使用任何利用原子或核子之分裂及（或）融合或其他類似反應或輻射力等武器而引起之滅失、毀損或費用」為除外不保項目，此一條款對 ICC 1982 (A)與 ICC 1982 (B)(C)之影響不同，析言之：

①對 ICC 1982 (A)之影響：將核子武器等列為除外不保條款有其必要，因為 ICC 1982 (A)雖然將「戰爭」列為除外不保項目，但戰爭是具有敵意的，而核子武器發生事故，有有敵意者，有無敵意者（例如核子武器試驗），其在後者，即非「戰爭」除外不保一項所能涵蓋，因此將「核子武器」列為除外不保項目，具有補充作用，可以擴大保險人免責範圍。

②對 ICC 1982 (B)(C)之影響：將核子武器事故列為除外不保項目，影響該二基本條款中「火災（Fire）」及「爆炸（Explosion）」二詞涵義之範圍，申言之，因核子武器事故而發生之火災或爆炸應列入除外不保範圍，但對於 ICC 1982 (B)(C)之其他條款尚無影響。

2. ICC 1982 (A)(B)(C)第五條：

ICC 1982 (A)(B)(C)第五條均規定「船舶不適航及不適載」之除外不保條款，其全文如下：

5.1 本保險不承保因船舶或駁船之不適航，及船舶、駁船、運輸工具、貨櫃或貨船對保險標的物之安全運送言有不適載性，致引起之滅失、毀損或費用，而此種不適航性或不適載性，於保險標的物裝載於船舶……等時，被保險人或其受雇人已知情者。

5.2 保險人放棄因（運送人）違背船舶適航性以及載運保險標的物至目的地之適載性法定義務（所生之權利），但被保險人或受雇人對上述不適航性或不適載性知情者不在此限。

按在所有航程保險——貨物保險通常為航程保險——船舶於每一航段開始時，都必須具有適航性，除保險單（保險契約）另有約定外，若船舶欠缺適航性而仍啓航，其因而肇致之貨物損失，保險人不負理賠責任。此外 MIA 1906 亦規定船舶必須具有適載性。MIA 1906 適航性及適載性之規定，條文只規定適用於船舶，對於「駁船、運輸工具、貨櫃或貨箱」是否有此義務，未見諸明文。

MIA 1906 既須搭配 ICC 1982 使用，則 ICC 1982 第五條之上述內容即對 MIA 1906 關於適航性、適載性之規定，發生「補充作用」以及具有「特別規定之地位」，其內容分別如下：

(1)補充作用：ICC 1982 規定船舶與「駁船、運輸工具、貨櫃、貨箱」均必須有適航性與適載性，與 MIA 1906 之只規定船舶者不同。此種約定十分重要，例如 ICC 1982 約定貨櫃必須具有適載性，在天氣惡劣，海浪翻越甲板上之貨櫃時，海水常由貨櫃上之孔或洞，進入貨櫃內部，滲濕貨物，造成損壞。設無 ICC 1982 之規定，貨櫃既無適載性要求，保險人依契約拒絕理賠，即應予理賠，但由於 ICC 1982 之前述約定，保險人原則上得拒絕理賠。

(2)特別規定之地位：貨物裝載於不適航或不適載之船舶時，已違

背法定擔保義務，其因此發生毀損、滅失或費用者，依 MIA 1906 保險人原不負理賠之責，但因 ICC 1982 另有約定，因此從其約定。依 ICC 1982 第五條第一項之規定，視被保險人或其受雇人是否知悉船舶或駁船欠缺適航性，或是否知悉載運保險標的物之船舶、駁船、運輸工具、貨櫃或貨箱欠缺適載性而定：

①被保險人或其受雇人於裝貨時不知情：保險人放棄其得主張不承保或不理賠之權利，換言之，保險人仍予理賠。

②被保險人或其受雇人於裝貨時知情：保險人得主張違背適航性、適載性等法定擔保義務，拒絕理賠任何損失(Any Loss)，不論該損失之發生與船舶之狀況是否有關。茲所謂受雇人(Servants)只指直接受被保險人指揮之人，不包括貨櫃操作者(Container operator)、託運代理人(Shipping agent)、碼頭裝卸工人(Stevedore)、船舶所有人(Shipowner)、駁船操作人(Craft operators)及上述諸人之受雇人，因為所有以上人員，基本上是代理人或代理人之受雇人（受代理人指揮之人），其意見表示發自代理人本身，而非受命於被保險人，因此其知情，並不構成保險人拒絕理賠之理由（註三五）。

關於上述諸點，須特別注意，船舶適航性或適載性之有無是以每一航段開始之際(The Commencement of Each Stage of the Voyage)為判斷標準，但是判斷被保險人對適航性或適載性之欠缺是否知情，是以貨物裝載之時(at the Time of Loading)為準，二者不同，應特別注意。

此外，滅失、毀損或費用若由於欠缺適航性或適載性而發生，保險人均不理賠。因此，假定船舶或駁船欠缺適航性或適載性致發生共同海損，而被保險人或其受雇人於貨物裝載時知悉欠缺適航性或適載性之

註三五　*Analysis of Marine Insurance Clauses,* Book I, "the Institute Cargo Clauses" 1982, By R.H. Brown, p. 15.

事實，保險人對於「共同海損之犧牲(a General Average Sacrifice)」、或因此發生之「共同海損分擔(the General Average Contribution)」均不予理賠。

3. ICC 1982 (A)(B)(C) Cl. 6 及 Cl. 7（罷工）：

戰爭以及罷工之危險事故，在 ICC 1982 (A)(B)(C)中皆列入除外不保項目。ICC 1982 (A)因原則上承保所有事故，因此在 ICC 1982 (A)將「戰爭」與「罷工」同列不保項目，有其必要。ICC 1982 (B)(C)兩種保險，在承保範圍一欄，並未載明戰爭或罷工等事故，既不在承保範圍，即無再列入除外不保項目之必要，但往昔慣例既已將「戰爭」、「罷工」列入除外不保範圍，ICC 1982 (B)(C)乃承襲慣例，將之列為除外不保項目，以臻明確。由於 ICC 1982 (A)(B)(C)的第六條第七條將「戰爭」、「罷工」列為除外不保項目，明確地澄清以下諸點：

　　(1) ICC 1982 (B)(C)中之火災(Fire)及爆炸(Explosion)不包括因「戰爭」或「罷工」所致者（註三六）。

　　(2) ICC 1982 (B)(C)中之接觸(Contact)，不包括因與水雷(Mines)等接觸所致者（註三七）。

　　在實務上，多另加繳保險費，加保戰爭險或罷工險，將戰爭或罷工納入承保範圍，應注意及之。茲將戰爭、罷工被列為不保項目之主要內容概述如下：

(1)戰爭

ICC 1982 (B)(C)第六條有戰爭條款，其全文如下：

「第六條

　　本保險不承保下列危險事故而發生之滅失、毀損或費用：

　　6.1 因戰爭、內戰、革命、叛亂、顛覆、或因前述原因而引起

註三六　ICC 1982 (B)(C) C 1.1.1.1.
註三七　ICC 1982 2 (B)(C) C 1.1.1.4.

之內爭、或敵對武力之行為或對敵對武力之行為所發生者。

　　6.2因捕獲、扣押、扣留、禁止或留置（但海盜除外）、及因前述原因而引起之結果或任何威脅企圖所發生者。

　　6.3因遺棄之水雷、魚雷、炸彈或其他遺棄之戰爭武器所發生者。

　　以上三項，第一項排除了戰爭等行為而發生之滅失、毀損或費用，關於第二項所列各詞之意義須參酌以往戰爭條款，關於捕獲、扣押……等法律見解定之。第三項則指載貨船舶與往昔敵人所遺留之漂浮水雷、殘存魚雷意外碰撞而發生之滅失、毀損或費用。

　　海盜(Piracy)是 ICC 1982 (A)所指「一切危險(All Risks)」之範圍，且該式保險單第六條第二項並未將之列為除外不保項目，因此投保 ICC 1982 (A)式保險單者，有「海盜」之危險事故時，保險人應予理賠。相對地，海盜並未列入 ICC 1982 (B)(C)兩式保險之「承保事項」，因此縱然發生保險事故，保險人亦不予理賠。

　⑵罷工

　　ICC 1982 (A)(B)(C)三式保險單均將「罷工」列為除外不保項目，上述三式保險單第七條全文如下：

　　「本保險不承保因下列危險事故所引起之滅失、毀損或費用。

　　7.1因罷工、（因雇主要求而）停工者、參與工潮、暴動(Riots)或民衆騷擾者所引起者。

　　7.2因罷工、停工(Lock-outs)、工潮(Labour Distur-bances)、暴動民衆騷擾之結果者。

　　7.3因任何恐怖主義者或任何人基於政治性動機所引起者。

　關於上述三款，有二點應予注意：

　　①第一款及第二款適用「主力近因原則(Proximate Cause)」，按第一款用語中既然有"cause"一語，且依 MIA 1906 之原則性規定，即表示滅失、毀損或費用須因罷工、停工……等為「主力近因」

所引起者，始在除外不保之列。至於第三款，初次訂立於一九八二年之各式保險單中，旨在排除「基於政治動機」之任何人引起之任何滅失、毀損或費用。該款所排除者不止於爆炸物之突然爆炸，即因恐怖主義者強占貨物而發生之毀損、滅失或費用亦在除外不保之列。

　　②第二款具有補充第一款、第三款之作用：按貨物之滅失、毀損或費用之發生，若因罷工者、停工者……等（第一款）、或恐怖主義者……等（第三款）所引起，須適用「主力近因原則」，若後者之行為並非貨物發生毀損、滅失或費用之「主力近因」，則不在除外不保之列。惟此時第二款發生作用，蓋依第二款之規定，只要貨物毀損、滅失或費用之發生係罷工……等之結果，即在除外不保之列，例如參與暴動者之行為引發火災，而火災係貨物發生滅失、毀損或費用之主力近因，則「貨物之滅失毀損及費用」實係「暴動」發生之結果，亦在除外不保項目之列。

　　應注意者，被保險人因「除外不保之危險」而發生之「費用」，亦在除外不保之列，舉例而言，由於預定的卸貨港罷工，運送人無法在該港卸貨，乃將貨物在其他港口卸下，留下繼續運送之費用，俾運往原定之貨物目的港，此時「繼續運送之費用(the Forwarding Expense)」應列入除外不保之範圍，蓋此種費用係因除外不保之危險事故——罷工——而發生也，此與因承保範圍之危險事故發生，中途卸貨，致發生「繼續運送之費用(Forwarding Expenses)」之列入承保範圍（註三八）者不同，應注意及之。

柒、結　論

　　由於歷史因素，我國海上保險與英國保險公司往來密切，對於英國海上保險理論與實務之介紹，不但對於國內被保險人、保險公司在業務

註三八　ICC 1982 (A)(B)(C) C 1.1.2.

上有其必要，而且對於檢討我國海商法海上保險有關規定，資爲修正海商法之借鏡，亦甚具裨益。

　　英國海上保險，基本上仍然以 MIA 1906 與 ICC 1982 各式保險單爲基本架構，參酌判決先例、習慣及學說，形成完備之體系，本文所討論及介紹者惟 ICC 1982 (A)(B)(C)三式保險單以及 MIA 1906 之有關規定，旨在以有限之篇幅，兼顧保險法以及保險單條款，對海上保險之「承保危險」及「除外不保項目」作全面地介紹及說明，至於 ICC 1982 (A)(B)(C)以外之其他各式保險單，因重要性較低，於茲從略，是否有當，至祈指教。

八、船舶碰撞與保險代位

壹、前　　言

一、船舶碰撞之意義

　　船舶碰撞有廣狹二義，狹義之船舶碰撞專指二艘或二艘以上之船舶，在水面或水中相互爲物體之接觸，致發生損害而言。廣義之船舶碰撞，兼指狹義之船舶碰撞，以及船舶因某一操作之執行或不執行，或未遵航行法規，雖無物體上之接觸，但仍導致他船船體，或任何一艘船舶上人或貨之傷亡、滅失或毀損而言。

　　狹義之船舶碰撞與廣義之船舶碰撞均具有下列共同特點：

㈠碰撞之船體須爲船舶：船舶碰撞之物體須爲二艘或二艘以上之船舶，且船舶之範圍不以海商法上之船舶爲限（註一）（註二），即非海商法上之船舶──專用於公務之船舶、軍事建制之船舶、總噸位未滿二十噸之動力船舶或未滿五十噸之非動力船舶(即小船)──亦屬之(註三)，但須於碰撞時有航行能力始稱之（註四），此與一九一〇年船舶碰撞統一規定公約所規範者不包括軍艦或專用於公務之政府船舶者有異。

㈡碰撞地點無任何限制：海商法上之船舶碰撞並無地點限制，申言之，不論發生於海上航行，與海相通之水面、內湖、內河（註五）均屬之，且碰撞發生於水面、水中均非所問，此觀海商法第一百三十四條「船舶之碰撞不論發生於何地，皆依本章之規定處理之。」之規定自明，而與一九一〇年國際船舶碰撞責任統一公約第一條「海船與海船間，或海船與內河航行之船舶間，發生碰撞時，不論發生於何種水域，其船舶或船上財物人身所受損害之賠償，應依下列規定處理之。」之只適用於海洋或與海洋相通之水面或水中者不同。

註一　海商法第一條「本法稱船舶者，謂在海上航行及在與海相通水面或水中航行之船舶」、第三條「左列船舶除因碰撞外，不適用本法之規定：一、總噸位未滿二十噸之動力船舶，或未滿五十噸之非動力船舶。二、軍事建制之艦艇。三、專用於公務之船舶。四、本法第一條規定以外之其他船舶。」

註二　漁船苟符合海商法第一條之規定，亦屬海商法上船舶之一種，參閱最高法院六十三年度臺上字第一四七九號民事判決。

註三　International Convention for the Unification of Certain Rules of Law in regard to Collisions, Brussels, September 23 1910

　　　第十一條「本公約不適用於軍艦或專用於公務之政府船舶。」

註四　*Marine Insurance*, Vol. 3 – Hull Practice, lst Edition, p. 305, by R.H. Brown.

　　　平底起重機旣無航行能力，自非船舶。

註五　何佐治：最新海商法釋義第四五頁及第二八七頁。

㈢碰撞之結果須一方或雙方發生損害：船舶碰撞之規定，旨在規範船舶碰撞之賠償問題，無損害即無賠償，必也碰撞之結果一方或雙方發生損害，始有適用海商法船舶碰撞之可言。

狹義之船舶碰撞與廣義之船舶碰撞之區別在於碰撞之狀態，前專指二艘或二艘以上之船舶，「直接為物體之接觸」，後者則「不以直接物體接觸為限」，即「船舶因某一操作之執行或不執行，或未遵守航行法規，導致他船舶，或任一船舶上之人員或貨物發生死傷或毀損滅失」者亦屬之（註六），例如甲船不遵守航行規則而為航行，掀起巨浪，波及其側之小船，發生翻覆沉沒，雖未直接接觸，亦屬船舶碰撞，海商法上之船舶碰撞係指廣義之船舶碰撞而言。

二、保險代位之意義

保險代位可分廣義之保險代位與狹義之保險代位。

狹義之保險代位，指人之代位，亦即被保險人因保險人應負保險責任之損失發生，而對於第三人有損失賠償請求權者，保險人得於給付賠償金後，代位行使被保險人對於第三人之請求權也（保險法第五十三條）。英國一九〇六年海上保險條例第七十九條第一項「……並自肇致損失之保險事故發生時，取得代位被保險人基於保險標的物之一切權利及賠償請求權」及第七十九條第二項「除前項（按：指物之代位）另有規定外，保險人若理賠損失之一部分，並不取得保險標的物之所有權或其殘餘部分之所有權，但自肇致損失之保險事故發生時起，在被保險人之損失依本法規定理賠而受補償之範圍內，取得代位被保險人基於保險標的物之一切權利及賠償請求權。」亦指狹義之保險而言。

廣義之保險代位，除包括人之代位（狹義之保險代位）外，尚包括物之代位，按物之損失，可分實際損失與擬制損失（Constructive Total

註六　一九一〇年船舶碰撞統一規定公約第十三條。

Loss)。實際損失又可分爲實際全部損失及實際部分損失。發生實際全部損失時，保險人若因全部保險而爲全部理賠，可取得該保險標的物殘餘部分之所有權，此物之代位一也。在實際部分損失，保險人就損失爲全部理賠後，可否取得損失部分殘餘物之所有權，須視該毀損滅失部分是否可分離而定，若該毀損滅失部分是可分離的（Apportionable），則保險人可取得該可分離之殘餘物之所有權，此物之代位二也。若該標的物爲不可分離者，則保險人縱就該毀損滅失之全部損失爲理賠，亦不取得所有權。又擬制全損，指有委付原因（註七）時，被保險人得將保險標的物之一切權利，移轉予保險人，而請求支付該保險標的物之全部保險金額（註八），此物之代位三也。英國一九〇六年海上保險條例第七十九條第一項「保險人理賠保險標的物之一切損失後，不論其爲保險標的物之全部，抑或爲保險標的物之任何可分部分，保險人即取得已理賠保險金之保險標的物殘餘部分之所有權……。」亦爲關於物之代位之規定。

　　本文所討論之保險代位主要指狹義之保險代位，亦即人之代位而言，至於物之代位，則只於區辨人之代位與物之代位範圍之大小時，兼述及之。

三、船舶碰撞與保險代位所發生之問題

　　船舶碰撞後，保險代位有關之問題有：

　　㈠代位權名義：保險人行使代位請求權，究以自己名義，抑或以被保險人名義，學說上素有爭執，有予澄清之必要。

　　㈡行使代位權之時間：保險人得行使代位請求權之時間，究係在保險事故發生時即取得，抑或在保險人理賠保險金後才取得，有予檢討之必要。

註七　參閱海商法第一八三條至一八六條。
註八　海商法第一八二條。

㈢代位請求權之對象：即保險人行使代位請求權之相對人究爲何人？按船舶碰撞，發生損害，保險人於理賠之後，得行使代位請求權之對象，因保險之種類不同而異，茲分述如下：

1.船體保險：船舶碰撞，通常發生船體損害，船舶所有人（註九）若投保有船體險，保險人於理賠後，得否向有過失之船長、海員等行使代位請求權？又保險人於理賠之後，得否向相碰撞之其他船舶行使代位請求權？均應予澄清。

2.貨物保險：船舶碰撞，通常亦發生貨物之損害，若該碰撞係因運送人本人航行或船舶管理有過失而引起，得否向運送人行使代位權？又若非運送人本人之過失所引起，而係由其所僱傭之船長、海員等履行輔助人之過失而引起，得否向該船長、海員等行使代位權？再者，船舶碰撞若相碰撞之其他船舶亦有過失，保險人於理賠被保險人後，得否向該相碰撞之其他船舶之運送人或其履行輔助人行使代位請求權？均宜一一分析，以期明確。

3.其他：船舶碰撞，甚至可能導致被保險船舶、與被保險船舶相碰撞之船舶以外之其他動產或不動產（但船舶上之貨物除外）——以下簡稱「其他動產或不動產」——發生毀損滅失，保險人於理賠之後，對於運送人或其所僱傭之船長海員等履行輔助人是否有代位請求權？亦應一併探究。

㈣保險利益之證明與代位請求權之行使：代位權之行使須被保險人對於保險標的物有保險利益，但保險實務上有「免除證明保險利益之保險單（Policy Proof of Interest 簡稱 P.P.I.），即以保險單之記載本身證明有保險利益，並基此數額理賠被保險人，保險人得否基於 P.P.I.保險單所載金額拘束被行使代位權之第三人？有予說明之必要。

㈤代位請求權之範圍：保險人理賠被保險人後，得行使代位權，惟

註九　關於要保人，請參閱*Marine Insurance*, Vol. 1—Pinciples 1980, pp. 50以下。

其請求之數額不得大於其已理賠保險金之數額耳，但此究爲「人之代位」之原則，抑包括「物之代位」在內，有予澄清之必要。

　　㈥複保險、一部保險與保險代位：在複保險情形，保險人於理賠後，得否對承保的其他保險人行使代位權？又在一部保險情形，被保險人與保險人對負有損害賠償責任之第三人關係如何，因立法制度不同，應予比較，加以澄清。

貳、代位權之歸屬──保險代位請求權是保險人之權利

　　保險代位請求權是保險人自己之權利，以自己之名義實行。關於保險代位請求權到底是保險人自己之權利，得由保險人以自己名義行使，抑或本質上爲被保險人之權利，保險人之行使代位權，須以被保險人之名義爲之，素有爭議。我國保險法第五十三條「被保險人因保險人應負保險責任之損失發生，而對於第三人有損失賠償請求權者，保險人得於給付賠償金後，代位行使被保險人對於第三人之請求權；但其請求之數額，以不逾賠償金額爲限。」「前項第三人爲被保險人之家屬或受僱人時，保險人無代位請求權，但損失係由其故意所致者，不在此限。」是依我國保險法之規定，被保險人於取得保險金後，其對侵權行爲之第三人有請求權者，其請求權即移轉予保險人（註一○），保險人得以自己之名義行使請求權（註一一），由於法典規定明確，學說見解頗爲一致。

　　英國、美國由於實務上有「代位權證書（Letter of Subrogation）」之制度，亦即在理賠過程中，保險經紀人（Broker）常向被保險人請求「代位權證書」，引發「代位權證書」之授與是否即爲代位權移轉之爭論，實則保險人於給付保險金之時，即自動取得代位權，並得以自己名義行

註一○　桂裕：保險法論，民國七十三年九月，第一四○頁。

註一一　鄭玉波：保險法論，民國七十年三月，第九一頁。

使之（註一二）。然則何以保險人仍然要求被保險人簽發「代位權證書」予保險人？簽發「代位權證書」之作用除具有證明保險人不再欠負被保險人債務，避免有損害賠償責任之第三人理賠之對象錯誤外，最重要的是保險人得以「被保險人」之名義對第三人進行訴訟，行使「被保險人」得對第三人行使之一切權利。然則，以被保險人名義對第三人進行訴訟又有何利益？此乃涉及訴訟心理問題，一般言之，保險人若以自己名義對第三人提起訴訟，是經濟強者訴請經濟弱者賠償，較不容易獲得陪審團之同意，反之，若保險人基於「代位權證書」而以被保險人名義訴請第三人賠償，以直接被害人訴請加害人賠償，較易獲得陪審團可決（註一三）。此爲「代位權證書」（Letter of Subrogation）發生之眞正背景。代位權係依法律規定而移轉，其與簽發 Letter of Subrogation 關係如何，論著殊少論及，一般言之，其功能主要如下：

一、代位權於保險人給付保險金時即已移轉，代位權證書之簽發只具有確認被保險人已知悉其對第三人之權利已全部移轉予保險人而已。

二、代位權證書之簽發，具有授權保險人使用被保險人名義求償之效力。

三、代位權證書之簽發，表示被保險人對第三人之一切權利已移轉予保險人，因此被保險人不得再向第三人爲任何請求。第三人如向本於被保險人名義行使請求權之保險人爲給付，不會發生給付對象錯誤之糾紛。

叁、行使代位請求權之時間及代位請求權之保全

保險人究竟於保險事故發生時，即取得代位權，抑或於給付保險金

註一二　*Marine Insurance*, Vol. 1—Principles, by R.H. Brown 1978, p. 143.

註一三　*Insurance Law*, Basic Text, by Robert E. Keeton 1971, p. 157 以下。

後，始取得代位權，立法例上稍有不同，申言之，採給付保險金時，始取得代位權者，例如我國保險法第五十三條及一九〇六年英國海上保險條例第七十九條是；採保險事故發生時即取得代位權者，例如英國除了一九〇六年海上保險條例以外之其他非海上保險之各類保險（Non-marine Insurance）是（註一四）。

　　立法例關於行使代位權之時間固如前述，但二者中，究以何者爲優，有予檢討之必要。採「給付保險金後才取得代位權」之立法，旨在防止發生保險人行使代位權，向第三人求償，但又拒不理賠被保險人之流弊。但此種顧慮，稍嫌多餘，良以保險人爲保險公司，不但受特殊監督，而且爲顧及營業信譽，不可能向第三人行使代位權，而拒絕理賠被保險人，即令如此，被保險人對保險人亦有強制性之訴權。反之，若模仿英國法，於保險事故發生時，即賦予保險人以代位權，保險人得採取保全其請求權──例如行使請求權以避免罹於消滅時效──之措施，較能顧全雙方法益。

　　英國法爲克服一九〇六年海上貨物保險條例，保險人於理賠後才取得代位權之缺點，於貨物保險保險單中有「紅線條款（The Red Line Clause）」或於船舶保險保險單中有「周密保全條款（The Tender Clause）」之訂定。按運送人本人航海或船舶管理有過失致發生貨物毀損滅失者，以及運送人或其所僱佣之船長、海員等於貨物之管理有過失致貨物毀損滅失者，貨物所有人對運送人有損害賠償請求權，運送人不得主張免責，但除運送人與受貨人共同檢查（a Joint Survey）情形，有毀損滅失者應當面點交清楚外，受貨人須於收受貨物後一定短期內通知（註一五），運送人始負賠償責任，受貨人若未於該一定短期內通知，則

註一四　*Marine Insurance*, Vol. 1—Principles 1978, p. 138.

註一五　以英國爲例，須於三日內通知，但由運送人與受貨人（Consignee）或受貨人之檢查員（the Consignee's Surveyors）共同檢查（a joint survey）者，不在此限。

受貨人（貨物所有人）即喪失對運送人之請求權，保險人縱然基於保險契約向被保險人（貨物所有人或受貨人）給付保險金，亦無法向第三人（運送人等）行使代位請求權，造成保險人極大的不利益。爲克服此一困難，保險人常於保險單中加載「紅線條款」，即於保險單中加印套紅色的條款，以提請被保險人注意保全被保險人對第三人之損害賠償請求權，申言之，被保險人（包括受貨人），須注意履行下列事項（註一六）：

　　1.貨物整批遺失或數件遺失時，須立即向運送人請求及向港口機關請求證明。

　　2.貨物有明顯毀損，須立即請求港口之運送人代表會同檢查。

　　3.若貨物是否毀損滅失等不清楚時，不得簽發清潔收據（Clear Receipts 即無保留收據）。若運送人或船舶所有人拒絕收受不清潔收據（Dirty Receipts，即有保留收據），被保險人須於簽發清潔收據之同時，另外寄發抗議信（He must give a written letter of protest at the same time）。

　　4.若交貨之時，貨物之毀損並不明顯，亦應自交付之日起三日內，以書面通知運送人或其代表人（the Carrier's Representative）。

　　以上規定，是貨物保險人爲保全其對運送人或其所僱傭之船長、海員等履行輔助人之代位權，於載貨證券內訂定約款，要求被保險人履行之義務。

　　在船舶碰撞情形，船舶之保險人爲保全其代位權，常於船舶保險之保險單上載有「周密保全條款(the Tender Clause)」依周密保全條款，被保險人於保險人理賠事故發生時，應立即通知保險人，俾便保險人指定鑑定人(Surveyor)，從事鑑定，保險人並保留指定修護船舶之港口之權利，並採取其他任何可能措施，以保護其權利（註一七）。

註一六　*Marine Insurance,* Vol. 1, Principles, by R.H. Brown 1978, p. 139.

註一七　Institute Time Clauses Hulls, 1／10／83, Article 10.3.

在我國，仍然維持「保險人理賠後取得代位權」（保險法第五十三條）之立法規定下，類似英國貨物保險保險單中之「紅線條款」與船體保險保險單之「周密保全條款」有仿造之價值，但長期而言，若能採取保險事故一發生，保險人即得行使代位權，則可根本解決問題。

肆、代位請求權之對象

船舶碰撞，保險人於理賠後，得行使代位請求權之對象主要可分三類：

一、保險人基於貨物保險，於理賠被保險人後，向應負責之第三人行使代位權。

二、保險人基於船舶保險，於理賠被保險人後，向應負責之第三人行使代位權。

三、其他動產或不動產之保險人，於理賠被保險人後，向應負責之運送人或其所僱用之人行使代位權。

一、保險人基於貨物保險之代位權

按貨物之毀損滅失，若因貨物管理有過失而發生，不論該過失是運送人本人之過失，抑或由於運送人之受僱人——船長、海員等履行輔助人——之過失所致者，運送人及其受僱人均不得主張免責（註一八），保

註一八　按海商法第一百十三條之法定免責事由，淵源於海牙規則第四條，該條所列之法定免責事由中第一款規定「船長、海員、引水人或運送人之受僱人，因航行或管理船舶之行為而有過失者」，運送人得免除責任，本款之規定，有下列諸點須注意：

　　1.須係運送人之履行輔助人（船長、海員……等）之故意過失而非運送人本人之故意過失。

　　2.須係「航行或管理船舶」之故意過失，而非「貨物管理」之故意過失。

險人於理賠被保險人後，得行使代位求償權，惟其既屬貨物管理過失所發生之毀損，與船舶碰撞無涉，於茲從略。

　　貨物之毀損滅失若因船舶碰撞所致，一般多肇因於航行過失，例如船舶不遵守航行規則，而與他船碰撞是，但例外亦有由於船舶管理有過失而發生者，例如船舶維修不良，機器失靈，致生船舶碰撞是。但無論如何，航行過失或船舶管理過失之主體可分爲本船之過失、與本船相撞之他船之過失（以下簡稱他船之過失），茲申述如下：

（一）本船之過失

　　本船之過失者，船舶因本船之航行指揮或船舶管理有過失，發生碰撞，致貨物發生毀損滅失也。依其歸責主體原因又可分：

　　1.因可歸責於運送人本人者：

　　海商法第一百十三條「因左列事由所發生之毀損或滅失，運送人或船舶所有人，不負賠償責任：

　　一、船長、海員、引水人，或運送人之受僱人，因航行或管理船舶之行爲而有過失者。

　　⋮

依本條規定，運送人因船長、海員、引水人……等履行輔助人之「航行或船舶管理」有故意或過失，致貨物發生毀損或滅失者，不待約定，即

得依法主張免責；反面言之，若運送人本人有過失（Actual Fault）運送人即不得主張免責，此與一九二四年統一載貨證券規則國際公約（海牙規則）第四條第二項 a 款之規定「因左列事由所生或所致之滅失或損害，運送人或船舶均不負責任：

a.船長、海員、引水人，或運送人於航行上或船舶管理上之行為、疏忽或過失（Neither the carrier nor the ship shall be responsible for loss or damage arising or resulting from——

(a) Act, neglect or default of the master, mariner, pilot, or the servants of the carrier in the navigation or in the management of the ship …」之規定正復相同，惟在立法條文用語上，我國海商法第一百十三條第一款規定船長、海員……等履行輔助人之過失，運送人可以免責，但由於上述履行輔助人之「故意或重大過失」所致者，運送人可否主張免責，不免滋生疑義，在解釋上，宜認為運送人亦得主張免責，始與海牙規則之立法精神互相符合。為杜絕疑義，可仿照德國海商法第六百零七條：

①海上運送人對於自己所僱傭者及船員之過失如同自己過失，應負同一責任。

②損害之發生由於船舶之指揮，或其船舶管理行為或火災所致者，海上運送人僅就自己之過失負其責任，以載貨利益為主所為之處置，不屬於船舶處理行為。」或仿照日本國際海上貨物運送法第三條：

「①運送人對於自己或其使用人就貨物之接受、裝載、堆存、運送、保管、卸貨及交貨因怠於注意所生貨物之滅失、損傷或遲到，應負損害賠償責任。

②前項規定，不適用於船長、海員、引水人員及其他運送人之使用人，因關於航行或處理船舶之行為或船舶火災（基於運送人本人之故意或過失所發生者除外）所發生之損害」之立法技術，將履行輔助人之「故意或過失」以「行為」一詞代之，俾能涵蓋，而杜爭議。

　　船舶碰撞可歸責於運送人本人，致貨物發生毀損滅失者，貨物所有人（被保險人）得對運送人主張損害賠償請求權，固如前述，惟所謂「運送人本人」者，其範圍如何，有予解釋之必要。按運送人若為自然人或合夥人，則運送人本人之範圍極易界定，相對地，若運送人為公司，則何人之行為始為運送人本人之行為，即有予澄清之必要，關於此點，英國採狹義說，認為只有主要營業所所在地之主管人員之過失才是運送人本人之行為，例如董事會（Board of Directors）、共有船舶之經理人（Managing Officer）……是。美國、德國採廣義說，舉凡董事會、共有船舶之經理人，及其他在船舶上或陸地上有管理權限之職員之過失——例如船公司之高級職員（Senior Officer）、總代理人（General Agent）、港口代表（Port Representative）、高級受僱人（Senior Employee）以及貨物催裝員（Expeditor）等——凡能「代表公司本身行使職權之人」之過失，均屬運送人（公司）本人之過失。至於只是一般受僱人（Merely of an Employee）、（裝放貨物之）技術化學家（Skilled Chemist）、代理人（Agent）、碼頭工人（Stevedores）、船長（Master）、傭船人之代理人（the Charterer's Agent）之過失，尚不構成運送人（公司）本人之過失。

　　運送人本人有過失，被保險人（貨物所有人等）對運送人有損害賠償請求權，保險人理賠被保險人後，自得對運送人主張代位請求權。

　　2.因可歸責於履行輔助人：

　　因履行輔助人——船長、海員、引水人及其他受僱人……等——之過失，發生船舶碰撞，致發生貨物毀損滅失者，貨物所有人不得向運送人請求賠償，固如前述，但得否依侵權行為有關規定，向有過失之船長、海員、引水人……等履行輔助人請求損害賠償，法無明文規定，易滋疑義。按海牙規則第四條第二項只規定「運送人」得主張該項所列之法定免責事由，並未規定「運送人之履行輔助人（船長、海員、引水人……等）」亦得主張該項所列免責事由，我國海商法亦同，其結果，若純就立

法規定及法律適用體系觀察，由於海商法第五條規定「海商事件本法無規定者，適用民法及其他法律之規定」，將導致貨物所有人仍得依民法侵權行為之規定，直接向運送人之履行輔助人求償之結論，亦將導致保險人於理賠被保險人後，得基於代位權向運送人之履行輔助人求償之結論。此種結論，就立法規定及法律適用體系言之，固然無誤，但結論之內容與海牙規則或海商法之立法精神，大相逕庭，蓋肯定貨物所有人對運送人之履行輔助人之求償權，不惟因船長、海員等少有清償能力，而乏實益，且船長、海員等被求償或代位求償之結果，將因負債累累，而不能致力於海上冒險工作，直接不利於運送人，間接有礙航海事業之發展。因此，於一九六八年布魯塞爾議定書規定「倘此項訴訟係對運送人之受僱人或代理人（該受僱人或代理人非獨立之承攬人）提起者，該受僱人或代理人得引用本公約（按：指海牙規則）內運送人所得引用責任抗辯及限制之規定。」（註一九）以彌補海牙規則規定之缺失，準此，運送人基於海牙規則所得主張之負責事由，其履行輔助人亦得主張。我國海商法修訂於民國五十一年，係仿照海牙規則而修正，當時作為海牙規則修訂議定書的一九六八年布魯塞爾議定書尚未制訂，因此立法上亦發生同樣的缺漏，導致不合理的推論。茲為貫徹海商法立法精神，配合國際海上立法潮流，短期間宜採一九六八年布魯塞爾議定書第三條第二條同樣解釋，賦運送人之履行輔助人以援引法定免責事由之權利，長期宜將該議定書之規定納入海商法，訂為條文，以杜爭議。據上所述，保險人於理賠被保險人後，不得向履行輔助人行使代位求償權。

　　㈡他船之過失

　　貨物因兩船之過失，發生船舶碰撞，致毀損滅失者，碰撞之各船舶各依其過失程度之比例負其責任，不能判定其過失之輕重時，雙方平均負其責任(海商法第一百三十七條)。是他船有過失時，僅就其過失比例，

註一九　參閱一九六八年布魯塞爾議定書第三條第二項。

對貨物所有人負損害賠償責任（註二〇），而無須兩船負連帶責任，此爲
共同侵權行爲（民§185）之例外。他船過失，致本船貨物發生毀損
滅失者，他船運送人與其所僱用之履行輔助人，原則上須對本船之貨物
所有人負連帶賠償責任，不論運送人本人有無過失，均不得主張海商法
第一百十三條第一款之法定免責事由。因此本船貨物保險人，於理賠被
保險人後，自得向他船運送人及其所僱用之履行輔助人行使代位請求權
（民§188）（註二一）。他船之運送人於理賠之後，得否向船長、海
員、引水人等主張內部求償權，素有爭議。持否定說者認爲船舶所有人
因船舶碰撞所負之責任爲履行自己之責任，非基於僱用人所負之責任，
因此不得向受僱之船長、引水人（註二二）求償。持肯定說者認爲船舶
所有人固然本於船舶所有人身分對碰撞而受損害之他船船舶、船長、海
員、貨物等負賠償責任，但有過失之船長海員亦仍須負侵權行爲責任，
二者原因不同，但受害人不論自何人受到清償，船舶所有人與船長海員
引水人等即同告免責，二者構成不眞正連帶債務，至於船舶所有人得否
對船長海員引水人行使求償權，則須依不眞正連帶債務之性質定之，船

註二〇　此與英國不同，在英國，碰撞之船舶對於因碰撞而貨物毀損滅失之貨物所
　　　　有人須負連帶賠償責任，但此種制度，循環請求，導致海牙規則第四條第
　　　　二項第一款之立法功能被破壞，因此在協會貨物保險基本條款（Icc, 1982）
　　　　第一條第三項有船舶碰撞共同過失條款（Both to Blame Collision Clause）
　　　　之訂定。

註二一　六十年臺上字第三三七號判決。

註二二　最高法院六十二年度臺上字第三一三八號判決「……我國海商法對於船舶
　　　　碰撞，係採用以船舶負責及賠償爲準則，不以海員或引水人等關係人爲對
　　　　象，此觀海商法第一百三十六條第一百三十八條之規定自明。」
　　　　又六十七年度臺上字第七〇九號判決、六十七年臺上字第三一七七號判
　　　　決、六十八年臺上字第一〇八六號判決均指出依海商法第一三六條負賠償
　　　　責任之船舶所有人，於賠償後不得向受僱人（船長）及引水人求償。

舶所有人是僱用人，船長海員是受僱人，其內部之求償權應予肯定（註二三）。二說之中，應以肯定說爲當，此觀海商法第五條「海商事件本法無規定者，適用民法及其他有關法律之規定」之規定，不眞正連帶債務之理論，於海商事件亦有其適用。

二、保險人基於船體保險之代位權

一般海上保險人（包括獨立海上保險人及勞依茲會員之保險人，但不包括防護暨補償協會（P&I Club））顧意承保百分之百之船體險，船舶所有人得就船舶價值爲全部或一部之投保。船舶碰撞肇致船舶發生毀損或滅失，保險人於理賠後，行使代位權之可能對象有二：㈠、本船有過失之船長、海員……等履行輔助人㈡、與被保險船舶相碰撞之他船之運送人及船長、海員……等履行輔助人。茲析述如下：

㈠對本船有過失之船長、海員

船舶所有人投保船體保險，因船長海員等履行輔助人之過失，致船舶發生碰撞，船體受到損害，保險人於理賠被保險人（船舶所有人）後，除非損失係因其履行輔助人之「故意」所致者，不得對船長海員等行使代位求償權，因船長、海員等爲被保險人之受僱人，依保險法第五十三條第二項「……第三人爲被保險人之家屬或受僱人時，保險人無代位請求權，但損失係由故意所致者，不在此限。」之規定，不得求償也。在英國保險實務，一般多將船舶所有人所僱佣之船長、海員……等列爲被保險人，以杜爭議。

㈡對與被保險船舶相碰撞之他船運送人或其履行輔助人

船舶碰撞，被保險船舶對於有過失之他船得行使侵權行爲損害賠償請求權，理論上運送人（僱佣人）應與其受僱人（履行輔助人）對被保

註二三　何佐治：最新海商法釋義第二八八頁，民國五十一年九月。

楊仁壽：海商法論第三八五頁，民國七十四年十月。

險船舶之損害負連帶賠償責任，但僱用人（運送人）能證明其選任受僱人及監督其職務之執行無過失者，不在此限（民§１８８）。船舶保險之保險人，於理賠被保險人（船舶所有人）後，得對與被保險船舶相碰撞之船舶之運送人及其履行輔助人行使代位請求權。

附帶地，他船運送人與其履行輔助人對被保險船舶之賠償責任，得以投保責任保險之方法分化其危險，關於責任保險，有下述兩點加以說明：

1.保險人：責任保險之保險人包括一般保險人，以及防護及補償協會。一般保險人包括獨立保險公司及勞依茲協會會員之保險人（Lloyd's Underwriters）兩種，前者（獨立保險公司）單獨直接接受要保人之投保，後者（勞依茲協會會員之保險人），不直接接受要保人之投保，而須透過經紀人（Broker）之媒介。

2.一定比例之責任保險金額：由於一般保險人所投保之責任險保險金額多只占一定比例（註二四），為此，船舶所有人及其他船舶營運人組成防護及補償協會，俾承保一般保險人所不承保部分之損失。所謂「防護」，主要是承保船舶所有人或營運人對第三人責任及僱主對於船員之責任。所謂「補償」主要是承保運送人對託運人之責任。防護及補償協會具有保險人身分，但與一般保險人不同：①防護及補償協會非以營利

註二四　所謂一定比例，一般為四分之三，以一九八三年協會船舶保險條款第八條第一項為例：

8-1　保險人同意補償被保險人依法應負責對於他人之下列損害全額的四分之三。

1-1　任何其他船舶，或其上財物的滅失或毀損。

1-2　任何其他船舶，或其上財物的延滯或使用損失。

1-3　任何其他船舶，或其上財物之共同海損、施救或訂有契約之施救。

以上應由被保險人支付之損害全額係因被保險船舶與任何其他船舶發生碰撞之結果所發生者。

爲目的，而是以會員之利益爲目的。②防護及補償協會承保運送人對貨物之毀損、滅失之賠償責任，並提供服務性之協助，使運送人於發生貨物毀損、滅失等賠償責任時，迅速採取適當措施。

三、其他動產或不動產保險之保險代位權

被保險船舶以及與被保險船舶相撞之船舶以外之其他動產或不動產（但不包括船舶上之貨物），因船舶碰撞而毀損滅失，經保險人理賠保險金後，亦對碰撞船舶之運送人（僱佣人）及其履行輔助人（受僱人）等有代位請求權。

附帶地，由於協會船舶期間保險條款（ITC）第六條第四項第二款將「任何不動產或動產或其他物件，但屬於其他船舶（與被保險船舶相撞之船舶）或其上之財產則除外」列爲除外不保範圍，因此一般海上保險人不承保此種動產或不動產所發生之損失，但若符合規定，某些動產或不動產例如港口、碼頭，由 P&I Club 加以承保（註二五）。

伍、免除證明保險利益保險單與保險代位請求權

被保險人對於保險標的必須有保險利益，而且被保險人須證明保險利益存在，方得向保險人索賠。保險人於理賠被保險人後，得行使代位權。惟在實務上，有所謂「免除證明保險利益保險單（Policy Proof of Interest）」，載有所謂 P.P.I.條款，旨在免除被保險人證明保險利益之義務。按海上保險之保險事故發生時，被保險人須證明其有保險利益，始得請求保險人理賠，惟因某些保險利益例如貨物之增加價值、船長支出

註二五　*Marine Insurance*, Vol. 1 Principles, by R.H. Brown. 1978, p. 53. P & I Club 所承保之責任險除港口、碼頭外，尚有四分之一之碰撞險、人員死亡、傷害、對運送貨物之賠償、搬移沈留物……等。

之費用、預期利潤……等概念模糊，證明困難，其結果被保險人無法提出證據證明其有保險利益，放棄索賠，影響所及，減低被保險人之投保意願，爲克服此一問題，有「免除證明保險利益之保險單」之設計。

免除證明保險利益之保險單與無保險利益之保險單相同，皆爲賭博契約（註二六），同屬無效。被保險人與保險人皆不得據此主張權利，亦不因此負擔義務。實務上，有保險經紀人將「免除證明保險利益之保險單」，以別針別在保險單上，而不像其他附加保險單文件係貼黏於保險單上，其目的在隨時除去「免除證明保險利益之保險單」，使保險契約發生效力，但此種作法，法院並不肯定其效力，主要理由是「原已無效之保險單（契約）」，不因任何後來之行爲（即除去免除證明保險利益保險單之行爲），而成爲有效（註二七）。

在 P.P.I.之情形，縱保險人理賠被保險人，亦不得對第三人行使代位權（註二八），蓋在 P.P.I.情形，被保險人雖然以較高保險費換取迅速之理賠，免除證明保險利益之程序，但此種基於保險契約當事人間之特殊約定，將導致代位權之行使對象無形中擴大，對第三人至爲不利。

陸、代位權之範圍——人之代位與物之代位之異同

保險人於理賠被保險人後，不論其理賠全部損失，抑或理賠部分損失，均取得代位權人之代位。例如因可歸責於運送人本人之過失發生保險事故，致貨物一部發生損失，貨物所有人得向運送人請求賠償，保險人於給付保險金後，得向運送人行使代位權，蓋此爲不可分離之一部損

註二六　MIA 1906 Sect. 4.

註二七　Edwards (John and Co.,) v. Motor Union Insurance Co. (1922) .

註二八　*Marine Insurance,* Vol. 1 Principles 4th edition, 1978, by R. H. Brown.
　　　　p. 142; *Dictionary of Marine Insurance Terms,* 4th edition 1983, by R.H.
　　　　Brown. pp. 309 – 310.

失，而非全部損失也。若貨物全部損失且保險人全部理賠，或可分離之一部損失，且保險人就損失部分全部理賠，保險人可取得財產權（Propriatary Right）（註二九），此為物之代位。在人之代位，代位權之範圍不得超過其給付予被保險人之保險金數額；反之，在物之代位，由於保險人於理賠保險金後，已取得保險標的物之所有權，保險人出賣保險標的物所得之價金若逾越其所理賠之保險金數額，則因該價金係販賣其所有之財產而獲得，因此成不構「超額代位」之情形，以 Attorney General v. Glen Line (1930) 案為例，時值第一次世界大戰，屬於英國 Glen Line 公司所有之 Glenearn 號船船舶被敵對國德國沒收，被充作醫療救護之用，保險人乃給付被保險人全部保險金，戰爭結束後，該船被釋放，基於委付（Abandonment）理由，保險人向德國政府請求返還該船舶，並且將該船出售，所獲得之價金超過其所給付之保險金。問題爭點是保險人得否保有販賣船舶所得之全部價金？法院認定保險人有此權利，理由是該船自委付完成，即已成為保險人之財產（註三〇），Lord Atkin 特別指出「委付權（the Rights of Abandonment）」與「代位權（the Rights of Subrogation）」之區別在於：在委付，其權利存在於有效的委付（a valid Abandonment）；在代位，其權利發生於理賠（Payment）……」（註三一）。

又因匯率變動，行使代位權所得變動數額若大於保險金者，應視匯率變動之時間在保險事故發生前或保險金理賠前，抑或在保險金理賠後，決定該行使代位權所得變動金額之歸屬。但是在 Yorkshire Insurance Co., Ltd. v. Nisbet Shipping Co., Ltd. 一案，法院見解，並不

註二九　*Marine Insurance,* Vol. 1—Principles 1978. by R.H. Brown, pp. 141 – 142.

註三〇　*Marine Inrurance,* Vol. 1—Principles 1978, by R.H. Brown, p.140.

註三一　*General Principles of Insurance Law,* 4th edition 1979, by E.R.Hardy Ivamy p. 511.

一樣，按該案被保險人爲保險標的物（船舶）投保七二、〇〇〇英鎊，一九四五年，該船舶與加拿大政府之船舶相碰撞，保險人理賠七二、〇〇〇英鎊予被保險人，然後向加拿大政府提起訴訟，獲得勝訴，但在此時，由於匯率變動，英鎊貶值，加拿大政府理賠保險人一二七、〇〇〇英鎊，被保險人乃請求保險人給付一二七、〇〇〇英鎊與七二、〇〇〇英鎊之差額，即五五、〇〇〇英鎊，Queen's Bench Division 之判決認定被保險人之請求有理，Diplock J.指出「依本人之觀點，保險人所得主張之權利限於其已理賠者，保險人不得主張逾越此一部分之權利，此一原則十分單純……。本人適用之原則是：基於一九〇六年海上保險條例第七十九條之代位原理，保險人不得請求超過其已爲理賠給付之數額。」吾人以爲，被保險人所請求之保險金固不得逾越其實際損害數額，保險人行使代位權亦不得逾越其實際理賠額，但若有匯率變動情事，理應視匯率變動時間，決定依新匯率核算之金額之歸屬，以實際幣值給付，維持公允，申言之①若匯率變動發生於保險事故發生前，此種因匯率變動而產生之逾額，應由被保險人取得；②若匯率變動發生在保險事故發生後，保險金理賠前，被保險人應享有匯率變動後折算之數額，蓋二者實質上相等也，此時被保險人固可逕行就逾越保險金部分向有賠償責任之第三人請求，但若第三人已經向保險人給付，被保險人就變動增加部份亦得向保險人請求；③若匯率變動發生於保險金給付之後，則匯率變更後所發生之逾額賠償應歸保險人，蓋保險人理賠被保險人時，旣在匯率變動前，其所給付之保險金，已足以賠償被保險人之損害，被保險人於匯率變動前旣已受到足以賠償損害之保險金，若於匯率變動之後，猶可請求依新匯率折算之逾額金額（即逾越保險金之部分），豈非獲得超越損害額之賠償，而與塡補損害之原則有違。至於保險人給付之保險金數額雖小於其向第三人基於新匯率核計算之代位請求之數額，但實質上，因貨幣貶值之關係，表面上數額較大的代位求償額實質上與被保險人所理賠予被保險人者相等，因此保險人實質上並無超額求償可言。

柒、複保險、一部保險與保險代位

複保險者，要保人對於同一保險利益，同一保險事故，與數人分別訂立數個保險契約也（保險法第五十三條）。保險事故發生時，原則上該數保險人皆有給付保險金之義務。善意之複保險人，其保險金額之總額超過保險標的之價值者，除另有約定外，各保險人對於保險標的之全部價值，僅就其所保金額，負比例分擔之責，但賠償總額，不得超過保險標的價值。若某一保險人已為給付，而承保同一保險利益，同一保險事故之另一保險人未為理賠，而已為理賠之保險人所給付之保險金額超過其依比例應負擔之責任者，則已為給付之保險人對未為理賠之保險人就其超過部分有代位請求權。

當不定值保險（an Unvalued Policy）之保險金額低於保險價額（the Insurable Value），或定值保險（a Valued Policy）之保險金額低於保險價額時，發生一部保險（Underinsurance）。在英國，一部保險之效果與全部保險但一部毀損滅失之效果不同：在一部保險，由於被保險人就保險人未承保之部分言，被視為共同保險人（Coinsurancers），因此被保險人與保險人之立於平等地位，保險人行使代位權所得之賠償，被保險人得立於平等地位參與比例分配（MIA 1906 Section 81）。在我國，由於保險法第五十三條第一項規定「被保險人因保險人應負責保險責任之損失發生，而對於第三人有損失賠償請求權者，保險人得於給付賠償金額後，代位行使被保險人對於第三人之請求權，但其請求之數額，以不逾賠償金額為限」，因此被保險人為一部保險時，保險人於理賠後，所得向第三人請求之數額恒受其實際理賠之保險金數額之限制。被保險人就實際損失扣除其自保險人獲得之保險金之差額，仍得逕行向第三人行使求償權。舉例言之，保險標的物之價值為十萬元，保險金額為六萬元，茲因第三人之侵權行為，保險標的物損失五萬元，則保

險人應理賠三萬元（即五萬元之十分之六），並在此範圍內向第三人行使代位權，又被保險人就不足之差額二萬元，得逕向第三人求償。

捌、結　論

保險代位本質上是保險人以自己名義行使之權利。雖然現行法規定保險人於理賠被保險人後，始得行使代位權，但此種立法，實不足以保障保險人對第三人之請求權，為克服此種困難，短期內可於貨物保險單上加上「紅線條款（The Red Line Clause）」或船體保險單中加上「周密保全條款（The Tender Clause）」，以契約條款，科被保險人以保全其對第三人之請求權。長期言之，仍以制訂法律，使保險人於保險事故發生時，即得對第三人有代位請求權。

在貨物保險，保險人於理賠被保險人後，得向航行指揮或船舶管理有過失之運送人（本人）。原則上亦得對有過失之他船運送人及其履行輔助人行使代位請求權，他船運送人對其受僱人有內部求償權。

在船體保險，保險人於理賠被保險人後，對於被保險人之受僱人（履行輔助人），以損失之發生係「故意」者為限，得行使代位權。又船舶保險之保險人，於理賠被保險人後，得對與被保險船舶相碰撞之船舶（他船）之運送人及其履行輔助人行使代位請求權。

保險人於理賠被保險人後，均可行使人之代位，保險人行使之代位權恆受其理賠被保險人數額之限制；反之，在全部保險情形，保險事故發生，保險標的物全部毀損滅失或可分部分毀損滅失後，保險人於理賠該全部毀損滅失保險金或該可分部分保險金後，取得物之代位，亦即取得失蹤或殘餘物之所有權，保險人處分失蹤物或殘餘物所得價金，縱高於保險金，亦應歸於保險人所有，始稱公允。

九、船舶碰撞與責任保險

目　次

壹、船舶碰撞之意義

一、緒說

　　船舶碰撞有廣狹二義，狹義之船舶碰撞專指二艘或二艘以上之船舶，在水面或水中相互爲物體之接觸，致發生損害而言。廣義之船舶碰撞，兼指狹義之船舶碰撞，以及船舶因某一操作之執行或不執行，或未遵船行法規，雖無物體上之接觸，但仍導致他船船體，或任何一艘船舶上人或貨之傷亡、滅失或毀損而言。

二、狹義船舶碰撞與廣義船舶碰撞之共同特點

　　狹義之船舶碰撞與廣義之船舶碰撞均具有下列共同特點：

　　㈠碰撞之物體須爲船舶

　　船舶碰撞之物體須爲二艘或二艘以上之船舶，且船舶之範圍不以海商法上之船舶爲限（註一）（註二），卽非海商法上之船舶──專用於公務之船舶、軍事建制之船舶、總噸位未滿二十噸之動力船舶或未滿五十噸之非動力船舶（卽小船）──亦屬之（註三），但須於碰撞時有航行能

註一　海商法第一條「本法稱船舶者，謂在海上航行及在與海相通水面或水中航行之船舶」、第三條「左列船舶除因碰撞外，不適用本法之規定：一、總噸位未滿二十噸之動力船舶，或未滿五十噸之非動力船舶。二、軍事建制之艦艇。三、專用於公務之船舶。四、本法第一條規定以外之其他船舶」。

註二　漁船苟符合海商法第一條之規定，亦屬海商法上船舶之一種，參閱最高法院六十三年度臺上字第一四七九號民事判決。

註三　International Convention for the Unification of Certain Rules of Law in regard to Collisions, Brussels September 23 1910.
　　　　第十一條「本公約不適用於軍艦或專用於公務之政府船舶。」

力始稱之（註四），此與一九一〇年船舶碰撞統一規定公約所規範者不包括軍艦或專用於公務之政府船舶者有異。至於船舶觸及港口、碼頭（Wharves）、防波堤（Piers）、船塢（Docks）、出入口（Gates）、礁石、浮標（Buoy）、船橋或冰山而發生損害賠償責任，因可增加保險費，將碰撞責任險之範圍擴及於對上開物體（Objects）的損害賠償責任（註五），但本文所謂之碰撞責任不及於此。

（二）碰撞地點無任何限制

海商法上之船舶碰撞並無地點限制，申言之，不論發生於海上航行、與海相通之水面、內湖、內河（註六）均屬之，且碰撞發生於水面、水中均非所問，此觀海商法第一百三十四條「船舶之碰撞不論發生於何地，皆依本章之規定處理之。」以及第一條「本法所稱船舶者，謂在海上航行及在與海相通水面或水中航行之船舶」、第三條第四款「左列船舶除因碰撞外，不適用本法之規定……四、本法第一條規定以外之其他船舶。」之規定自明，此與一九一〇年國際船舶碰撞責任統一公約第一條「海船與海船間，或海船與內河航行之船舶間，發生碰撞時，不論發生於何種水域，其船舶或船上財物人身所受損害之賠償，應依下列規定處理之。」之只適用於海洋或與海洋相通之水面或水中者不同。

（三）碰撞之結果須一方或雙方發生損害

船舶碰撞之規定，旨在規範船舶碰撞之賠償問題，無損害即無賠償，必也碰撞之結果一方或雙方發生損害，始有適用海商法船舶碰撞之餘地。

註四　*Marine Insurance,* Vol. 3-Hull Practice 1st Edition p. 305 by R. H. Brown
　　　平底起重機既無航行能力，自非船舶。

註五　同註四，p. 305

註六　何佐治：最新海商法釋義第四十五頁及第二八七頁。

三、狹義船舶碰撞與廣義船舶碰撞相異之點

狹義之船舶碰撞與廣義之船舶碰撞之區別在於碰撞之狀態，前者專指兩艘或二艘以上之船舶，「直接爲物體之接觸」，後者則「不以直接物體接觸爲限」，卽「船舶因某一操作之執行或不執行，或未遵守航行法規，導致他船舶，或任一船舶上之人員或貨物發生死傷或毀損滅失」者亦屬之（註七），例如甲船不遵守船行規則而爲航行，掀起巨浪，波及其側之小船，發生翻覆沉沒，雖未直接接觸亦屬船舶碰撞。海商法上之船舶碰撞係指廣義之船舶碰撞而言。

貳、船舶碰撞之原因類型

船舶碰撞依其發生原因區分，有三種類型（註八）：

一、因不可抗力或不可歸責於船舶之事由而發生者

船舶碰撞因不可抗力或不可歸責船舶之事由而發生者，應由船舶所有人自行負擔，海商法第一百三十五條「碰撞係因不可抗力而發生者，被害人不得請求損害賠償」，卽申明此旨，一九一〇年船舶碰撞統一規定公約以及德國海商法均同此立法（註九），所不同者，後二者尚分別將「碰

註七　一九一〇年船舶碰撞統一規定公約第十三條。

註八　*Marine Insurance*, Vol. 3-Hull Practice 1st Edition p. 305 By R. H. Brown.

註九　一九一〇年船舶碰撞統一規定公約第二條「設碰撞由於意外事故，不可抗力，或其碰撞原因不明時，其損害由受害人自負之。」「相撞船舶，或其中之任一船舶，於事故發生時，縱在停泊（或其他定着狀態）中者，本條規定仍適用之。」德國海商法第七三四條「船舶碰撞如因偶然事故或天災所致，或原因不明時，因此所致船舶或船內人與物之損害，不發生賠償請求權」，英國亦然，參閱 *Marine Insurance*, Vol. 3, Hull Practice 1st Edition p. 305 By R. H. Brown.

撞原因不明」或「偶然事故」所生之損害亦劃歸船舶所有人自行負擔，堪爲我國立法之借鏡。

二、因一方之過失而發生者

　　碰撞係由一方過失所致者，由過失一方負責，此觀海商法第一百三十六條「碰撞係因一船舶之過失所致者，由該船舶負損害賠償責任」，一九一〇年船舶碰撞統一規定公約（註一〇）及德國海商法（註一一）均採相同立法。所謂「船舶之過失」係指該船船長、海員之過失而言。又依海商法第一百三十八條「前二條責任，不因碰撞係因引水人之過失所致而免除」之規定，船舶碰撞若因引水人之過失所致，不論係因「強制引水」或因「任意引水」，加害船舶均應負賠償責任，此與一九一〇年船舶碰撞統一規定公約第五條「前列各條規定之責任，於因引水人過失所致之碰撞事件亦適用之，縱引水人之僱傭由於法律強制者亦同。」相同。但與德國海商法第七百三十七條「船舶在強制引水人指導之下，因引水人過失碰撞者，船舶所有人不負責任。但因船員未履行其義務者，不在此限」之規定有異。碰撞係因一方過失所致者，由該過失之船舶負責，即令有過失之船舶先碰撞另一無過失之船舶，再由該無過失之船舶碰撞另一無過失之船舶亦然（註一二）。

　　於船舶拖帶之情形，船舶碰撞之過失應由有指揮權之船舶負責，析言之，如被拖船舶有人操縱航行，主導航行，船舶碰撞之過失應由其負責。反之，如被拖船舶無人指揮航行或無動力，指揮航行者既是拖船，

註一〇　一九一〇年船舶碰撞統一規定公約第三條「碰撞由於一船舶之過失所致者，損害賠償責任由該有過失之船舶負責之。」
註一一　德國海商法第七三五條「因一方船員過失所致之碰撞，該船舶所有人負損害賠償義務。」
註一二　*Marine Insurance*, Vol. 3-Hull Practice 1st Edition p. 305 By R. H. Brown.

碰撞責任應由拖船負責（註一三）。

三、因雙方之過失而發生者

　　船舶碰撞因雙方過失所致者，其責任如何分配，有平均責任制與比例責任制。平均責任制者，不問船舶碰撞過失比例之大小，一律依平均法則，各負二分之一責任也，英國早期採之（註一四），美國師承英國早期平均責任制，迄今仍採之（註一五）。分配責任制者，依船舶碰撞過失比例大小之比例，分配各船舶應分擔之責任也，一九一○年船舶碰撞統一規定公約(The Collision Convention of 1910)即採此制，英國捨平均責任制而改採分配責任制，德國（註一六）、日本（註一七）均然。

　　我國海商法第一百三十七條「碰撞之各船舶有共同過失時，各依其

註一三　*Marine Insurance*, Vol. 1- The Principle Second Edition p. 153 By R. H. Brown.

註一四　平均責任制開始於一七八九年英國的 The Peterfreld & The Judith Randolph 案，英國貴族院於一八二四年對 Hay V. le Neve 一案採相同觀點。由於平均制甚不公平，在比利時律師 Louis Frank 奔走下，於比利時布魯塞爾制訂一九一○年船舶碰撞規定統一公約，改採比例責任制，英國於次年制訂海事公約法(Maritime Convention Act)承襲該公約之立法。又參考 Marine Cargo Claims, Second Edition p. 305 William Tetley.

註一五　*Marine Insurance*, Vol. 3-Hull Practice 1st Edition p. 305 By R. H. Brown.

註一六　德國海商法第七三六條「碰撞由於關係船舶雙方船員之過失所致時，此等船舶所有人對於船舶或其內裝貨物所受之損害，各依過失輕重，負比例賠償義務，無法定其輕重比例，或過失相等時，由此等船舶所有人負平均分擔之賠償義務。」

　　「因船內發生生命死亡傷亡，或礙及健康之損害，雖碰撞由於雙方過失所致，此等船舶所有人對被害人負連帶債務人之責任。但其相互間之關係，對於此類損害仍適用第一項之規定。」

過失程度比例負其責任，不能判定其過失之輕重時，雙方平均負其責任。」
「有過失之各船舶對於因死亡或傷害所生之損害，應負連帶責任」，與一
九一〇年船舶碰撞統一規定公約第四條第一項第二項「兩艘或兩艘以上
之船舶均有過失者，各依過失程度之比例，負其責任。但按其情形，如
不能判定各船舶之過失程度，或其過失顯屬相等者，責任平均負之。」
「對於船舶或其貨載，或對於船員、旅客、或其他船上人員之物件或其
他財物所生之損害，由有過失之船舶依前項比例負擔之。雖對第三人亦
不負多於此項比例之責任」之規定，基本上相同。茲析其要義如次：

（一）物之損害——比例分割責任制

因物之損害，碰撞之船舶對第三人負損害賠償責任時，採比例分割
責任制，亦即船舶碰撞各依過失程度之比例，決定各自責任之範圍，並
分別（分割）就其應負之責任對被害人之第三人負損害賠償責任也。若
碰撞之各船舶均有過失，但其過失輕重無法辨別時，各負百分之五十之
責任，平均其責任範圍，並各自對被害人之第三人負損害賠償責任。比
例分割責任制為民法第一百八十五條「數人共同不法侵害他人之權利
者，連帶負損害賠償責任」與司法院六十六年六月一日(66)院臺參字第〇
五七八號令例變字第一號「民事上之共同侵害行為，與刑事上之共同正
犯，其構成要件並不完全相同，共同侵權行為人間不以意思聯絡為必要，
數人因過失不法侵害他人之權利，與各行為人之過失均為其所生損害之
共同原因，即所謂行為關連共同，亦足成立共同侵權行為」之特別規定，
換言之，碰撞之各船舶，雖然對被害人之第三人，構成民法上之共同侵
權行為，但由於海商法有比例分割責任制之特別規定，自應優先於民法
共同侵權行為之規定而適用。

（二）人之死傷——比例連帶責任制

註一七　日本商法第七九七條「船舶因雙方船員之過失碰撞者，如不能判定雙方過
　　　　失之輕重時，其因碰撞所生之損害，由各船舶所有人平均負擔之。」

　　各國海商法對於船舶碰撞而發生人之死亡傷害情形，各碰撞船舶內部之責任仍採比例分配制，但對於被害之第三人，採連帶責任制。我國海商法第一百三十七條第二項「有過失之各船舶對於因死亡或傷害所生之損害，應負連帶責任」以及一九一〇年船舶碰撞統一規定公約第四條第三項、第四項「對於因死亡或身體傷害所生之損害，有過失之船舶應對第三人負連帶責任。但一船已為賠償之數額，超過本條第一項最後應負之數額時，其向同有過失之他船請求分擔之權利不受影響。」「關於前項分擔請求權，在契約上或法律上限制船舶所有人對於船上人員所負責任之範圍與效力，由各國以法律定之。」德國海商法第七百三十六條第二項「因船內發生生命之死亡、傷害，或礙及健康之損害，雖碰撞由於雙方過失所致，此等船舶所有人對被害人負連帶債務人之責任。但其相互間之關係，對於此類損害仍適用第一項之規定。」……等立法及公約，均明定船舶碰撞對於被害之第三人雖然負連帶責任，但其內部分擔額仍以損失額為基礎，以過失比例分別計算之，若逾越分擔額而為清償者，對於他船得行使求償權。

　　關於船舶碰撞過失比例之認定，須參酌一九七二年國際海上避碰規則之規定。又依一九一〇年船舶碰撞統一規定公約第六條第二項「就碰撞責任，所有法律上所定過失之推定均予廢止（All legal presumptions of fault in regard to liability for collision are abolished）」，因此在船舶碰撞，過失推定之規定應不適用。

　　因碰撞所生之請求權，自碰撞日起算經二年不行使而消滅（海商法第一三九條）此與一九一〇年船舶碰撞統一規定公約第七條之規定相同，與日本商法第七百九十八條第一項「因……船舶碰撞所生之債權，經過一年時，因時效而消滅」者異。

叁、船舶碰撞之運送人對他船之責任險

　　船舶碰撞而生之損害包括：①本船船舶、貨物、或船長海員、旅客等之毀損滅失或死傷。②他船船舶、貨物或船長海員、旅客等之毀損滅失或死傷。運送人對本船貨物之毀損滅失，有法定免責事由（註一八）或約定免責事由者（註一九），固得主張免除或限制責任（註二〇），但

註一八　參閱海商法一〇六、一一三、一一四、一一五、一一六條。

註一九　我國海商法禁止於運送契約或載貨證券中為責任免除之約定，參閱海商法第一〇五條。但依一九二四年載貨證券統一規定公約只禁止於載貨證券中為免責約款之約定（參閱公約第一條(b)及第三條第八項）。按一九二四年載貨證券統一規定公約第一條第二項規定「運送契約僅指以載貨證券或有關海上貨運任何相似之權利文件所訂之契約；包括在傭船契約情形下或依傭船契約所發之證券文件，而該項證券自簽發時起用以規律運送人與持有人間之關係者。」第三條第八項「運送契約內任何條款、條件或約定，免除運送人或船舶因疏忽、過失或本條所規定責任及義務之未履行所生對於貨物或與之有關之減失或毀損之責任者，或於本公約規定之外限制上述責任者，均屬無效。

　　　　保險契約利益歸屬於運送人或類似之條款，應視為免除運送人責任之條款。」在運送人與託運人間，載貨證券只有推定運送契約內容之效力，當事人之權利義務依運送契約定之。運送人與載貨證券之第三善意持有人間，載貨證券有絕對文義效力（參閱一九六八年布魯塞爾議定書第一條第一款「原文第三條第四項增列下文：『但載貨證券已轉讓與善意第三人者，不得提出反證』」），因此一九二四年載貨證券統一規定公約並不禁止運送人或託運人以運送契約（非載貨證券）為免責或限制責任之約定。

　　　　又依一九二四年載貨證券統一規定公約第一條第三項「貨物包括物品、製造品、商品、及除有生命的動物及依運送契約裝載於甲板上並如此載運貨載以外之各種物件」之規定，顯見在動物運送及合法之甲板運送，仍准許為免責約款之約定。

註二〇　參閱海商法第一百十四條及第二十一條。
　　　　Marine Insurance, Vol. 3-Hull Practice, lst Edition, p. 302 By R. H. Brown.

他船船舶貨物或船長海員、旅客因碰撞所生之責任，因本無契約關係存在，無法主張約定免責事由，除有法定不負責任情形（註二一）外，無法預先以約定排除之，但有責任限制事由者，仍得主張責任限制（註二二）。本文所論者只及於運送人對他船船舶、貨物或船長海員、旅客之責任險。

一、保險契約之主體

保險契約之主體爲要保人與保險人，茲分述如下：

(一)要保人

凡因船舶碰撞而對他人負有損害賠償義務或有利害關係之人悉得爲要保人。得爲要保人者有：

1.船舶所有人（運送人）：

依海商法第一百三十六條「碰撞係因於一船舶之過失所致者，由該船舶負損害賠償責任」，第一百三十六條「碰撞之各船舶有共同過失時各依其過失程度比例負其責任，不能判定其過失之輕重時，雙方平均負其責任」「有過失之各船舶對於因死亡或傷害所生之損害，應負連帶責任」，因此被害船舶得向加害之船舶所有人請求損害賠償，因此船舶所有人就其損害賠償責任有保險利益，自得爲要保人。茲所謂船舶所有人指實際僱用船長、指揮航務之運送人而言。

2.船長、海員或引水人等：

碰撞因一船舶之船長或海員過失所致者，被害船舶所有人、貨物所有人、受害之船長、海員、旅客可依侵權行爲有關規定，向有過失之船

註二一　參閱海商法第一百三十五條「碰撞係因不可抗力而發生者，被害人不得請求賠償。」

註二二　*Marine Insurance*, Vol. 3-Hull Practice, lst Edition, p. 302, By R. H. Brown.

長或海員請求損害賠償（註二三），因此船長或海員理論上就損害賠償責任有保險利益，引水人解釋上亦同，但我國法院實務有採以船舶負責及賠償為準，不以船長海員或引水人為求償對象者（註二四），有採得以船長海員或引水人為求償對象者（註二五）見解不一，按我國海商法第一百三十六條至一百三十八條之規定，旨在依碰撞事件發生之歸責性，分配船舶負擔或分擔損失額而已，並非有此規定，即排除被害人對船長、海員、引水人等之求償權，因此以得向船長、海員或引水人求償之見解為是。

又因船長、海員、引水人等（強制引水或任意引水）（註二六）之過失而發生船舶碰撞，運送人或船舶所有人於己船的貨物所有人固然得依海商法第一百十三條第一款之規定主張法定免責，但對於他船船舶、船長海員或貨物等之損害或死傷，不得主張免除責任，但得依海商法第二十一條第一項第一、四款之規定主張限制責任。船舶所有人或運送人於理賠之後，得否向船長、海員或引水人等主張內部求償權，素有爭議，持否定說者認為船舶所有人因船舶碰撞所負之責任為履行自己之責任，非基於僱用人所負之責任，因此不得向受僱之船長引水人（註二七）求

註二三　楊仁壽：海商法論，民國七十四年十月，第三八五頁，但桂裕則認為應負責任者只有船舶所有人（運送人），船長海員則僅以受僱人負責，參閱海商法新論，民國六十五年三月，第四〇二頁。

註二四　六十二年臺上字第三一三八號判決「又我國海商法對於船舶碰撞事件，係採用以船舶負責及賠償為準則，不以海員或引水人等關係人為對象，此觀海商法第一百三十六條至第一百三十八條之規定自明。」

註二五　六十年臺上字第三三七號「被上訴人基於所有權受侵害，請求損害賠償，原審法院依調查證據為更審之結果以上訴人劉大謀為該永光號漁船之所有人，依法應與其所僱用之劉耀北、戴文成（船舶駕駛人）負連帶賠償責任，洵無疑義」。

註二六　施智謀：海商法，第二七八頁，民國六十八年十月出版。

償。持肯定說者認爲船舶所有人固然本於船舶所有人身分對碰撞而受損害之他船船舶、船長海員、貨物等負賠償責任，但有過失之船長海員亦仍須負侵權行爲責任，二者原因不同，但受害人不論自何人受交清償，船舶所有人與船長海員引水人等卽同告免責，二者構成不眞正連帶債務，至於船舶所有人得否對船長海員引水人行使求償權，旣須依不眞正連帶債務之性質定之，則船舶所有人是僱用人，船長海員引水人是受僱人，其內部之求償權應予肯定（註二八）。二說之中，應以肯定說爲當，此不惟依海商法第五條有「海商事件本法無規定者，適用民法及其他有關法律之規定」之規定，不眞正連帶債務之理論，於海商事件亦有適用，而且一九一〇年船舶碰撞統一規定公約第四條第四項「關於前項分擔請求權，在契約上或法律上限制船舶所有人對於船上人員所負責任之範圍與效力，由各國以法律定之」之規定，船舶碰撞依過失有無及過失比例之大小，分配各船之責任後，船舶所有人對船長海員引水人等得行使求償權，只是限制「船舶所有人對於船上人員所負責任之範圍及效力」（卽限制船舶所有人對船長海員引水人等內部求償權）之法律效力，應由各國以法律定之耳。我國海商法並無限制船舶所有人對船長海員引水人行使求償權之規定，不論自海商法第五條法律適用體系觀之，抑或自公約之規定觀之，均應肯定內部求償權。船長、海員及引水人旣對於僱用人負賠償責任，因此就其責任有保險利益自得爲要保人。

註二七　最高法院六十二年度臺上字第三一三八號判決「……我國海商法對於船舶碰撞，係採用以船舶負責及賠償爲準則，不以海員或引水人等關係人爲對象，此觀海商法第一百三十六條至第一百三十八條之規定自明。」
　　　　又六十七年度臺上字第七〇九號判決、六十七年臺上字第三一七七號判決、六十八年臺上字第一〇八六號判決均指出依海商法第一三六條負賠償責任之船舶所有人，於賠償後不得向受僱人（船長）及引水人求償。
註二八　何佐治：最新海商法釋義第二八八頁，民國五十一年九月。
　　　　楊仁壽：海商法論第三八五頁，民國七十四年十月。

(二)保險人

在我國保險人限於產物保險公司；在英國，則保險人包括一般保險人，以及防護補償協會（Protection and Indemnity Club 以下簡稱P&I），由於我國海上保險例多向英國保險人投保或投保再保險，因此本文特就英國之實務析述如下：

1.一般保險人：

一般保險人包括獨立保險公司以及勞依茲協會會員之保險人（Lloyd's Underwriters）。獨立保險公司單獨接受要保人之投保。勞依茲協會會員之保險人，不直接接受要保人之投保，而須透過居間人（Broker）的媒介。要保人覓妥居間人後，居間人卽安排承保保險人團體（Syndicate），由其領銜保險人（Leader）在暫保單（Slip）上簽寫其承保保險金額，然後轉予其他各個保險人簽寫各自承保保險金額，直到滿額爲止。如果同一承保人團體所有保險人所簽寫承保金額較要保人所投保之保險金額爲大時，應比例降低。反之，如同一承保人團體所有保險人所簽之承保金額不及要保人所投保之保險金額時，居間人（Broker）有透過其他居間人（Other Broker）安排其他保險人承保之義務。

一般保險人不承保運送人對託運人因違反運送契約所應負之賠償責任。其所承保之責任險之保險金額，亦只佔一定比例，殊少全額承保。

2.防護及補償協會：

猶如前述，一般保險人不承保運送人對託運人之契約責任（Contractual Liability），且其所承保之責任險保險金額亦只占一定比例（註二九），爲此，船舶所有人及其他船舶營運人組成防護及補償協會，俾承保一般保險人所不承保部分之損失。所謂「防護」主要是承保船舶所有人或營運人對第三人責任及僱主對於船員之責任；所謂「補償」主要是承保運送人對託運人之責任。防護及補償協會具有保險人身分，但與一般保險人不同：①防護及補償協會非以營利爲目的，而是以會員之利益爲目的。②防護及補償協會承保運送人對貨物之毀損、滅失之賠償責任，

並提供服務性質之協助，使運送人於發生貨物毀損、滅無等賠償責任時，迅速採取適當措施。

二、保險利益

保險利益為保險契約之效力要件，若要保人或被保險人對保險標的自始無保險利益，而嗣後亦未發生者，契約自始無效。若訂立契約時，有保險利益，其後復為無保險利益者，保險契約失其效力。按責任險為財產保險之一種，財產保險以填補損害為宗旨，因此要保人或被保險人須於保險事故發生時有保險利益（註三○）。

註二九　所謂一定比例，一般為四分之三，以一九八三協會船舶保險條款第八條第一項為例：

　　8・1　保險人同意補償被保險人依法應負責對於他人之下列損害全額的四分之三。

　　1・1　任何其他船舶，或其上財物的滅失或毀損。

　　1・2　任何其他船舶，或其上財物的延滯或使用損失。

　　1・3　任何其他船舶，或其上財物之共同海損、施救或訂有契約之施救。以上應由被保險人支付之損害全額係因被保險船舶與任何其他船舶發生碰撞之結果所發生者。

註三○　依英國一九○六年海上保險條例第五條第一項及第二項：

　　「依本法之規定，凡於特定航海有利害關係者，為有保險利益。」

　　「尤以對於特定航海，或對於在航海危險中之任何得為保險之財產，有本於法律或本於衡平法則而成立之關係，而因其財產之安全無恙或準時到達，有可得之利益，或因其財產之喪失、損壞、或扣留，將受損失或負有責任者，為有利害關係。」

　　德國一九一九年海上保險法第一條「凡對於特定航海有任何關係，因而於船舶或所載貨物之安全無恙或準時到達，為有可得之利益者，以其喪失或損壞可以金錢計算者為限，為有保險利益。」

三、保險標的

　　船舶碰撞對他船所負之責任，理論上包括下列三種：(1)他船船體直接及間接所生之損害。(2)他船貨物直接及間接所生之損害。(3)人體生命之傷害死亡之損失。但在實務上，常於船體保險單中，訂有船舶碰撞條款，依一九七一年修訂之協會船體保險期間條款之碰撞條款，保險標的限於以下各種危險：

　　㈠其他船舶及其上財物之毀損滅失。

　　㈡其他船舶及其上財物之延滯損失或使用損失。

　　㈢其他船舶及其上財物的共同海損及救助費用。

　　但下列責任或損失不在承保範圍內：

　　㈠沉船、油污及其他障礙物除去費用。

　　㈡人命損失、身體傷害及疾病治療之賠償。

　　㈢對承載貨物之責及被保險船舶之使用。

　　依英國海上保險實務，一般保險多只願意承保上述責任或費用的四分之三（但少數保險契約若承保港口險（Port Risks）、建造險（Construction Risks），其碰撞條款仍承保全部責任，斯為例外）以提高船舶所有人之注意程度，達到避免或降低事故發生之機會或損害之數額。要保人多就一般保險人所不承保之部份，以加入 P&I Club 之方法，由 P&I 承保。

四、保險範圍——包括船體險與碰撞責任險

　　由於海險實務，多於船體險保險單中列有碰撞條款，以承保船舶所有人因船舶碰撞對第三人所負之損害賠償責任，例如一九八三年協會船舶保險期間條款（Institute Time Clauses, Hulls, 1. 10. 83）第八條及一九八三年協會船舶保險航程條款（Institute Voyage Clauses, Hulls, 1. 10. 83）第六條（註三一）均於保險單中插置「四分之三碰撞

註三一　一九八三年協會船舶保險期間條款第八條：

8‧1　保險人同意補償被保險人依法對他人依法應負責之下列損害金額之四分之三：

1‧1　任何其他船舶，或其上財物的損失或毀損。

1‧2　任何其他船舶，或其上財物的延滯或使用損失。

1‧3　任何其他船舶，或其上財物之共同海損、施救或訂有契約的施救。

以上應由被保險人支付的損害係因被保險船舶與任何其他船舶發生碰撞之結果引起者。

8‧2　本第八條規定之補償除依本保險其他補償條款及規定外，並依下列規定：

2‧1　倘被保險船舶與另艘船舶發生碰撞而兩船舶互有過失時，除非碰撞事件中之一船或兩船之責任已受法律限制者外，本第八條規定之補償將按照相互責任原則計算，如同有關船東依據其過失程度，按照對方在碰撞事件中之損害比例相互賠付對方者。

2‧2　保險人依本第八條第一項及第二項規定之補償責任，每一次碰撞事件中依保險金額的四分之三為限。

8‧3　經保險人之事先同意，保險人亦補償被保險人因船舶責任發生爭訟或限制責任進行訴訟時法律費用之四分之三。

8‧4　本第八條不包括被保險人下列應負責任支付之金額在內：

4‧1　搬移或處理阻礙物、殘餘物、貨物或任何其他物體。

4‧2　任何不動產或動產或除其他船舶或在該其他船舶上貨物以外之任何物品。

4‧3　被保險船舶上之貨物或其他財產，或經其約定之貨物或其他財物。

4‧4　人之死亡、受傷或疾病。

4‧5　任何不動產或動產或其他任何物件之污染（但屬於與被保險船舶碰撞之其他船舶及其上之財物不在此限）。

一九八三年協會船舶保險航程條款第六條之內容亦同。

責任條款」是，此與一九七○年之協會船舶保險期間條款(Institute Time Clauses, Hulls, 1. 10. 70)及一九七一年協會修正碰撞條款 (Institute Amended Running Down Clause 1. 10. 71)係各自獨立者不同（註三二）。按一九七○年之協會船舶保險期內條款第一條有「茲進一步約定……（It is further agreed that…）」之文字，碰撞條款之法律性質乃為原保險契約之補充契約，一旦保險人於保險單中列入協會船舶保險期間條款第一條，不問其真意如何，只要文字未曾修改，即認定保險人接受此一條款為一獨立之契約，亦即原契約之保險金額將因碰撞責任而增加一倍，被保險船舶如因碰撞而全損，保險人給付船舶所有人保險金外，尚應補償船舶所有人對第三人損害賠償之損失。

五、危險控制──扣除起賠額(Deductible Franchise)

一九六九年前，協會船舶保險期間條款並無扣除起賠額（註三三）

註三二　一九八三年一月二十四日研訂完成之船舶保險新條款草案(The Draft Hull Insurance Clauses)，基本上融合了①勞依茲船舶貨物保險單(Lloyd's S.G. Form Policy)②一九七○年協會船舶保險期間條款(Institute Time Clause, Hulls, 1. 10. 70)③一九七一年協會修正碰撞條款(Institute Amended Running Down Clause, 1. 10. 71)④一九七三年協會污染危險條款(Institute Pollution Harzard Clause 1. 8. 73)等四者而成，新條款已經倫敦保險市場公布自一九八三年十月一日生效使用，我國亦於一九八四年一月一日起使用。

註三三　Franchise 中文可譯為起賠額，在海上貨物保險中，規定保險人於損失逾一定數額，始予理賠，該一定數額稱起賠額。若損失未達起賠額，則不予理賠。蓋在單獨海損部分損失(With Average, W. A.)之情形下，保險人理論上固然對於任何小額之損害，均應予賠償，惟若貫徹此種理賠制度，則在小額損失情形，調查評估損失之程序性費用，有可能超過損害賠償之保險金，因此有起賠額條款(Franchise Clause)之訂定。起賠額條款有兩種，一

或超起賠額（Excess）規定，一九六九年以後，協會船舶期間條款第十二條規定「扣除起賠償或超起賠額」亦適用於船舶碰撞條款，亦卽在同一事故中，部分損失數額，對第三人責任數額以及避免損害費用之總和須超過起賠額或扣除百分比時，保險人始負理賠責任。在「扣除起賠額或超起賠額」之情形，損失縱然超過起賠額，保險人亦僅就超過起賠額之部分負理賠責任，被保險人在起賠額之範圍內應自行負擔損失。保險人利用「扣除起賠額條款」可以提高被保險人之注意標準，進而控制危險。

依一九八三年協會船舶保險期間條款第十二條及一九八三年協會船舶保險航程條款第十條之規定（按上開二條文內容相同），扣除起賠額條款之內容如次：

「凡因所保危險事故引起每一次意外或事故之損失（包括第八條卽四分之三碰撞責任、第十一條共同海損及救助），除非其累積損失金額達到一定比例以上，均不予理賠，如超過者則應先扣減該項自負額後賠償。擱淺後因檢查船底而發生的費用不論有無損失發生概由保險人賠付。本款規定不適用於船舶的全損或推定全損及由於同一意外事故連帶引起第十三條之損失（被保險人損害防止義務）。」

六、保險金額

保險金額是保險事故發生時，保險人理賠被保險人之最高限額。保險金額得由保險契約當事人自由約定，但就碰撞責任言，理論上不應超

（承前註）
種爲「不扣除之起賠額(Nondeductible Franchise)」，保險人於被保險人之損失達到起賠額時，卽全部理賠。另一種爲「扣除之起賠額(Deductible Franchise)」，保險人於貨物損失超過約定數額時，只就逾越起賠額之部分予以理賠，亦稱「超起賠額 (Excess)」，被保險人於起賠額之範圍內，恒自行負擔損失，被保險人爲避免負擔此一損失，須提高注意，以減少保險事故之發生。

過主張責任限制之數額，析言之，在我國，保險金額應不逾「本次航行之船舶價值、運費及其他附屬費」（海商法第二十一條），在英國，船舶所有人之責任限制，不逾財產價值（船舶價值）及海上事業所得之總數。由於船舶價值容易波動或貶值，為期客觀，船舶價值之計算以船舶固定之噸位為基礎，亦即以「登記噸位及引擎室空間」為基礎。所謂「登記噸位」即船舶登記之毛噸位，指能用以專門裝載貨物、旅客、海員之船體內的空間以及甲板上之密閉空間。依英國商船法，船舶所有人之責任不超過船舶總噸數乘以每噸法定金額之總乘積，析言之，在人命傷亡之賠償，以每噸乘以三千一百金法郎，未滿三百噸者以三百噸計，作為理賠最高限額。在只有財產之損害賠償時，以每噸一千金法郎計，作為理賠最高限額。同時發生人命身體傷亡及財產損害時，以每噸三千一百金法郎計，其中每噸二千一百金法郎先用於人命傷亡之賠償，賠償若有不足，其不足部分與財產損害立於平等地位，比例分配每噸一千金法郎部分。每一金法郎指每單位含六十五點五毫克成色千分之九百黃金之貨幣（註三四），依一九七三年七月二十七日生效之商船法（責任限制，英鎊兌換命令）第三條之規定，一九五八年商船法（責任限制及其他）所指三千一百金法郎與一千二百金法郎分別相當於九六・三九一一英鎊與三一・〇九英鎊。

肆、賠　償

因物之損害，碰撞兩船互相求償時，採用交叉責任制，而不採先行抵銷再為求償之單一責任制，以增加向保險人索賠之機會以及數額。茲簡介單一責任制與交叉責任制之理論如下：

註三四　*Marine Insurance*, Vol. 3, Hull Practice, lst Edition, p. 306 By R. H. Brown.

一、單一責任制（Single Liability）

由碰撞船舶雙方依損失額及過失比例計算彼此應給付對方之數額，適用抵銷理論後，由負擔賠償額較大之一方給付予負擔賠償額較小之一方「抵銷後之差額」之制度。例如兩船相碰，甲船損失二十萬，乙船損失十萬，假定雙方之過失比例各爲百分之五十，則甲船應付乙船五萬元，乙船應付甲船十萬元，雙方行使抵銷後之差額爲五萬元是。

二、交叉責任制（Cross Liability）

交叉責任制是碰撞雙方，依各自之損失及過失比例計算彼此應給付他方之賠償額，不行使抵銷權，雙方逕行互爲請求之制度，例如甲乙兩船彼此碰撞，過失比例各爲百分之五十，甲船損失一百萬元，乙船損失五十萬元，則甲船應賠償乙船二十五萬元，乙船應賠償甲船五十萬元，彼此不相抵銷，全數給付。

依交叉責任制，碰撞船舶之保險人，因責任險所應給付之保險金爲未抵銷之情形下，依一船對他船應賠償金額而計算之數額，不但數額較大，而且兩船之保險人均不免於給付保險金之責任。依單一責任制，碰撞船舶之保險人，因責任險所應給付之保險金爲依抵銷後差額計算之數額，數額不但小，而且兩船保險人之一亦因其被保險人經抵銷後對他船不負賠償責任而免予給付保險金。因此交叉責任制對於船舶所有人有利，爲各國所採行。

得主張責任限制者，在我國爲船舶所有人，亦卽僱用船長海員、指揮航務，對航行有指揮權之人（參閱海商法第二十一條第一項第四款），但承襲一九五七年海船所有人責任限制統一公約國家，得主張責任限制者，多擴及船舶所有人（公約第一條）、傭船人、經理人、運送人、及其受僱人之於執行職務者（公約第六條第二項），承襲本公約而爲立法之國家，例如英國（註三五）、德國（註三六）……基本上均採相同之立法。

　　茲以每三千一百金法郎爲九十七英鎊，每一千金法郎爲三十二英鎊（註三七）爲例，舉例說明如下：

〔例一〕

　　1.事實：

　　　(1)甲船與乙船相碰撞，兩船各有百分之五十過失

　　　(2)甲船無損失

註三五　依據 Merchant Shipping Act 1979 § 17 及 Convention on Limitation of Liability for Maritime Claims 1976, Article.

註三六　參閱德國海商法第四八條「船舶所有人對於下列第三者之請求權，不負對人責任，僅就本次船舶及運費負其責任：

　　一、船長基於法定權限因法律行爲所生之請求權。但基於船舶所有人之特別委任者，不在此限。

　　二、因履行船舶所有人所締結之契約，屬於船長職務範圍內者，凡因契約不履行，不完全履行，或履行有瑕疵所生之請求權。且其不履行、不完全履行、或履行有瑕疵，亦不問其是否由於船員之過失。

　　三、因船員或引水人在船內執行業務上之過失所生之請求權。

　　前項第一款第二款之規定，如船舶所有人自己履行契約不問有無過失，或履行契約有特別擔保者，不適用之。」

　　第五一〇條「由於自己計劃，爲營利使用於航海非屬自己所有之船舶，並由自己指揮或委由船長指揮者，對於第三者之關係，視爲船舶所有人。船舶所有人，基於船舶使用上，取得船舶債權人之請求權後，不得妨礙其請求權之實行。但對船舶所有人以船舶作不正當或債權人作惡意使用時，不在此限。」

註三七　依英國一九七三年七月二十七日之商船法（責任限制英鎊兌換令）The Merchant Shipping(Limitation of Liability) (Sterling Equivalent)第三條之規定，三千一百金法郎等於九十六點三九一一英鎊，一千金法郎等於三十一點〇九三九英鎊，茲爲說明方便，暫以三千一百金法郎爲九十七英鎊，一千金法郎爲三十二英鎊計。

(3)乙船發生下列損失

財產損失（船體）	280,000 英鎊
貨物損失	240,000 英鎊
生命損失	300,000 英鎊
全部損失	820,000 英鎊

(4)甲船總噸數 3,000 噸

2.理算

(1)甲船主張責任限制

由於甲船總噸位三千噸，發生船貨人命之損失傷亡，因此每噸以九十七英鎊計算責任限制額，97 英鎊乘 3,000＝291,000 英鎊，又因比較實際損失 820,000 英鎊與責任限制額 291,000 英鎊，前者大，後者小，因此船舶所有人主張責任限制有其實益。

(2)清償順序

a.依前述，生命身體之損害賠償額計 300,000 英鎊。

b.甲船每噸 97 英鎊（即 3,100 金法郎）中，有 65 英鎊（即 2,100 金法郎）須先清償生命身體之傷亡，亦即 65 英鎊乘 300＝195,000 英鎊。

c.乙船之身體生命傷亡之損害賠償額尚有 105,000 英鎊未獲滿足，應與財產損害立於平等地位，就責任限制餘額（即每噸 1,000 金法郎──32 英鎊）比例分配。

d. 291,000 英鎊－195,000 英鎊＝96,000 英鎊（此亦即 32 英鎊×3,000＝96,000 英鎊）作為人體生命未獲清償部分（即 105,000 英鎊）及財產損害（即 520,000 英鎊）比例分配之用。

生命身體分配數額

$$96,000 \text{ 英鎊} \times \frac{105,000}{(105,000+520,000)} = 16,128 \text{ 英鎊}$$

財產分配數額

$$96,000 \text{ 英鎊} \times \frac{520,000}{(105,000+520,000)} = 79,872 \text{ 英鎊}$$

e.結論

生命身體死亡傷害之賠償

195,000 英鎊＋16,128 英鎊＝211,128 英鎊

財產之損害賠償　　　　79,872 英鎊

_____

合　　　計　　　　　290,000 英鎊

（即責任限制下最高理賠額）

〔例二〕

1.事實：

(1)甲船與乙船碰撞，各有百分之五十之過失

(2)甲船損失　　　　　　　120,000 英鎊

　甲船之貨物損失　　　　　50,000 英鎊

　乙船損失　　　　　　　　80,000 英鎊

(3)乙船 1,800 公噸

(4)甲船並無人命身體之死亡傷害

2.理算：

(1)乙船有主張責任限制之必要

乙船 1,000 公噸，在甲船無人命身體死傷之情形，每噸以三十二英鎊計，其責任限制額為 32,000 英鎊。

但乙船對甲船之責任為

$$120,000 \text{ 英鎊} \times \frac{50}{100} + 50,000 \text{ 英鎊} \times \frac{50}{100} = 85,000 \text{ 英鎊}$$

甲船對乙船之責任為

$$80,000 \text{ 英鎊} \times \frac{50}{100} = 40,000 \text{ 英鎊}$$

乙船應賠償甲船　　　45,000 英鎊

由於乙船應賠償甲船之數額 45,000 英鎊較其責任限制額 32,000 英鎊爲大，因此有主張責任限制之實益。

(2)乙船賠償甲船責任限額 3,200 英鎊之分配

a.甲船可從乙船獲得 60,000 英鎊（即 120,000 英鎊 $\times \frac{50}{100}$）但

應支付 40,000 英鎊（即 80,000 英鎊 $\times \frac{50}{100} = 20,000$ 英鎊），

結果，可自乙船獲得 20,000 英鎊。

b.甲船之貨可自乙船獲得 50,000 英鎊 $\times \frac{50}{100} = 25,000$ 英鎊

因此甲船可分得乙船在責任限額內之數額爲：

$$32,000 \text{ 英鎊} \times \frac{20,000}{45,000} = 14,222 \text{ 英鎊}$$

甲船之貨可分得乙船在責任限額內之數額爲：

$$32,000 \text{ 英鎊} \times \frac{25,000}{45,000} = 17,778 \text{ 英鎊}$$

伍、保險金之給付──代結論

保險於第三人由被保險人應負責任事故所致之損失，未受賠償以前，不得以賠償金之全部或一部給付被保險人（保險法第九十四條），保險人得經被保險人通知，直接對第三人爲賠償金額之給付（保險法第九十五條）。但在實務上，須注意以下數點：

一、姊妹船條款：保險人之賠償責任以被保險人有賠償責任爲前提，但兩船之所有人屬於同一人時，依法固然不負賠償責任，但爲適用姊妹船條款（註三八）俾獲得保險金給付，特擬制有法律上之賠償責任。

二、保險就責任險不全額承保：實務上，保險人之責任只是被保險

人所負損害賠償額之四分之三，俾提高被保險人之注意，但當事人仍可增保爲全部責任（註三九）。

　　三、除前述第二點之限制外，保險人之碰撞責任進一步被限制在被保險船舶保險金額之四分之三。

　　四、依協會船舶保險條款之約定，保險人之責任只限於下列損失：

　　㈠對其他船舶或該其他船舶上貨物之毀損或滅失。

　　㈡因其他船舶或該其他船舶上貨物之遲延使用或無法使用所生之損失。

　　㈢任何其他船舶或該其他船舶上貨物因共同海損、救助，或基於契約之救助所生之損失。

　　五、依協會船舶保險期間條款及協會船舶保險航程條款之約定，對下列損害不負賠償責任：

　　㈠本於法定權力或其他，而對障礙物、殘骸、貨物或其他物品爲遷移（Removal）或處分（Disposal）。

　　㈡任何不動產、動產或其他物品，但（相撞之）其他船舶或該其他船舶上之財產不在此限。

　　㈢被保險船舶之貨物（the Cargo）或其他財產或被保險船舶之機械（The Engagements of the Insured Vessel）。

　　基於上述要點，謹舉一例說明，但以下例子只理算 A 船，以省篇幅，並將起賠扣除額省略，以資簡化。

註三八　協會船舶保險期間條款第九條
　　　　凡屬被保險船舶與他船相撞，或接受他船救助，而該他船舶部分或全部屬於同一個船東或同一管理人時，被保險人仍可請求保險賠償，如同屬於不同船東或不同管理人之船舶一樣，但碰撞責任或施救費用之確定，應由保險人及被保險人同意的一位公斷人公斷之。

註三九　海上保險訓練教材，民國七十三年八月三版，第一一六頁，臺北市產物保險商業同業公會業務發展委員會研究服務組出版。

1.事實：　　　　　　　　　　　　　　　　A 船　　　　　　　B 船

　　⑴船體損失　　　　　　　　　160,000　　　　　200,000

　　⑵不能使用之損失　　　　　　　8,000　　　　　　　—

　　⑶貨物損失　　　　　　　　　　　—　　　　　　16,000

　　⑷共同海損　　　　　　　　　16,000　　　　　　40,000

　　⑸生命損失　　　　　　　　　　　—　　　　　120,000

　　合　　計　　　　　　　　　184,000　　　　　376,000

A、B 兩船各有百分之五十之過失

2.理算：

　　⑴ A 船本身之損失

保險人 項目	1.共同海損（G.A.）（由一般海上保險人承保）	2.個人海損（P.A.）（由一般海上保險人承保）	3.船舶碰撞共同過失（R.D.C.）（¾由一般海上保險人承保，¼由 P&I 承保）	4.生命身體之損失（由 P & I 承保）	5.因不能使用之損失
A船本身之毀損等		160,000			
不能使用之損失					8,000
共同海損之損失	16,000				
	16,000	16,000			8,000

　　⑵ A 船對 B 船之責任

對 B 船之責任　　　　　　　　$\dfrac{200,000}{2}$

對B船貨物之責任		$\dfrac{16,000}{2}$		
共同海損		$\dfrac{40,000}{2}$		
生命之損失			120,000	
16,000	160,000	128,000	120,000	8,000

(3)責任險部分有四分之一移往 P&I

16,000	160,000	128,000	120,000	8,000
		−32,000	+32,000	
160,000	160,000	96,000	152,000	8,000

(4) A 船可向 B 船請求賠償額應扣除

16,000	160,000	96,000	152,000	8,000
B船須分擔A船損失½	80,000			
B船須分擔A船不能使用之損失				4,000
B船須分擔A船之共同海損	8,000			
8,000	80,000	96,000	152,000	4,000

附　定型化契約條款效力評釋六則

一、故意過失免則約款效力之評價
二、保留改變契約內容權利之免責約款效力之評價
三、排除或限制瑕疵擔保免責約款效力之評價
四、保留解除權、中止權、終止權或停止權之免責約款效力
　　之評價
五、免除實行擔保物權法定程序義務之免責約款效力之評價
六、排除或限制證據法則約款效力之評價

一、故意過失免責約款效力之評價

壹、前　　言

　　就故意過失之免責約款之範圍言，凡約款係以排除或限制契約當事人一方，因故意或過失侵害相對人所生之損害賠償責任者均屬之。此種免責約款之存在以損害賠償當事人間存在有契約關係存在為前提，與侵權行為當事人間不需存有契約關係者不同。苟免責約款符合上開條件，

悉爲本文所謂之「故意過失之免責約款」，德國一般交易條款規制法第十一條第七款及一九七七年英國不公正契約條款法第二條第一項及第二項均有相同的規制規定（註一），此種免責約款可存在於各種類型之契約，範圍無從界定，亦無需界定。

貳、現況分析

就故意過失免責約款所涉及有效性之判斷因素言，多以(1)故意過失免責約款所附麗之契約類型（定型化契約或個別商議契約）(2)契約主體（消費者與消費者或商人與商人）(3)故意過失之歸責程度（故意、重大過失或輕過失）以及(4)因故意過失而受侵害之法益（人身法益或財產法益）作爲主要判斷原素。其他判斷免責約款之因素，在彈性控制（註二）時，亦爲考慮因素，但重要性較低，因此於分析時從略：

一、訂約方式（契約類型）

故意過失免責約款有存在於「個別商議契約」者，有存在於「定型化契約」者，而其存在於個別商議契約者，視當事人具體約定而定，情況不一，資料蒐集困難。無法全面分析。其存在於「定型化契約」者，則存在於公共運輸業、洗染業、銀行業、倉儲業或倉庫業……等。

註一 參閱拙譯一九七六年德國一般交易條款規制法及一九七七年英國不公正契約條款法，載於拙著定型化契約論文專輯第一六七頁至二四七頁。三民書局出版，民國七十七年一月。

註二 所謂彈性制度，指具體相對無效，即法律具體列出免責約款名稱，但該免責約款是否有效，須由法院透過合理性檢驗(Reasonableness Test)，判斷其有效或無效。詳細請參考拙著定型化契約論文專輯第八二頁至八八頁。

二、契約主體

契約主體屬於「消費者與商人」（即消費者契約）者有之，例如運輸契約之主體分別爲航空公司、汽車客運公司、鐵路局（商人）與旅客（消費者），洗染承攬契約主體分別爲洗染店（商人）與顧客（消費者），消費寄託契約之主體多爲銀行（商人）與客戶（消費者）。契約主體屬於「商人與商人」者亦有之，例如寄託契約主體分別爲倉庫營業人（商人）與大宗貨物寄託人（商人）之間（註：亦有存在於商人與消費者，例如行李寄託之主體分別爲受寄託人（商人）與寄託人（消費者），但此種重要性較低）。又銀行與商人之消費借貸契約、銀行與企業主之抵押人間之擔保契約，其主體亦均爲商人。詳細內容，請參照本文附表。

三、故意過失之歸責程度

最常使用之故意過失免責約款爲「重大過失免責約款」，而最常見之免責約款標的則爲「輕過失」所生之債務。又「故意免責約款」涵蓋之免責範圍最大，「重大過失免責約款」涵蓋之免責範圍次之，「輕過失免責約款」所涵蓋之範圍最小，因此理論上定型化約款使用人自係希望訂立「故意免責約款」，但明白訂立免除因故意所生債務之免責約款不易爲相對人所接受，因此實際上故意過失免責約款以免除因「重大過失」所生之債務者爲最多，惟在用語技術上，免責約款之用語直接指明或限制因「故意」或「重大過失」或「過失」所生債務之情形較少，以其他迂迴用詞，實質地達到免責約款之目的者居多，蓋爲避免相對人抗拒也。由於免除或限制因重大過失所生之債務，當然亦免除或限制因輕過失所生之債務。免除或限制因故意所生之債務，當亦免除或限制因「重大過失」或「輕過失」所生之債務，因此最常爲免責約款標的之債務爲因「輕過失」所生之債務，其次爲因「重大過失」所生之債務，再次爲因「故意」所生之債務。茲分別舉例，簡單說明「故意免責約款」「重大過失免

責約款」「輕過失免責約款」如下，至於詳細情形，可參照附表。

(一)故意之免責約款

故意之免責約款者，契約當事人約定免除一方因「故意」所生之債務也。故意所生之債務既在免責之範圍，基於「舉重以明輕」之理由，其因「重大過失」「輕過失」所生之債務，當亦在免責之列。舉例言之，約定「衣件上倘有污漬，力求洗除清潔，倘經化學作用後而破損或仍未洗潔，恕不負責。洗染衣件概作舊衣論，染後如有顏色不勻，有破裂當盡力修整，不另賠償。」(註三) 即將因「(不確定) 故意」「重大過失」「輕過失」所致「化學作用後」之「破損」之責任加以排除。又如約定「立誓願人姓名……病歷號碼……今因病在 貴院中絕對信賴醫師之治療，而對於手術、分娩 (母親及嬰兒)、檢查、注射、治療等施術中或施術後，身體上無論發生任何意外不測情事自認均與 貴院及醫護人員無涉，標本由院方處理決無異議，空口無憑，特立此誓願書存照……」(註四)，本誓願書在理論上實質地將身體上由於醫護人員之故意所致之死亡，以約款排除，基於舉重以明輕之法理，當亦排除因「重大過失」或「輕過失」所生之債務，故意免責約款之存在是客觀事實，與該種免責約款之是否有效，應予區別。

(二)重大過失之免責約款

重大過失免責約款者，當事人不排除因故意所生之債務，只免除因重大過失所生債務之約款也。基於「舉重明輕」之法理，因「重大過失」所生債務既為免責約款之標的，因「輕過失」所生之債務當亦在免責之列。舉例言之，約定「存戶對於存款之存摺及取款圖章，務請妥慎保管，如有遺失、滅失或被竊情事，請立即來行照本行掛失止付規定辦理，但在本行接受掛失止付書面申請前，存款如已被人冒領，本行概不負責。」

註三　洗染同業公會規章第二條。

註四　長庚紀念醫院手術及檢查誓願書。

（註五）；該約款既云「冒領」，其損失自非出諸銀行之「故意」，但是該約款顯將銀行人員因顯然欠缺一般人之注意而「被冒領」之重大過失所生損失，亦列在免責之列。重大過失免責約款之存在亦是客觀事實，與此種免責約款之有效性，應予區別。

　　㈢輕過失之免責約款

　　猶如前述，輕過失之免責約款雖普遍被使用，但很少單獨為「輕過失」所生債務訂立免責約款。換言之，「輕過失」所生債務所以被免除，絕大多數係因免責約款係屬於「故意免責約款」「重大過失免責約款」，基於「舉重明輕」之法理，而使因「輕過失」所生之債務亦在免責範圍之列，故於茲從略，詳細情形，請參閱下表。

四、侵害法益之種類

　　因故意過失被侵害之法益可分「財產法益」「人身法益」兩類。為免責約款標的之債務有因「財產法益」被侵害而發生者，例如以免除銀行業重大過失所生消費寄託之金錢、銀行業對擔保標的物保管不週所生之損害賠償之債務、洗染業對於洗染衣物毀損所生之債務、倉儲業因故意過失所致寄託標的物之損害……等是。為免責約款標的之債務亦有因「人身法益」被侵害而發生者，例如旅客運送契約中，因運送人之故意過失致生旅客之死亡或傷重；又如在手術承攬契約中，因故意過失致生死亡或傷害……等均是，詳見下表。

　　茲將故意過失之免責約款，舉其具有代表性者，表列如附圖一：

註五　中國國際商業銀行乙期活期儲蓄存款簡章第十條。

（附圖一）

判斷因素 約款名稱	契約主體		被侵害之法益		契約形式		免 責 約 款 內 容	說　明	備　註
	商與商人人	商消人費與者	財法產益	人法身益	定契型化約	個議別契商約			
故意過失之免責約款	∨		∨			∨	中國國際商業銀行活期質押放款契約第十一條「質押標的物如有應付棧租運費、稅捐、修理費及一切費用，均應由借款人負擔，隨時照付，倘　貴行因策安全或其他原因認為質押標的物有搬移之必要時，貴行有權（並非義務）逕將該押標的物自由搬移於他處，其搬移費用由借款人負責照付，如代搬移之質押標的物，不幸遭遇意外損失時，其損失皆歸借款人負擔，借款人決不以未經同意而異議，又凡借款人應付而怠於支付一切費用，由貴行代付時，得加入借款合併計息，但貴行並無代付之義務。」	按擔保物權人應以「善良管理人」之注意，保管擔保標的物，左開約款顯然排除或限制銀行包括因「重大過失」「輕過失」在內所生之損害賠償責任。	
		∨	∨			∨	臺灣中小企業銀行約定書第十三條：「擔保物為貨物時，貴行有權決定堆置地點及保管方法，如立約人不遵照辦理或貴行無從通知時得不經立約人及擔保提供人之同意，逕將擔保物遷移他處，或予以保管所需各項費用，均歸立約	說明同上。	

					人負擔，**但貴行不負決定遷移或予保管而遭受損失之責任**。擔保物如須經登記、移倉、占有、管理、過戶或辦理其他手續者，立約人均願照辦，其費用亦由立約人負擔，如因違章致有罰款或扣留、沒收等情事，均由立約人自行負責處理，與貴行無涉。」	
		∨	∨		∨	正章洗染股份有限公司錄同業公會規章第二條：（對衣件內之衣物）「本單及統一發票憑單聯，請顧客妥為保管，衣件內明細註憑單聯內以作取件時之憑證，委洗衣件請先取出袋內物件，如有損失，本店概不負責。」 第一條：（對衣件本身）「衣件如遭蟲傷鼠咬及人力不可抗之災害時，各聽天命，倘有遺失，當酌價賠償，但不得超過洗衣價之十倍，染衣不得超過染價之二倍」。	1. 按洗染店因接受顧客之衣件而占有袋內物件，至少仍應負處理自己事務同樣之注意——即具體輕過失之責，袋內物件若有遺失，包括洗染店顯然欠缺一般人注意所發生之遺失，意在免責約款涵蓋之範圍，因此該約款仍是「重大過失、輕過失」免責約款。 2. 本條款將

						「事變責任」「不可抗力責任」排除，且限制「過失」遺失所生之債務之損害賠償額。	
	∨		∨		∨	臺灣中小企業銀行支票存款約定書第七條：「經本行核對之支票，認為與存戶原留印鑑相符而憑票支付之後，存戶如有因印鑑、支票偽造變造或塗改而非普通眼力所能辨認者及因被盜竊、詐騙遺失等情事而發生之損失，本行概不負責。」	所謂經本行核對後，「認為與存戶原留印鑑相符」即可免責云云，實即約定銀行之付款，從客觀上有「重大過失」或「輕過失」，亦可免責。	此種契約在甲存契約相當普遍。至少有分屬不同行庫之十九種契約，載有此類約款。
	∨		∨			交通銀行定期質押放款契約第十條：「質押標的物如係包裝貨物，而其內容或品質與借款人所稱不符，或（及）數量短少時，應由借款人負責調換或（及）補足，貴行對質押標的物認為有檢查其內容之必要時，得不經借款人之同意加以檢查所有因此所生之損失，貴行不負責任，一切檢查費用均由借款人負擔，倘因貴行墊付，並得加入借款合併計息，但貴行並無檢查義務。」	所謂「銀行認為有檢查其內容之必要時，得不經借款人同意加以檢查，因此所生之損失，貴行不負責任」擔保物「堆置地點之管理設備欠缺等情事致受減少損毀「滅失」「代搬移之質押標的物

						，不幸遭遇意外損失」由相對人負擔，以及「貴行不負決定、遷移或予保管而遭受損失之責任。」云云，實質地排除銀行因「重大過失」「輕過失」之責任。
	V		V		臺灣合作金庫約定書第二條：「前項擔保品因天災、氣候、水浸、水災、人禍、事變、戰爭、匪亂、盜刼、賊偸、蟲傷、鼠咬、腐霉、燥蝕、破壞、震裂、徵用、強買、沒收、扣抵、喪失時效或因擔保品本身之性質或其他瑕疵或堆置地點之管理設備欠缺不週等情事，致受減少損毀滅失者或擔保品<u>價格跌落或有跌落之虞時，貴庫概不負任何責任和損失</u>，而貴庫以現存之擔保品認爲不充分時，一經通知，立約人當立即增加相當之擔保，或再另行提供提擔保品或債務雖大，到期卽行償還其全部或一部。」	擔保物權人對擔保標的物應盡善良管理人之注意，「所謂「…堆置地點之管理設備欠缺不周等情事，致受減少損毀滅失者或擔保品價格跌落或有跌落之虞時，貴庫概不負任何責任與損失」實卽免除擔保物權人之「重大過失」「輕過失」責任。	
					1.交通銀行定期質押放款借據第六條：「貴		

							內容		
	✓		✓		✓		行收到本借款之質押標的物,以發給質押標的物之存取摺或收據,並蓋章爲憑,如遇損毀或滅失,借款人應卽向貴行聲明掛失並登報聲明,另覓妥保向貴行領取新摺或新收據,如在未掛失前,質押物被人冒領,貴行不負任何責任,此項存摺或收據之標的物取回權不得讓與,其所載標的物之名稱、種類、品質、數量全係憑借款人之聲稱而爲之記錄,不能視爲貴行所確認之憑證,如有不符,仍由借款人完全負責,與貴行無涉。」		
	✓		✓	✓			2.中華航空公司運送契約摘要第三條:「本公司運送之行李,僅負交與持票人責任,託運人應憑本公司發給之行李牌提取託運之行李。行李牌如有遺失,須有確切之證據及無其他乘客提出異議,經過一個月後,始可請求交付。惟本公司對他人持行李牌冒領之任何行李,不負賠償責任。」		
	✓	✓		✓			3.正章洗染股份有限公司錄同業公會規章第四條「本單如有遺失,請卽來本店掛失,取件時,並請攜帶保	左列六種約款,所謂「冒領」不負責者,包括因「重大過	左列約款相當普遍,至少有9家行庫使用此種

					單及本人身分證，如事前已被人持單冒領，本店概不負責。」	失」「輕過失」而被冒領，均不負責。	約款。
	✓		✓		✓	4.臺灣倉儲股份有限公司庫單第八條：「本倉單及接貨印鑑遺失時應即以書面通知本公司掛失並登報三天聲明作廢，該遺失倉單須經一個月；印鑑須經兩星期後，如無糾紛發生，由寄託人覓具殷實鋪保兩家申請補發新倉單，<u>但在報告遺失以前，如有被人冒領情事，本公司不負責任。</u>」		
	✓		✓		✓	5.中國國際商業銀行活期存款開戶申請書暨約定書第十二條：「存戶開發之支票或空白支票或印鑑，如有遺失或被盜竊時，應依照本行掛失止付辦法辦理。<u>但在本行未接受掛失止付之書面申請之前，如有冒領款項情事，本行概不負責。</u>」		
		✓	✓		✓	6.中國國際商業銀行乙種活期儲蓄存款簡章：「存戶對於存款之存摺及取款圖章，務請妥慎保管，如有遺失、滅失或被盜竊情事，請立即來行照本行掛失止付規定辦理		

					，但在本行接受掛失止付書面申請以前，存款如已被冒領，本行概不負責。」		
		∨		∨	∨	中華航空公司運送契約摘要第二條：「如因航空器失事，以致乘客傷亡或行李滅失毀損時，本公司將依中華民國國籍民用航空器失事客貨損害賠償辦法之規定，給付損害賠償，惟如乘客於飛航途中，因自身過失、疾病或違反飛行規則而致傷亡或行李滅失毀損時，本公司概不負賠償責任。」又，航空客貨損害賠償辦法（63年8月6日施行）第三條：「航空器使用人或運送人，依民用航空法第六十九條前段規定對每一乘客應負之損害賠償，其賠償之標準如下： 一、死亡或重傷者，最低新臺幣五十萬元，如按實際損害計算，最高不得超過新臺幣一百萬元。 二、非死亡或非重傷者，按實際損害計算，最高不得超過新臺幣二十五萬元。 前項所稱重傷，依刑法第十條第四項之規定。 第四條：「航空器使用人或運送人對於載運貨物或行李之損害賠償，		

				其賠償額之標準如下： 一、貨物及登記行李每 　公斤爲新臺幣一千元 　。 二、隨身行李每一乘客 　爲新臺幣二萬元。	本約款將因 航空公司之 重大過失或 輕過失所生 之死亡、重 傷、輕傷以 及貨物、行 李之損害賠 償額加以限 制。	
	∨	∨	∨	交通銀行整存整付儲蓄 存款單存戶須知第二款 「存戶遇存單或原留印 鑑遺失時，請即來行辦 理掛失手續，但在本行 接受書面申請前，如已 付款或被人冒領者，本 行概不負責。」	該約款約定 向銀行辦理 掛失手續前 如「已付款 」，理論上 ，縱令故意 ，該行爲仍 不負責。	1.其他銀 　行亦多 　有類似 　約款。 2.可解爲 　故意免 　責約款 　。
∨		∨	∨	上海商業儲蓄銀行約定 書第十七條： 「各種票據、借據及其 他證書之印鑑，貴行以 肉眼認爲與立約人留存 之印鑑相符而成立交易 時，即使立約人印鑑係 被濫用、僞刻或因其他 任何情形而發生損失， 立約人自願負擔一切責 任，絕不據以主張是項 交易爲無效或撤銷之。 」。 臺灣土地銀行約定書第 二十三條： 「立約人與貴行所發生 之各種票據、借據及其 他憑證所並用之印文， 貴行經辦員其以主觀觀 察認爲與立約人留存之	左開三種約 款所謂「貴 行以肉眼認 爲與立約人 留存之印鑑 相符……」 、「貴行經 辦員以其以 主觀觀察認 爲與立約人 留存之印鑑 相符而成立 交易時，即 使立約之印 章被盜用、 僞刻或因其 他任何情形 發生損失… …」「…… 貴行認爲與	

					印鑑相符而成立交易時，即使立約之印章被盜用、偽刻或因其他任何情形發生損失，立約人自願負一切責任」。華僑銀行活存透支契約第十條： 「立約人開出支票及其他票據證書所用之印鑑，貴行認為與立約人原留印鑑相符而憑票付款者，倘因印章盜用或其他任何情形而發生之損失，立約人及保證人自願負一切之責任。」	立約人原留印鑑相符而憑票付款者……」自願負其責，廣義言之，均免除「故意」「重大過失」「輕過失」之責任。	
			∨		∨	∨	國立臺灣大學醫學院附設醫院手術自願書： ┌┈┈┈┈┈┈┈┈┈┐ 　　立自願書人 今因　　施行 一次或數次之 手術，無論在手術中或手術後，倘有發生任何不測之情事，概與貴院及施行手術之各醫師無涉，此係為自願，恐後無憑立此存照。 └┈┈┈┈┈┈┈┈┈┘	該約款排除手術中或手術後「任何不測情事」，不論該不測是因醫師之「故意」「重大過失」「輕過失」所致，在排除之列。	此類契約普遍存在於公私立醫院手術或麻醉自願書，參照國立臺灣大學醫學院附設醫院手術病人接受麻醉須知、麻醉自願書，長庚紀念醫院手術及檢查誓願書，臺北市立仁愛醫院手術病人接受麻醉須知，臺北市立仁愛醫

						正章洗染股份有限公司收據反面：錄同業公會規章「2.衣件上倘有污漬，力求洗除清潔，倘經化學作用而破損或仍未洗潔恕不負責，洗染衣件概作舊衣論，後如有顏色不勻，有破裂當盡力修整，不另補償。」	約款約定洗染店為「力求洗除清潔，倘經化學作用而破損或仍未洗潔恕不負責，……」，約款之意似指洗染店因「故意」「重大過失或過失」所致之損害，只要是力求洗除清潔，均在免責之列。	院手術自願書。 此種約款既存在於「同業公會規章」為各洗染店所採用，具有獨占地位。
			∨	∨		∨		

叁、對「故意過失免責約款」之規制

一、民法對「故意過失之免責約款」之規制

　　民法第二百二十二條規定，故意或重大過失之責任不得預先免除，至於輕過失所生之損害，其預先免責之約定，法律並不禁止。

　　德國民法第二百七十六條第二項規定：「債務人之故意責任，不得預先免除。」第二百七十七條：「僅負與通常管理自己事務為同一注意之責任者，對於重大過失不得免責。」此其規定，目前對於個別商議契約——不論為商業性契約及消費者契約——均適用之。

　　瑞士債務法第一百條第二項「對於輕過失責任，預先表示拋棄，如表示時，他方為之服務或係經營特殊之營業而生者，得依法官之裁量，

宣告爲無效」，堪稱對輕過失免責約款規制之適例。

二、對「故意過失免責約款」規制之新趨勢

㈠德國

德國一般交易條款規制法與英國不公正契約條款法對於故意過失免責約款均有詳細規制性之規定。德國一般交易條款法第十一條第七款擴大了禁止故意過失免責約款之範圍，該款規定「排除或限制由於使用人之重大過失的違約，或由於使用人之法定代理人或由於任何協助使用人履行契約之人之故意或重大過失之違約而發生之損害賠償責任」「本條亦適用於關於締約義務之違反所生之損失。」德國一般交易條款規制法以下述方法擴大「故意、過失免責約款」之規制範圍。

1.定型化消費者契約

就定型化消費者契約言，其故意或重大過失之免責約款悉受本法第十一條第七款規定之規制，本款成爲德國民法第二百七十六條第二項（註六）暨德國民法第二百七十七條（註七）之特別規定。消費者契約之一切「故意或重大過失」免責約款，不論發生債務者是否爲本人，均屬無效；又定型化消費者契約之「輕過失免責約款」在德國民法，本不禁止，但自從一般交易條款規制法頒佈後，解釋上，此種免責約款亦受該法第九條（註八）之規範，免責約款之規制範圍因之而加大。

2.定型化商業性契約

定型化商業性契約之「故意過失免責約款」不論爲免責標的之債務，係因「故意」「重大過失」或因「輕過失」而引起，悉受一般交易條款法第九條之規範，足見其規制範圍較德國民法爲大。目前仍受德國民法第二百七十六條第二項與第二百七十七條規範者，只有個別商議契約（包括重大過失免責約款及故意免責約款）而已。綜上所述，可以表解如附圖二：

(附圖二)

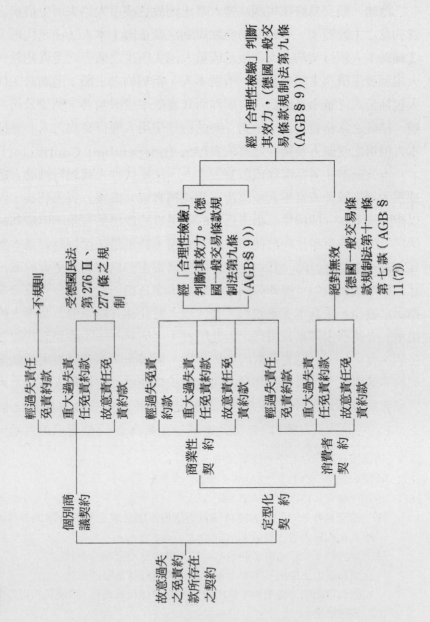

　　德國一般交易條款規制法擴大禁止因故意或重大過失而生債務之免責約款之主體範圍。一般交易條款規制法禁止因(1)本人(2)法定代理人及(3)輔助本人履行契約之人之故意或重大過失所生之債務之免責約款，擴大規制發生債務主體之範圍。所謂本人，指契約之主體；所謂法定代理人包括公司之董事長或公司之經理而其權限未受限制者，例如公司、商號、結社之常務負責人；所謂「輔助約款使用人履行契約之人」包括受本人僱用之受僱人及獨立之訂約者(An Independant Contractor)。

　　本款所禁止者爲排除或限制因本人、法定代理人或履行輔助人故意或重大過失致他方當事人「直接」遭受損害或「直接」喪失利益，因此以排除或限制「間接性」損害爲目的之免責約款仍然有效。但聯邦最高法院見解認爲定型化約款使用人違背義務，特別是法律行爲之基本義務(Cardinal Duty)時，其以免除「間接性損害」爲標的之免責約款，亦應淪於無效。例如：機器設備之供應者，應負給予他方當事人充分維修指示之義務，是基本主義義務，若代理人對此種「給予他方當事人維修指示」之義務未獲充分履行，因此所發生之債務——不論是直接發生或是間接發生——之免責約款均淪於無效。解釋上，本款之規定於商業性契約亦適用之，有鑑於聯邦最高法院對約款使用人之代理人等之重大過失免責約款採取消極或不予認同之態度（亦即只有在極其例外之情形下，才認可該約款之效力。）因此本款禁止實務上，「故意或重大過失免

註六　德國民法第二百七十六條第二項。
註七　德國民法第二百七十七條。
註八　德國一般交易條款規制法第九條：
　　　(1)一般交易條款之約款若違背誠實暨信用原則之規定而不合理地不利於使用人之相對人者，無效。
　　　(2)有疑義時，約款若有下列情形之一，推定有不合理的不利益：
　　　　a.該約款與法律的基本原則不符合且規避該基本原則。或
　　　　b.該約款限制了從契約本質所發生的重要權利或義務，致使契約目的之達成被破壞。

責約款」之規定，法定代理人或履行輔助人於「商業性契約」宜一併適用。但在國際性商業契約（International Contracts），由於依照 Art. 82 of Uniform Sale of Goods Act 之規定，限制定型化契約使用人因其重大過失所致之損害所失之利益免責約款仍然有效，因此西德聯邦最高法院許可此種排除因重大過失所生債務之約款。

　　西德禁止法定代理人或履行輔助人故意或重大過失免責約款之理論與實務可表列如附圖三：

（附圖三）

約款名稱　＼　契約主體	定型化 消費者契約	定型化商業性契約	
		國內契約	國際性契約
故意或重大過失之免責約款（針對法定代理人或履行輔助人，擴大禁止免責約款範圍）	無效（原則上以排除或限制以直接遭受損害或直接喪失利益之免責約款，均在規制之列；但聯邦最高法院認為免責約款之以排除或限制使用人因違背基本義務所生之間接性損害為標的者，亦在規制之列。）	一般交易條款規制法第九條之規定，應依「合理性檢驗」判定免責約款之有效性。除極例外情形外，聯邦最高法院認為存在「定型化商業性契約」之「故意重大過失免責約款」亦淪於無效。	依 Article 82 of the Uniform Sale of Goods Act 限制因重大過失所致之損害或所失之利益之免責條款有效。

（二）英國

　　英國不公正契約條款法對於「故意或過失免責約款」之有效與否之判斷因免責標的之債務性質係「財產法益或生命身體法益」不同而異。英國不公正契約條款法第二條將因故意、過失（註九），致生相對人損害之免責約款分為兩種：

　　1.排除或限制因過失致相對人死亡或傷害之免責約款：絕對無效（第二條第一項）。

本法第二條第一項規定：「任何人不得以任何契約之約款，或以給予公眾或特定人之通知，排除或限制因其過失行爲致人於死或傷害所生之債務。」

本項之制定主要是針對「修繕契約」「承攬設置契約」……等因履行契約，容易肇致相對人生命、身體受到損害之情形的制訂。

2.排除或限制因故意或過失致相對人發生死亡或傷害之外之滅失或損害之免責約款：必須通過「合理性檢驗」（Reasonableness Test），才能判斷其有效性（第二條第二項）。

本法第二條第二項規定：「在其他滅失或毀損情形，任何人不得排除或限制其過失行爲所發生之債務，但其（排除或限制債務之）約款或通知符合合理性之要求（The Requirement of Reasonableness）者，不在此限。」

本項之制訂，主要是針對「停車業」「乾洗店」「濕洗店」「倉庫營業

註九　英國不公正契約條款法第二條之過失雖亦以當事人間有契約關係存在爲前提,其過失之成立與普通法(Common Law)上的「過失」,德國法上之「過失」意義不同。析言之,英國不公正契約條款法第二條「過失」之成立以當事人間有契約關係存在爲前提；反之,普通法(Common Law)上之過失,則不以契約關係之存在爲前提。又不公正契約條款法過失之成立要件（義務前提）亦與普通法侵權行爲過失的成立要件之義務前提不一樣,換言之,苟債務人有違反義務之事實,不論該義務是「法律」規定的或是「契約」約定的,不論義務是直接發生的或間接衍生的（例如,基於僱傭人對受僱人之責任）,論該義務是盡善良管理人之注意,或是較善良管理人之注意爲高之注意義務（例如嚴格責任）,債務人若未盡到此一注意義務之標準,即有過失。相對地,普通法上侵權行爲之過失是違背普通法的注意義務,亦即未盡合理的注意或技術(Reasonable Care or Skill),但若違反「嚴格注意義務」尚不構成過失。再德國法上之過失,視其過失爲抽象輕過失或具體輕過失而異,所謂抽象輕過失是欠缺專家應有的注意；所謂具體輕過失是欠缺與處理自己事務同一之注意。

人」……等在履行債務時，可能肇致相對人財物受到損害之免責約款情形而制訂。

茲將上開說明，圖解如附圖四：

(附圖四)

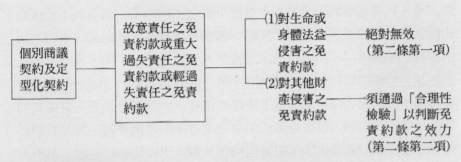

(三)比較分析

德國一般交易條款規制法與英國不公正契約條款法，關於「故意過失免責約款」之控制適用範圍、規制層次及有效性之判斷標準均有差別。

1.適用範圍：

德國一般交易條款規制法第十一條第七款只適用於定型化約款，且只限於消費者契約，至於商業性定型化契約之故意或重大過失之免責約款之規制，則依一般交條款第九條之規定而加以規制；英國不公正契約條款第二條之規定則不區別個別商議契約或定型化契約，亦不區別商業性契約或消費者契約，對於一切契約一併適用。

2.規制層次：

德國一般交易條款第十一條第七款擴大規制本人、法定代理人或履行輔助人之「故意以及重大過失之免責約款」，英國不公正契約條款法第二條之規制範圍及於「故意、重大過失以及輕過失之免責約款」，且由於英國不公正契約條款對於「過失」之定義，界定較嚴，因此從令法律或契約所科之義務是「嚴格責任」違背該義務所發生之「過失」，仍在不公

正契約條款之規制範圍之內，就此而論，英國不公正契約條款法第二條控制範圍亦較德國一般交易條款規制法第九條及第十一條第七款爲廣。

3.有效性之判斷標準：

德國一般交易條款規制法重視當事人間交涉能力，將契約分爲「個別商議契約與定型化契約」，並基於此種分類，在判斷免責約款之「合理性」時，只考慮客觀因素，不考慮當事人之主觀因素。但英國不公正契約條款第二條並未區分定型化契約與個別商議契約，因此該法不因爲使用契約之種類不同，而概括地認定當事人交涉力量不平衡，當其判斷免責約款之合理性時，「客觀存在因素」與「主觀存在因素」俱應列入考慮。又英國不公正契約條款法偏重生命身體法益，因此故意或過失之免責約款若是排除或限制因侵害身體或生命之法益所生之債務時，其免責約款無效；免責約款若是排除或限制因侵害身體或生命法益以外之法益所生債務時，其免責條款須符合「合理性檢驗」才有效。

肆、結　論

據上所述，關於故意過失免責約款之規制範圍以及寬嚴程度，可得以下結論：

一、關於規制範圍方面

故意過失免責約款可存在於各種不同類型之契約，此點我國與英德諸國並無不同，對於故意過失免責約款加以規制，即可以涵蓋存在於各種契約之故意過失之免責約款之規制。值得注意者爲①德國一般交易條款規制法對故意過失免責約款之規制，擴大發生債務之主體，凡(a)本人(b)代理人(c)輔佐人（輔助約款使用人履行契約之人）之故意或過失所生債務，其免責約款均在規制之列，此點在企業者爲定型化契約主體之今日，立法上特別具有意義。②德國將定型化輕過失免責約款（不論商業

性契約或消費者契約）均列入規制範圍，應依一般交易條款規制法第九條之「概括規制」判斷其效力。目前可完全免於規制者只有「個別商議契約中之輕過失免責約款」，其他均在規制之列。英國之輕過失免責約款（不論存在於個別商議契約或定型化契約、商業性契約或消費者契約）均受一九七七年不公正契約條款法之規制，其範圍似較德國爲大。我國法律體制與德國較爲接近，宜將「定型化輕過失免責約款」亦列爲規制範圍，惟該約款不合理地不利於約款使用人之相對人時，始淪於無效。

二、關於規制寬嚴之程度方面

　　德英諸國用以判斷故意過失之因素雖各不相同，但在法學研究上仍不妨將二國立法例併合觀察，以德國法例爲綱，以英國法例爲輔，參酌我國內故意過失免責約款之實際狀況，決定規制之寬嚴，判斷故意或過失責任免責約款有效與否之判斷因素，主要有四種：

　　㈠契約之形式

定型化契約或個別商議契約。

　　㈡契約之主體

消費者與消費者或商人與商人。目前「故意、過失免責約款」之使用人，多爲有獨占或準獨占地位之企業者，例如洗染業、航空運送業、醫院、銀行、倉儲業爲主體之契約，其免責約款或以同業規章出之，或互相抄錄，內容彼此相同，契約相對人處於附合地位，殊少選擇之餘地，契約使用人已居於獨立地位，因此必須從嚴規制。

　　㈢發生責任之種類

故意、重大過失或輕過失所發生之責任。

　　㈣侵害之法益

生命身體法益或財產權之法益。

　　德國法將以上㈠、㈡、㈢列爲考慮因素，英國法只將㈣列爲考慮因素，若將以上因素併合觀察，可得圖形如附圖五、附圖六：

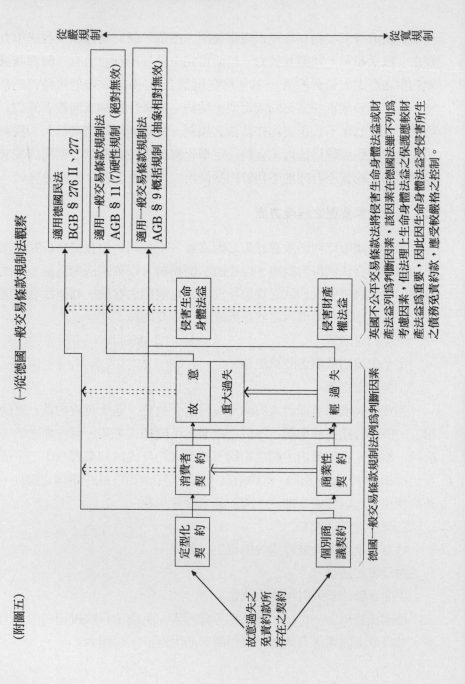

(附圖五)

(一)從德國一般交易條款規制法觀察

故意過失之
免責約款所
存在之契約

德國一般交易條款規制法例為判斷因素

英國不公平交易條款法將侵害生命身體法益或財產法益列為判斷因素，該因素在德國法雖不列為考慮因素，但法理上生命身體法益之保護應較財產法益為重要，因此因生命身體法益受侵害所生之債務免責約款，應受較嚴格之控制。

(附圖六)

(二)從英國不公正交易條款法觀察

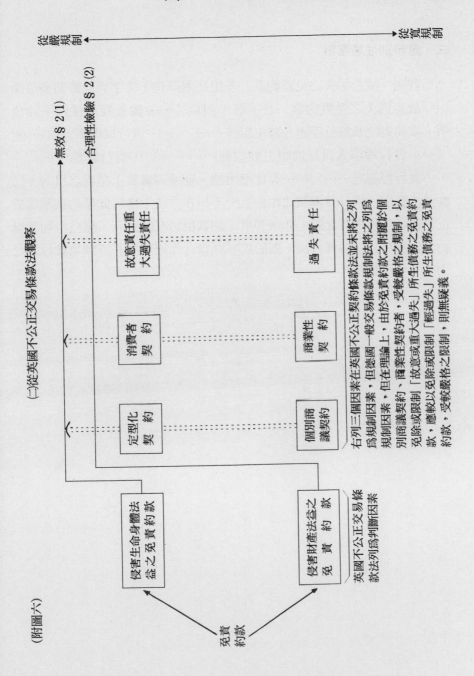

三、應特別注意事項

我國「故意過失之免責約款」多用迂迴辭句，文字表面雖然多不採用「故意過失之免責約款」之字眼，但以「……倘有發生任何不測情事，概與貴院及施行手術各醫生無涉……」「……貴行以肉眼認為……」「……貴行理辦人員以肉眼主觀觀察……」「……貴行認為……」「……貴行得認為……」……等迂迴用語，期達到實質上免責之目的，已廣泛被濫用。為有效規制此類約款，不但在立法上應將此類約款顯為禁止，而且法官審判之際，亦應善用「約款用語有歧義時，應為不利於擬約人之解釋」的解釋方法，對於以試圖以「迂迴用語」達到免責目的之約款，予以規制。

二、保留改變契約內容權利之免責約款效力之評價

壹、前　　言

　　保留改變契約內容權利之免責約款者，定型化約款使用人於定型化契約中約定其保留任意改變契約內容權利之約款也。定型化約款使用人之義務須依契約內容定之，契約內容改變時，約款使用人之義務亦因之改變，若約款使用人得任意改變契約內容，自亦得隨時透過改變契約內容之方法，達到變相免責之目的。

貳、現況分析

　　就「保留改變契約內容權利之免責約款」範圍言，我國與外國並無不同，此種免責約款可訂立於各種不同之契約，而排除或限制約款使用

人之義務，是以凡約款之內容是賦約款使用人以隨時改變契約內容之權利者，均屬於本免責約款之類型，應受規制，以決定其效力。

一、判斷因素

就「保留改變契約內容權利之免責約款」之有效性判斷因素言，各國所採取之主要判斷因素是：(1)契約類型：契約係個別商議契約或定型化契約。(2)契約主體：契約主體是「商人與商人」，或「商人與消費者」，其他判斷因素亦可作司法裁判之參考，但在立法例上，迄無將之列為判斷因素者，於茲從略，茲以上開兩種判斷因素為標準，觀察我國流行之「保留改變契約內容權利之免責約款」，並概括分析如下：

㈠契約類型：此類免責約款均存在於定型化契約；至於「個別商議契約」是否有此種免責約款，因囿於資料蒐集困難，無法為分析。

㈡契約主體：絕大多數此種免責約款存在於以「商人與商人」為主體之商業性契約，只有少數此種免責約款存在以「商人與消費者」為主體的消費者契約。

二、我國之特色

我國「保留改變契約內容權利之免責約款」，有兩個特色：(1)契約主體之獨占性。(2)免責方法之迂迴性。就前者言，我國「保留改變契約內容權利之免責約款」主要發生在以銀行業、信託業、自來水業……等「獨占性」事業為主體之契約。就後者言，其保留改變契約內容權利之方式，較少「直接地」以約款約定定型化契約使用人保留「改變契約內容之權利」，較多以「間接地」約定定型化契約使用人嗣後得任意以約款使用人「自訂規章」、「公會規章」……以及「政府法令」作為契約內容，而實質地達到改變契約內容之目的，析其情況，其以將來「國家法律」、「行政命令」或以「習慣」為契約內容者，雖亦改變契約之內容，但法律之改變、行政命令之頒佈、交易習慣之形成，常基於公共的目的或事實的

需要，並非爲定型化約款使用人而存在，因此公平性較高，其以「自訂約章」、「公會規章」或逕行約定契約使用人得「任意修改增刪」等方式改變契約內容者，其改變契約內容，常是爲約款使用人一方之利益而爲之，因此公平性較低，應該予以規制。茲將我國「保留改變契約內容權利之免責約款」表解如下，以利觀察：

判斷因素約款名稱	契約形式		契約主體		免責約款之內容	說　明	備註
	定型化契約	個別議定契約	商人與商人	消費者與商人			
保留改變契約內容權利之免責約款	∨		∨		①國泰信託投資股份有限公司約定書第廿八條：「除本契約之各項條款外，凡中華民國金融業現在及將來之一切規章均遵守之。」	一左列諸種約款可以分析如下：　(1)約定以「將來法律」作爲契約內容，其中有抽象泛指將來有關法律者，例如「中華民國金融業現在及將來一切規章」（例如左表①③）又如：「有關法令」（例如左表②③）。有具體指出法律名稱者，例如「動產擔保交易法」（例如左表②）……等。　(2)約定以「行政規章」（行政命令）	
	∨		∨		②交通銀行信託收據第十八條：「本信託收據所規定各條款，如有未盡事宜悉按動產擔保交易法及有關法令辦理之。」		
	∨		∨		③中國國際商業銀行外銷借款第十五條：「本契約規定，如有未盡事宜，悉依外銷貸款通則，中央銀行外銷貸款貼現辦法及有關法令及貴行暨台灣金融業現在所訂及將來修訂之規章及慣例辦理之。」		
	∨		∨		④華僑銀行委任開發遠期信用狀保證契約書第十三條：「立約人及保證人除願遵守本契約及開		

			發信用狀約定書所訂各條款外，對於現在及將來之外滙貿易管理條例，金融業各規章慣例，均願切實遵守。」	作爲契約內容：例如以「外銷貸款通則」、「中央銀行外銷貸款貼現辦法」（例如左表③）；又如以「金融業各規章慣例」（例如左表④）、「中央銀行所訂有關本項貸款之一切規章」（例如左表⑤）、「中央銀行外銷貸款貼現辦法」（例如左表⑥）。
	∨	∨	⑤國泰信託投資股份有限公司進口機器外滙貸款契約第十條：「立約人及保證人均願切實遵守，另與貴公司訂立之約定書暨物權設定契約所列各條款及中央銀行與貴公司所訂有關本項貸款之一切規章。」	
	∨	∨	⑥華僑商業銀行外銷貸款契約第六條：「立約人及保證人均願切實遵守另與　貴行訂立之約定書所有各條款，中央銀行所頒佈中央銀行外銷貸款貼現辦法及貴行各項規章。」	(3)約定以「慣例」作爲契約內容，例如左表③⑨。
	∨	∨	⑦彰化商業銀行開發信用狀借款契約第廿條：「立約人及保證人除遵守本契約所訂各條款外，均願遵守其所另立之約定書及開發信用狀申請書（兼約定書）所列各項條款，以及　貴行及銀行公會所訂現在或將來之一切規章。」	(4)約定以「公會之規章」作爲契約內容之一部分，例如左表⑦⑨⑩。 (5)約定以「定型化約款使用人」之單方面「規定」作爲契約內容，例如左表⑤⑥⑦⑧⑪⑫⑬等。
	∨	∨	⑧臺灣中小企業銀行限額支票存款開戶申請書：「逕啓者：茲以戶名向貴行開立限額支票存款戶，嗣後所有一切往來	(6)約定定型化契約使用

				均願遵照銀行業及票據交換所辦理支票存款限額支票業務注意事項及貴行有關規定辦理。」	人得增刪契約條款，相對人必須照辦，例如左表第⑭⑮⑯。
✓				⑨彰化商業銀行土地建築改良物抵押權設定契約書第十五條：「除本契約書及約定書規定各條款外，凡有關之法令抵押權人及銀行公會所訂現在及將來之一切章則及慣例，債務人擔保物提供人及保證人均願遵守。」	㈡以上⑴⑵⑶種情形或以法律或以「行政命令」，或以「慣例」為契約內容，不甚發生不公平事宜，但⑷⑸⑹三種情形，則或由代表銀行（約款使用人）利益之「公會」或由「銀行」自身改變契約內容，容易實質地達到免責約款之目的。
✓		✓	✓	⑩臺灣土地銀行約定書第廿七條：「本約定書未盡事宜，悉照　貴行及銀行公會有關章規辦理。」	
✓		✓	✓	⑪合作金庫借據第十六條：「除本借據約定各條款外，貴庫所訂一切有關收款量規，借據人及保證人均願遵守之。」	㈢有些情形例如合作金庫借據第十六條：「除本借據各條款外，貴庫所訂一切有關放款規章、借款人及保證人均願遵守之」，條
✓	✓			⑫國泰信託股份有限公司擔保收款借據第廿一條：「除本借據約定各條款外，貴公司所訂一切有關放款規章，借款人及保證人均願遵守之。」	
✓		✓		⑬自來水接水申請書第六條：「接水後除妥為保管量水器外，並應遵守自來水法暨本廠一切給水規章。」	

				條文	說明
				⑭中國國際商業銀行委任保證契約第十六條:「本契約所訂條款如須修改增刪一經通知委任人應即照辦。」	款所謂「貴庫所訂一切有關放款規章,如係指訂約時存在之規章,則涉及「約款是否訂入契約問題」(又左表①亦同)如係指訂約之後以將來訂立之規章,改變契約內容,則涉及「保留改變契約內容權利」的免責約款問題。
✓		✓		⑮世華聯合商業銀行委託保證契約第十六條:「本契約所訂條款乙方如須修改增刪一經通知甲方應即照辦。」	㈣定型化約款使用人得「隨時減少透支限額」或「隨時減少貸放款項」實即得隨時任意變更契
✓		✓		⑯華僑商業銀行活存質押透支契約第四條:「貴行得隨時……減少透支限額……立約人當即遵照履行,決無異議。」	約內容。例如⑯⑱⑲⑳等是,其他如⑭⑮⑰所訂「……乙方如須增刪……」「……
	✓	✓		⑰國泰信託投資股份有限公司信用卡特約店契約第十七條:「甲方認為有必要時,得隨時廢棄、修訂、添增部分條款為契約之一部分,但須於十四日前通知乙方,乙方收受該變更通知後十四日內未表示異議時,則視為同意甲方所為之變更,並自通知後十四日生效。乙方不願接受時得終止本約。」	得隨時廢棄、修訂、添增部分條款
	✓	✓		⑱華僑商業銀行動產抵押契約第一條:「本契約有效期間定自立約日起至民國　年　月　日止,並自國外押滙銀行付款之日起,內分　期,平均償還,但貴行得隨時中止貸放或減少貸放或收回全部或一部已貸	

				款項，並得就各個債權分別於債權憑證規定其清償日期，清償後亦得於契約有效期間內再行貸放，屆期並得延長期限，立約人及債務人及保證人均絕無異議。」	……」均足以變更契約內容，逃避契約義務。
	∨		∨	⑲臺灣土地銀行約定書第十五條：「立約人對貴行所負之一切債務，如有左列情形之一時，貴行得隨時減少立約人之債務額或縮短借款期限或視為全部到期，通知償還……」	
	∨		∨	⑳交通銀行購買國產耐久性消費產品貸款借據第五條：「貴行依其主觀如認為借款人對借款運用不當或基於借款人遲延還本或其他原因，得隨時減少借款數額或停止尚未交付之借款，並得不受第二條所訂分期償還之拘束，通知借款人於限期內償還全部借款本息，借款人均願完全照辦，決無異議，如因涉及第三人致發生任何糾葛責任或支出時，均由借款人完全負責理楚，如貴行因此受有任何損害，均由借款人及連帶保證人完全負責賠償。」	

叁、對「保留改變契約內容權利之免責約款」之規制

一、民法對「保留改變契約內容權利之免責約款」之規制

我國民法典一如德國民法典對於「保留改變契約內容權利之免責約款」，並無規制之規定，若此種約款確有失公平，亦只能以民法第七十二條「法律行為，有背公共秩序或善良風俗者無效」，資為規制，或以民法第一百四十八條第二項「行使債權，履行債務，應依誠實及信用方法」之規定規制之，但法院迄無此類判決。

二、對「保留改變契約內容權利之免責約款」規制之新趨勢

（一）德國

德國一般交易條款規制法以及英國不公正交易條款法對於「保留改變契約內容權利之免責約款」有「彈性規制」或「概括規制」兩種立法規定。德國一般交易條款規制法第十條第四款規定「依照該約款，使用人有權利改變或逃避其已承諾之履行義務。但於考慮使用人利益後，該改變或逃避約款對於他方當事人是合理者不在此限」，換言之，本款禁止定型化約款使用人藉著該約款可以改變或逃避契約義務，例如使約款使用人保有權利，給付一輛與原來雙方同意之顏色不同的轎車，或給付類似品質（但非相同品質的）之標的物等均在禁止之列。於此有數點說明：

　　1.法律適用：

存在於個別商議契約之「保留改變契約內容權利之免責約款，應受民法之規制；若存在於定型化消費者契約，則應受一般交易條款規制法第十條第四款「彈性規制」（註一）之規制；若存在於「定型化商業性契約」，則應受一般交易條款規制法第九條「概括規制」（註二）之規制。

　　2.規制方法：

　　本法基本上採取「彈性規制」以及「概括規制」，此觀該款規定「但於考慮了使用人之利益後，可以合理地期待他方當事人同意該改變或逃避約款者，不在此限」等語，以及該法第九條之規定可知。至於法院判斷此種約款是否為有效之重點應側重於「雙方當事人衝突利益之相互調整以及相互彌補」。相互衝突之利益是否獲得調整及彌補又須視具體各案之情況而定，應特別注意調整或彌補之程度是否合理。

　　3.舉證責任：

　　主張此種約款是合理之人須負舉證責任，因此在定型化契約，約款使用人須負舉證責任。茲將德國對此種約款之規制體系析釋如附圖一：

（附圖一）

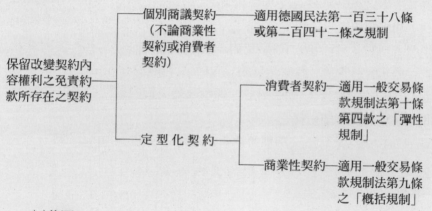

　　(二)英國

　　英國不公平契約條款法第三條規定：

註一　參考德國一般交易條款規制法第十條，拙著定型化契約論文專輯第八二頁至第八五頁，及第一六九頁至一七〇頁，民國七十七年一月出版，三民書局出版。

註二　參考德國一般交易條款規制法第九條，拙著定型化契約論文專輯第八二頁至第八五頁，及第一六八頁至一六九頁，民國七十七年一月出版，三民書局出版。

(1)本條於相對人係以消費者身分爲交易（法律行爲）或相對人係依他方之商業上書面的一般交易條款（定型化約款）爲交易之契約當事人間適用之。

(2)對於前項相對人，他方當事人不得以任何約款：

(a)……

(b)有權主張：Ⅰ.與合理地期待其履行之內容有重大不同的契約履行所爲；或Ⅱ.契約債務之全部或一部完全不履行，但該約款符合合理性檢驗(Reasonableness Test)要求者，不在此限。

關於本條本款有下列數點說明：

1.法律之適用範圍：

上開規制規定只適用於免責約款所存在之契約「定型化商業性契約」「消費者契約」（包括個別商議契約以及定型化契約）之情形，此種契約之存在於「個別商議之商業性契約」者，仍受普通法(Common Law)之控制。英國不公正契約條款法對於「保留改變契約內容權利之免責約款」之規制，可以以下圖析釋之：

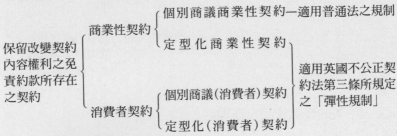

2.立法目的：

英國制訂本款旨在規制「假日旅遊契約」的免責約款，因爲旅遊公司與顧客之契約常常約定旅遊公司保留權利，得於一定情況下或一般情況下，以「一個價值相當但是內容不同的旅行」代替原定之旅行，爲規制此種約款，所以有本條本款之制訂。

3.應受「合理性受檢驗」之約款：

該約款存在於「定型化商業性契約」或「消費者契約」，且該約款賦予約款使用人以「與合理地期待其履行之內容有重大不同的契約履行行為」時，始應受規制。所謂「合理地期待其履行」是指「一般合理的人的客觀標準」，而非「某特定人之主觀認識」，任何履行行為若與「合理地被期待者」有「重大地不同」（Substantially Different），必須透過「合理性檢驗」，才能決定其效力。依據英國的判決，下列情況均構成「重大不同」：(a)以「粉筆」代替「乳酪」（Cheese）；(b)十三天在 Benidorn 的假日與十四天在同一地點的假日；(c)以「飛機」飛往慕尼黑（Munich）旅行與以「火車」前往慕尼黑旅行，雖然在慕尼黑之日子一樣久；(d)與契約所描述的標的物不一樣的貨物，縱令亦能適合當事人之目的，亦是「重大不同」。

4.規制方法：

本條之規制方法亦採「彈性規制」，換言之，應受規制之約款必須通過「合理性檢驗」，才能決定其是否有效。所應注意者，英國「合理性檢驗」雖然與德國之「合理性檢驗」同為「彈性規制」，法院對於免責約款之有效性均有斟酌判斷之權利，但英國的「合理性檢驗」兼考慮當事人之主觀因素，而德國的「合理性檢驗」則只考慮客觀因素，二者有明顯之不同也。

5.關於自甘冒險理論未予規定之問題：

英國不公正契約條款法第二條第三項規定「在以約款或通知排除或限制因過失行為所生債務之情形，單純對該約款或通知之同意或知悉本身不得視為其自願承受任何危險之表示」，該項雖然並不排除「自甘冒險理論」（The Doctrine of Assumption of Risk）的適用機會，但指出對免責約款之同意或知悉本身「並不當然」可以被作為引用自甘冒險理論之根據。不公正契約條款法第三條並無相應之立法，主要理由是本條主要係適用於「假日旅遊契約」，而該「假日旅遊契約」每每以印刷大寫，或在紅色欄內寫明，或以其他顯著方法註明「替代性旅行」……等內容，

因此旅客既經提請注意，其接受內容「不同的履行行爲」顯得較爲合理，因此「對免責約款的同意或知悉」是否等於「自甘冒險」一點不予規定，庶保持較大彈性。

㈢分析比較

比較英德兩國立法對於「保留變更契約內容權利之約款」之規制規定，有下列數點值得提出：

1.就規制範圍而言：德國一般交易條款規制法只將定型化契約納入規制範圍，而英國不公正契約條款法則除個別商議之商業性契約，仍受普通法之規制外，其他所有消費者契約（包括定型化契約以及個別商議契約）以及定型化商業性契約均受不公正契約條款法之規制。就此而言，英國不公正契約條款法之規制範圍較爲廣泛。

2.規制方法言：兩國基本上均採「彈性規制」對於存在於「定型化商業性契約」之此種免責約款德國採概括規制，免責約款是否有效，授權法院判斷，儘管判斷的考慮因素並不完全一樣。

3.規制之層次言：規制範圍內之此類免責約款，在英國須先經「第一層次」的過濾，始進入「彈性規制」；換言之，須視此類免責約款是否與「一般合理之人之預期」有「重大不同」，才決定是否應受「合理性檢驗」之判斷，苟該約款與「一般合理之人之預期」並無重大不同，則無受「合理性檢驗」之必要。德國一般交易條款規制法對於此類免責約款則依其爲定型化商業契約、定型化消費者契約之不同，而逕受「概括規制」或「彈性規制」，該約款是否與「一般合理之人之預期」有重大不同，在所不問。

4.就規制之契約類型言：德國一般交易條款規制法先將契約分爲個別商議契約與定型化契約，再將定型化契約分爲消費者契約與商業性契約；英國則先將契約分爲消費者契約與商業性契約，再就商業性契約分爲定型化契約與個別商議契約，歸類之先後方法儘管有異，歸類之因素則基本上相同。

5.自甘冒險理論問題：英國不公正契約條款法第三條並無如該法第二條第三項「不當然視為自甘冒險」之規定，主要原因是英國流行之「保留改變契約內容權利之免責約款」，一般多以醒目套紅之大字為之，因此從寬規制，此點德國並無相應規定。

肆、結　論

據上所述，對於「保留改變契約內容權利之免責約款」之規制，可得結論如下：

一、關於規制範圍方面

「保留改變契約內容權利之免責約款」所存在的契約主體、契約形式在立法例上常被選作決定規制範圍之因素。換言之，依此種免責約款所存在的契約主體是「商人與商人」或「商人與消費者」；契約的形式是「個別商議契約」或「定型化契約」而決定此種免責約款不予規制或特別加以規制，其基本趨勢是：⑴約款之存在於定型化消費者契約最先列入規制範圍⑵約款之存在於定型化商業性契約應列為次要規制⑶約款之存在於個別商議之消費者契約應否受規制，迄有不同體例，應採何者為當，端視規制免責約款之法律是針對「定型化契約」而制訂，或兼對「個別商議契約」而制訂而有所不同；若應列入規制，則應排在再次規制範圍，則無疑義⑷個別商議之商業性契約內之此類免責約款，則多不特別加以規制，但其有背「公序良俗」或「誠實信用原則」者仍得以民法規制之。

二、關於規制寬嚴程度方面：

各國對此種約款規制寬嚴雖有不同，但不採「硬性規制」則一。德國一般交易條款規制法及英國不公正契約條款法對於「保留改變契約內

容權利之免責約款」，即令存在於定型化契約，亦不使之逕淪為無效，而是採取「彈性規制」，授權法院認定其效力。至於定型化商業性契約，在德國採「概括規制」，在英國採「彈性規制」，規制稍有放寬，但亦授權法院判斷其效力。鑒於英德之立法例，我國原則上雖不宜規定此種約款淪於無效，而宜採「彈性規制」或「概括規制」，但在實際上，應特別注意以下兩點，而「審慎地」「從嚴地」規制：(a)我國盛行以「迂迴間接」方式「保留改變契約內容權利之免責約款」，此為外國所無，因此宜明白規定，以杜流弊。至於是否規制，以及規制之寬嚴之問題，吾人以為若當事人約定以「法律」、「行政命令」、「習慣」改變契約內容者，此種約款可免於規制；若當事人約定以「公會章則」改變契約內容者，此種免責約款應予規制，但可從寬規制；若當事人約定以「自己之規定」或約定使用人得任意「增刪更改」契約內容者，應從嚴規制。(b)我國此類免責約款之主體，既多有「獨占性」，宜將「獨占」列為免責約款有效性之判斷因素。

三、排除或限制瑕疵擔保免責約款效力之評價

目　次

壹、前　言

瑕疵擔保免責約款者以排除或限制出賣人或出租人之瑕疵擔保責任之約款也。瑕疵擔保免責約款依其功能可分1.擬制瑕疵不存在之免責約款2.瑕疵是否存在由約款使用人或其所指定之人認定之免責約款3.附停止條件之瑕疵除去免責約款（又分為⑴瑕疵之除去以相對人先向第三人起訴請求無效為條件，或以約款使用人所讓與之對第三人之請求權為限之免責約款⑵以相對人先給付全部或與瑕疵顯不相當之一部價金為瑕疵除去之條件之免責約款⑶約定相對人之隱藏性瑕疵之通知須於一定期間為之，而該一定期間較法定瑕疵擔保之法定通知期間為短者。）4.縮短法定瑕疵擔保期間之免責約款5.排除修繕或交換等瑕疵擔保請求權之免責約款6.排除或限制因違反瑕疵擔保義務之責任之免責約款（包括⑴將違反瑕疵擔保義務所生之效果，限於某代替性之義務。但對於該代替性義務，並不保證履行之免責約款⑵排除或限制瑕疵擔保修繕所生之費用或將費用轉嫁與相對人之免責約款⑶排除或限制因約款使用人違反特約品質時，相對人得對使用人主張之損害賠償之免責約款），其中第1至5種為「排除或限制瑕疵擔保義務之免責約款」，第6種則為「有排除或限制債務不履行之責任功能之免責約款」，均與瑕疵擔保有關，爰依各國立法例一併敍述，以期體系之完備，謹此說明。瑕疵擔保免責約款，樣式繁多，在實際交易中，被廣泛使用，對於瑕疵擔保免責約款之規制，需要格外殷切。茲將「排除或限制瑕疵擔保義務之免責約款」與「有排除或限制債務不履行責任功能之免責約款」分甲乙兩部分敍述之：

貳、排除或限制瑕疵擔保義務免責約款

一、現況分析

就「瑕疵擔保之免責約款」之內容言，我國所流行之瑕疵擔保免責約款之類型，基本上與外國所發生者相同，很少逕行約定排除或限制瑕疵擔保債務（註一），多以各種方式迂迴排除或限制之。謹將我國「瑕疵擔保之免責約款」實況，分析如下：

㈠從免責約款之類型分析

1. 擬制瑕疵不存在約款：

註一　瑕疵擔保義務之發生，有「法律規定」與「契約約定」兩種。其由法律規定者，在我國民法第三百五十四條規定「物之出賣人對於買受人應擔保其物依第三百七十三條之規定危險移轉於買受人時，無滅失或減少其價值之瑕疵，亦無滅失或減少其通常效用，或契約預定效用之瑕疵……」

德國民法第四百五十九條

㈠1. 物之出賣人對於買受人，應擔保其物在危險移轉於買受人時，無滅失或減少其價值之瑕疵，亦無滅失或減少其通常效用或契約預定效用之瑕疵。

2. 價值或效用之減少無關重要者，不得視為瑕疵。

㈡出賣人並應擔保其物於危險移轉時具有其所保證之品質。

又英國一八九三年貨物買賣法(Sale of Goods Act 1893)

Art 12：

第十二條：

關於權利之法定義務等，除非契約情況足證有不同的意思，買賣契約包括有：

(1)出賣人一方負有法定（默示）條件(An Implied Condition)亦即貨物買賣中出賣人有出賣之權利；在買賣契約中，出賣人於財產移轉（交付）時有出

賣之權利。

(2)出賣人負有法定（默示）擔保義務，亦即使買受人能完全占有買賣標的物。

(3)出賣人負有法定（默示）擔保義務，亦即貨物在契約訂立時或契約訂立前並無買受人所不知或所未被告知之第三人得在標的物主張之費用或負擔。

Art 13：以描述方式買賣(Sale by Description)；以描述而爲貨物之買賣之契約中，其法定（默示）條件爲即貨物必須符合描述。若以樣品暨描述爲買賣，貨物(Bulk)若只有符合樣品而不符合描述時，即爲不充分。

Art 14：關於品質或適合性的法定（默示）條件，除本法有規定或任何其他特別法之條文有特別規定外，對於依照買賣契約所給付之貨物無符合特定目的之品質或適宜性之法定擔保或條件之義務。但下列情形例外：

(1)買受人以明示或暗示之方法，使出賣人知悉該貨物所必須符合之特定目的，顯示買受人有賴於出賣人之技術或判斷，而且該所描述之貨物是屬於出賣人營業上供應的一類(不論出賣人是否爲製造人與否)，則出賣人之貨物即有合理地符合該特定目的之法定義務。但依其專利或其他商標名稱之特定貨物的買賣契約，即無符合任何特定目的之法定（默示）義務。

(2)假定貨物是從販賣該描述貨物之人處購買時(不論他是否爲製造人)，出賣人負有使該貨物具有商業上品質之法定（默示）義務；但買受人已經檢視該貨物者，出賣人對於檢視所應該發現（而未發現）之瑕疵不負任何法定（默示）義務。

(3)符合某特定目的之品質或適宜性之法定擔保或條件，可以因交易習慣而附帶發生。

(4)意定的擔保或條件並不排斥本法法定（默示）之擔保或條件，但其間存在有衝突者不在此限。

Art 15：樣品買賣(Sale by Sample)

(1)契約之約款明示或默示(即依約款推斷)依樣品爲買賣時爲樣品買賣契約。

(2)在樣品買賣契約

(a)法定（默示）條件是貨物(Bulk)須與樣品品質相同。

(b)法定（默示）條件是買受人須有合理機會比較貨物與樣品。

(c)法定（默示）條件是貨物須不具任何足致貨物欠缺商業性，且經合理檢

視樣品後非顯而易見之瑕疵。

再：英國一九七三年貨物供給法

第八條：關於權利之法定（暗示）約款（即依法律被推斷之約款）

(1)除依法應適用本法第二項之契約外，所有租購契約具有下述之法定（默示）條件或法定（默示）擔保：

　(a)所有人負有在維持貨物（權利）時有權利出賣該標的物之法定（默示）條件。

　(b)所有人負有使該貨物免於而且直到移轉時仍然免於承租人在訂約前所不知悉或未被告知之費用或負擔之法定（默示）擔保。並且負有擔保承租人享有完全占有貨物之義務，但占有之干擾係由於享有被告知或已知悉之費用或負擔之人為之者不在此限。

(2)在租購契約，若依契約內容或從契約之環境推知所有人只有移轉其本人或某特定第三人所有之權利之意思時，有下述之法定（默示）條件或法定（默示）擔保：

　(a)為所有人所知悉但為承租人所不知悉之費用或負擔，在契約訂立前即必須告知（公開）承租人之法定（默示）擔保；而且

　(b)（ⅰ）所有人；及

　　（ⅱ）若契約當事人同意移轉第三人所有之權利時，該第三人及

　　（ⅲ）其他非基於在訂約前承租人已知悉或已被告知（存在於物）之費用或負擔，而是得向所有人或前述第三人而為請求之任何人。

均不得妨礙承租人完全占有該貨物之法定（默示）義務。

第九條：以描述方式出租(Letting by Description)

(1)在租購契約，貨物以描述出租時，其法定（默示）條件是貨物必須符合描述；又若貨物依樣品以及描述出租時，該出租貨物若只是符合樣品而不符合描述時，應視為不充分。

(2)不得只以貨物經展示供出賣或出租且由承租人選擇為理由，認定並非以描述方式出租。

第十條：有關品質或適宜性之法定（默示）義務：

(1)除本項，以下第二項及其他制定法包括北愛爾蘭國會的任何制訂法另有規

定外，對於依租購契約出租之貨不負適合特定目的之品質或適宜性的法定（默示）條件或擔保。

(2)當貨物之所有人在營業行爲中依照租購契約出租貨物時，其法定（默示）條件是物品須具有商業性品質(of Merchantable Quality)，但有下列情形者不在此限：

(a)在契約訂立前，已特別地提請承租人注意瑕疵之存在；或

(b)在契約訂立前，承租人已檢視該貨物並應該已發現該瑕疵。

(3)若貨物所有人於營業行爲中依租購契約出租貨物，而且承租人，明示地或默示地使所有人知悉或使（契約訂立前）談判契約之人知悉承租該貨物之特定目的，則所有人負有法定（默示）條件使該契約給付之貨物須合理地適合該特定目的。但情況顯示承租人並不依賴貨物所有人（或前述）談判之人之技術或判斷，或情況顯示依賴貨物所有人或（前述）談判之人之技術或判斷是不合理者，不在此限。

(4)符合特定目的之品質或適當性的法定（默示）條件或擔保可以因爲交易習慣而附存於租購契約。

(5)本條前述各項規定對於在營業行爲中由代理人代理所有人所訂之租購契約亦適用，但以前述規定亦適用於所有人在生意過程所訂之租購契約爲限。前述規定於所有人不欲將該貨物在營業活動中出租而且承租人在訂約前明知此一事實或在訂約前以合理方法提請承租人注意者，不適用之。

(6)一九六五年的租購法第五十八條第三項及第五項。一九六五年的蘇格蘭租購法第五十四條第三項及第五項以及一九六六年的北愛蘭租購法第六十五條第三項及第五項（指以往談判以及相關之表示）於該等法適用相應範圍內亦適用於本條第三項。

第十一條：租購契約係依樣品而出租者，其法定（默示）條件爲

(a)貨物必須符合樣品之品質；

(b)承租人有合理之機會比較貨物與樣品；

(c)貨物須無任何使貨物無商業性，且於合理地檢視樣品時並無明顯可見之瑕疵。

我國並不流行「擬制瑕疵不存在約款」。

2.瑕疵是否存在由約款使用人或其受僱人認定之免責約款：

我國實務上流行此類約款，例如約定「瑕疵之有無委由契約使用人或契約使用人所指定之專家一方認定」(註二)，以達到免除瑕疵擔保義務之目的，依此種免責約款，瑕疵之有無由契約使用人或其僱用人單方決定，其結果很容易實質地排除瑕疵擔保義務。

3.附停止條件之瑕疵擔保免責約款：

瑕疵擔保義務之存在以特定條件之成就為前提之免責約款，其已見諸外國立法例以及理論上發生者主要有：①修繕或瑕疵之除去以使用人所讓與之對第三人之請求權為限或須先對第三人起訴請求為條件。②以相對人先為全部或與瑕疵顯不相當之一部價金給付為除去瑕疵或另行更換無瑕疵標的物之條件。③以相對人一定不作為條件。④約定相對人之隱藏性瑕疵之通知須於一定期間為之，且該一定期間較法定瑕疵擔保之法定通知期間為短者計四種。我國瑕疵擔保責任之存在以特定條件之成就為條件者以第③④種情形居多。其在第三種情形，例如在電動打字機買賣契約，雙方約定「該機未經乙方（出賣者）同意，不得任由乙方以外人員擅自拆卸修理，否則乙方對該機器所負保養修護責任，即告終止」(註三)。其在第四種情形，多約定相對人於接到標的物後一定期間內通知契約使用人為使用人負瑕疵擔保義務之條件，例如雙方約定「買方接到標的物後，如發現有應由賣方負擔責任之瑕疵時，應於七日內通知賣

註二　新力牌電化製品經銷合約第九條：

「貨物毀損責任：甲方退回乙方之貨品，如有毀損時，甲方同意由乙方所指定之專門人員檢查判斷責任之歸屬，及毀損之程度，而由可歸之一方，負擔損壞賠償之責任。」

註三　泰利事務機器有限公司打字機機器保養合約書第九條：

「該機未經乙方同意，不得任由乙方以外人員擅自拆卸修理，否則乙方對該機器所負保養修護責任，即告終止。」

方，怠於爲通知者，視爲承認其所受領之物。」(註四)，其他以「一定期間通知」爲條件者甚多（註五），此種約款之效果或多或少免除或限制法定瑕疵擔保責任。

4. 縮短瑕疵擔保之期間：

以契約約款縮短法定瑕疵擔保期間者，在外國雖不鮮見，據所蒐集資料顯示在我國尚不流行。

5. 排除或限制對約款使用人所得主張之瑕疵除去請求權或更換無瑕疵標的物之請求權之免責約款：

我國流行之定型化契約中，迄未發現約定「排除或限制對約款使用人所得主張之瑕疵除去請求權或更換無瑕疵標的物之免責約款」者，足見此種約款並不普遍。

㈡從評價因素分析

據上所述，我國流行之瑕疵擔保免責約款可析述如次：

1. 契約主體：

上開瑕疵擔保免責約款所附隸之契約主體一般均非獨占性企業，其

註四　聲寶牌電化製品附條件買賣分期付款約定責任書第十一條：

「買方接到標的物後，如發現有應由賣方負擔保責任之瑕疵時，應於七日內通知賣方，怠於爲通知者，視爲承認其所受領之物。」

註五　英文國際通商週刊廣告合約書第三條：

「廣告刊登若有錯誤，客戶應於該廣告第一次刊出之日起，一個月內以書面掛號信通知本刊更正補救，逾期則客戶同意該廣告內容。」

其他如國泰租賃股份有限公司租賃合約書第五條第三款規定：

「租賃物之規格、式樣、性能、機能等如有不符、不良或瑕疵等情事，乙方(承租人)應卽通知甲方(出租人)或在前㈠項交予甲方之租賃收據上載明。」

再如新力牌家電製品附條件買賣契約書第五條第五項：

「買受人收受標的物後，如發現應由出賣人負責之瑕疵時應於七日內通知出賣人處理，怠於爲通知者，視爲標的物無瑕疵。」

契約主體為「商人」與「商人」者有之（註六），為「商人」與「消費者」者亦有之（註七）。

2.契約形式：

由於個別商議契約蒐集不易，上揭瑕疵擔保免責約款均存在於「定型化契約」。

3.標的物之性質：

免責約款所存在之契約，其交易標的物以日常家庭電器用品，例如冰箱、電視機、打字機、廣告承攬、租賃公司之出租機器等為主。標的物中之電器用品，以現代國民生活水準言之，可稱為民生必需品，至於以商人為契約主體的「廣告承攬」「機器租賃」則非民生必需品。

4.被害法益：

瑕疵擔保免責約款所免除或限制之責任，都因侵害「財產法益」而發生，迄未發現免責約款是針對侵害「生命身體法益」者。公賣局產售之香菸雖有「為了您的健康，吸菸請勿過量」之標誌，但此種標誌係針對香菸本質上有害身體而發，而非因香菸有瑕疵而為免責之約定。

5.關於賠償限額或其他代替性補償方面：

我國瑕疵擔保免責約款甚多將其擔保責任限於修繕或更換（註八），至於其修繕方法，有對標的物「修繕」者，有係「廣告之重新登載」者，惟對修繕無效，或廣告重登不能發生原定效用者，則無補償約定。

6.其他：

關於「契約相對人存在有接受免責約款例外性真意」、「義務之合理性」、「損害發生之歸責原因」諸因素並無特殊之點，茲從略。

茲以免責約款有效性之主要判斷因素為基礎，將此類瑕疵擔保免責約款之現況表列如附圖一及附圖二：

註六　參閱註二所揭契約。

註七　參閱註三、註四所揭契約。

註八　參閱註三及註五所揭契約。

（附圖一）

判斷因素 約款名稱	約款種類 買賣契約租賃契約或所有權之移轉契約	約款種類 其他占有權移轉或所有之移轉契約	免責約款之標的 所有及占有權移轉契約轉轉款	免責約款之標的 其述貨之樣式及適合、宣稱品性描述款	契約主體 消費者契約	契約主體 商業性契約	契約形式 定型化契約	契約形式 個議別契約商約	標的物 新製造貨品	標的物 舊製造貨品	約款例示	說明	備註
排除或限制瑕疵擔保義務免責約款	V		V			V	V		V		新力牌電化製品經銷合約第九條：「退貨與毀損責任：甲方退回乙方之貨品如有毀損時，由甲方同意由乙方所指定之專門人員檢查判斷責任之歸屬及毀損之程度，而由可歸責之一方，負擔損賠賠償之責任」。	瑕疵之有無委由契約使用人或其所指定之人認定，無異變相地免除其瑕疵擔保義務	
排除或限制瑕疵擔保義務免責約款	V			V	V		V			V	泰利事務機器有限公司打字機器保養合約書第九條：「機器未經乙方同意不得任由乙方以外人員擅卸該機器所負保養修護責任即告終止。」	此種約款是以相對人或第三人「不曾自拆卸修理」為甲方負修護義務之條件。換言之，出賣人可拒以「有條件地拒絕除去瑕疵」。	

(附圖二)

判斷因素 約款名稱	約款種類		免責約款之標的		契約主體		契約形式		標的物		約　款　例　示	說　　明	備註
	買賣契約或所有權移轉契約	其他權利移轉契約或租賃契約	所有及占有權移轉轉約款	其他質之瑕疵及樣符合、宣責品描述品性約款	消費者契約	商業性契約	定型化契約	個議別契商約	新製造貨品	舊製造貨品			
排除或限制瑕疵擔保義務免責約款	V		V		V		V		V		聲寶牌降電化製品附條件買賣分期付款約定第十一條：「買方接到標的物後，如發現有瑕疵由賣方負擔保責任之環瑕疵，應於七日內通知賣方，怠於為通知者，視為承諾其所受領之物。」	瑕疵擔保義務之發生以相對人在一定期間內通知為條件，不於該一定期間內為通知即為免責約款之約定，出賣人之約定，即使「隱藏性瑕疵」亦不負責任。	

二、對「排除或限制瑕疵擔保免責約款」之規制

㈠民法之規制方法

民法對於「瑕疵擔保之免責約款」之規制，除「故意不告知瑕疵」外採取放任態度。我國民法第三百六十六條規定「以特約免除或限制出賣人關於權利或物之瑕疵擔保義務者，如出賣人故意不告知其瑕疵，其特約為無效。」德國民法第四百七十六條有同旨規定（註九）。民法之立法是以「個別商議契約」為立法背景，瑕疵擔保之免責約款只於出賣人或供給人「故意」不告知其瑕疵時，因有背「善良風俗」以及「誠實信用原則」，因此予以規制，其他情形悉尊重當事人之自由，不加規制。

㈡最近之立法趨勢

由於不公正約款被廣泛地濫用，各國之立法對於「瑕疵擔保之免責約款」有從嚴規制之趨勢。茲舉德國一般交易條款規制法以及英國不公正契約條款法為例說明之，該二法典有關瑕疵擔保免責約款之判斷因素或區別基礎，並不一樣，因此無法就同一類型之瑕疵擔保免責約款，同時以該二法典之規定一併討論。鑑於我國法律體制較接近德國的法律體制，因此研究此立法趨勢時，以採德國立法例為主，英國立法例為輔，然後基以「舉重明輕」或「舉輕明重」之法理，判斷該種瑕疵擔保免責約款之有效性，庶幾臻於公正。

1.德國

德國一般交易條款規制法對「不同契約主體」、「不同交易標的物」之定型化契約條款採取不同規制，免責約款之存在於個別商議契約者，仍依民法之規定決定其有效性。德國一般交易條款規制法將契約類型分為「個別商議契約」與「定型化契約」，個別商議契約之瑕疵擔保免責約

註九　德國民法第四百七十六條：「以特約免除或限制出賣人因物之瑕疵所負擔保責任者，如出賣人惡意不告知其瑕疵者，其特約無效。」

款，仍依德國民法第四百五十九條（註一○）之規定判斷其效力；定型
化契約條款始依一般交易條款規制法規制，一般交易條款規制法將定型
化契約又分爲「商業化契約」與「消費者契約」（註一一），同是消費者
契約依其交易標的物之新舊分爲「新製貨物」（註一二）與「舊製貨物」。
定型化契約之類型爲消費者契約，而其交易標的又是「新製貨物」者，
應受一般交易條款規制法第十一條第十款（註一三）之規制，其免責約
款逐淪於無效。定型化契約之類型爲商業性契約以及消費者契約之以「舊
製貨物」爲標的物者，仍受一般交易條款法第九條（註一四）概括控制

註一○　德國民法第四百五十九條：

　　　　I. 物之出賣人對於買受人，應擔保其物在危險移轉於買受人時，無滅失或
　　　　減少其價値之瑕疵，亦無滅失或減少其通常效用或契約預定效用之瑕
　　　　疵。價値或效用之減少無關重要者，不得視爲瑕疵。

　　　　II. 出賣人並應擔保其物於危險移轉時具有其所保證之品質。

註一一　所謂「消費者契約」包括：(a)以「動產」爲標的之契約，包括「買賣契約」、
　　　　「租賃契約」、「租購契約」；(b)以「勞務以及原料爲標的」（工作物供給契
　　　　約）之契約；(c)以「勞務以及技能」等服務爲給付標的之契約。

　　　　Dr. Harry Silberg

　　　　The German Standard Contract Act, p. 64.

註一二　「新製貨物」包括動產以及不動產。

　　　　Dr. Harry Silberberg

　　　　The German Standard Contract Act, p. 64.

註一三　德國一般交易條款規制法第十一條第十款「在定型化約款中的下列約款無
　　　　效：

　　　　⋮

　　　　10. 瑕疵擔保

　　　　依據給付以新製造的貨物或服務（爲標的）之契約約款：

　　　　a. （排除以及依據第三人）

對於使用人之瑕疵擔保請求權，包括可能的修繕請求權及替換請求權，全部或一部被排除，或被限定於使用人所讓與之向第三人之請求權，或以先向第三人訴訟請求爲條件。

b. 限定於修繕權

對於使用人之瑕疵擔保請求之全部或部分被限制於請求修繕或替換，但明示地賦予契約相對人以權利，使其在修繕或替換不適當或不充分時，得依其選擇請求減少價金，或除瑕疵擔保標的是建築工作物外，行使解除契約之權利者不在此限。

c. 修繕費用

應負瑕疵擔保義務之使用人所應負責之修繕必要費用，特別是運輸、通行、工資以及原料成本，被排除或限制。

d. 有條件地拒絕除去瑕疵

使用人將瑕疵之除去或無瑕疵替換物之給付以（相對人）全部價金之先行給付或在衡量瑕疵（之性質）後，先爲顯不相當的高比例給付爲條件者。

e. 瑕疵通知之期限

使用人規定相對人之隱藏性瑕疵之通知，須於一定期間爲之，而該一定期間較法定瑕疵擔保之法定通知期間爲短者。

f. 縮短瑕疵擔保期間

法定瑕疵擔保期間被縮短者。

註一四　德國一般交易條款規制法第九條：

第九條　一般條款

(1)一般交易條款之約款若違背誠實暨信用原則之規定而不合理地不利於使用人之相對人者，無效。

(2)有疑義時，約款若有下列情形之一，推定有不合理的不利益：

a. 該約款與法律的基本原則不符合且規避該基本原則，或

b. 該約款限制了從契約本質所發生的重要權利或義務，致使契約目的之達成被破壞。

之規制，其效力應依「合理性檢驗」判斷之。茲將其控制之法律體系簡
示如下：

（附圖三）

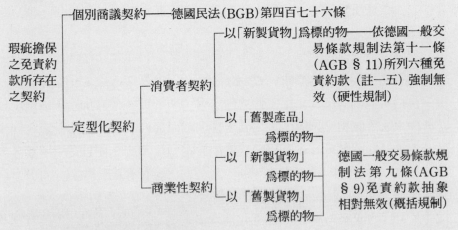

（1）擬制瑕疵不存在約款：

　　德國一般交易條款規制法對於「擬制瑕疵不存在約款」，沒有規
制規定，其法律效力如何，有待斟酌。吾人以為「擬制瑕疵不存在約款」，
其效力將實質地排除一切瑕疵擔保責任，因此宜比照德國一般交易條款
規制法第十一條第十款(a)目之規定，使之逕行淪於無效。

（2）瑕疵之是否存在，由定型化約款使用人或其受僱人認定之免責
約款：

　　此種約款在德國一般交易條款規制法亦無規制之規定，但衡諸
「瑕疵之是否存在若由約款使用人或其所委任之人主觀認定」，其結果
約款使用人只要主觀地為「無瑕疵之認定」，即可免於瑕疵擔保之責任，
其結果與完全排除責任無異，因此參照德國一般交易條款規制法第十一
條第十款(a)目之立法精神，應認為該免責約款無效。

註一五　同註一三。

(3)附停止條件之瑕疵擔保請求權免責約款：

德國一般交易條款規制法關於「附停止條件之瑕疵擔保請求權免責約款」有以下數則規定。

①瑕疵之除去以相對人先向第三人提起訴訟請求爲條件，或以使用人所讓與之對第三人請求權爲限之免責約款。

德國一般交易條款規制法第十一條第十款(a)目規定，依據給付以新製造的貨物或服務（爲標的）之契約約款，「對於使用人之瑕疵擔保請求權，包括可能的修繕請求權及替換請求權，全部或一部被排除，或被限定於使用人所讓與之向第三人之請求權，或以先向第三人訴訟請求爲條件」者，該約款無效。本款規定只適用於定型化契約，而且是以「商人與消費者」爲主體的「消費者契約」，且契約之給付標的物須爲「新製貨物或服務」，若定型化商業性契約，不論給付之標的是「新製貨物或服務」或「舊製貨物或服務」，以及定型化消費者契約之給付標的是「舊製貨物或服務」者，則受德國一般交易條款規制法第九條「抽象相對無效」之規制，若此種約款存在於個別商議契約，則受德國民法第一百三十八條（註一六）或第二百四十二條（註一七）之規制，茲將上開法律適用體系表列如下附圖四：

註一六　德國民法第一百三十八條：
　　　Ⅰ〔違反善良風俗之行爲〕　法律行爲違反善良風俗者，無效。
　　　Ⅱ〔暴利行爲〕　法律行爲係乘他人之急迫、輕率，或無經驗，利用給付，使其對自己或第三人爲財產上利益之約定或給與者，若其財產上之利益，超過給付之價額甚鉅，依當時情形，顯失公平者，其法律行爲無效。
註一七　德國民法第二百四十二條：
　　　債務人應斟酌交易習慣，依誠實信用方法而爲給付。

(附圖四)

契約主體 約款內容	消費者契約		商業性契約	
	以新製貨物或服務爲標的物	以舊製貨物爲標的物	依 AGB 第九條規定	實務上建議
修繕或瑕疵之除去以使用人所讓與之對第三人之請求權爲限或須先對第三人起訴請求爲條件之免責約款	依 AGB 第十一條第十款(a)目：硬性規制（絕對無效）	受 AGB 第九條「概括規制」之規制	若違背誠實信用原則而不合理地不利於使用人之相對人者無效	原則上有效

②以相對人先爲全部或與瑕疵顯不相當之一部價金給付爲瑕疵除去或另行更換無瑕疵標的物之條件之免責約款。

依德國一般交易條款規制法第十一條第十款(d)目之規定，存在於以「商人與消費者」爲主體，以「新製貨物」爲標的物之定型化契約之免責約款，其約定「使用人將瑕疵之除去或無瑕疵替換物之給付以（相對人）全部價金之先行給付，或在衡量瑕疵（之性質）後，先爲顯不相當的高比例給付爲條件者」無效。上開規定，禁止定型化約款使用人以約款約定得先要求相對人給付全部或大部分的價金，作爲使用人修繕或更換之前提要件。反之，如使用人已爲修繕或更換，且相對人清償期已經屆至時，則可以立即行使請求權，則無疑義。

在商業性契約，約定相對人之全部或大部分先行給付爲使用人履行修繕義務或更換義務之前提要件者，解釋上應受本法第九條之規制（註一八）。一般而言，定型化約款使用人無法爲有效修繕，又排除其違背契約責任，以及相對人減少價金請求權時，該免責約款才依第九款之規定，

註一八　參閱註一四及 Dr. Harry Silberberg: The German Standard Contract Act, p. 63.

被判定爲無效。

　　德國一般交易條款規制法第十一條第十款(d) (註一九)，且在定型化消費者契約或定型化商業性契約之效力可表解如附圖五：

(附圖五)

契約主體 約款內容	消費者契約		商業性契約以 新製貨物 舊製貨物 爲標的物	
	以新製貨物或服務爲標的物	以舊製貨物爲標的物	依 AGB 第九條規定	實務上建議
附條件拒絕除去瑕疵約款	依 AGB 第十一條第十款(d)目：絕對無效	受 AGB 第九條「概括規制」之規制	若違背誠實信用原則而不合理地不利於使用人之相對人者無效	原則上有效

　　③約定相對人之隱藏性瑕疵之通知須於一定期間內爲之，該一定期間較法定瑕疵擔保通知期間爲短者。

　　德國一般交易條款規制法第十一條第十款(e)目（註二〇）規定，在以「商人與消費者」爲主體，以「新製貨物」爲標的之定型化契約的免責約款，其約定「使用人規定相對人之隱藏性瑕疵之通知，須於一定期間爲之，而依一定期間較法定瑕疵擔保之法定通知期間爲短者」無效，此種規定係針對消費者契約而訂，在商業性契約原則上不適用之（註二一）。主要原因是商人有較佳辨識能力及交涉能力，因此無庸特予保護，但若此種通知期間太短，仍受本法第九條「概括規制」之規制。

　　此種「縮短隱藏性瑕疵之通知期間」之免責約款，在定型化消費者契約與定型化商業性契約之效力可表解如附圖六：

註一九　參閱註一三。

註二〇　參閱註一三。

註二一　Dr. Harry Silberberg: The German Standard Contract Act, p. 64.

(附圖六)

約款 內容 ＼ 契約主體	消費者契約		商業性契約（包括以「新製貨物」 「舊製貨物」爲標的物）	
	以新製貨物或 服務爲標的物	以舊製貨物 爲標的物	依 AGB 第九條 規定	實務建議
縮短隱藏性瑕疵之通知期間之免責約款	無　　　效	應受 AGB 第九條「概括規制」之規制	若違背誠實信用原則之規定而不合理地不利於使用人之相對人者無效	除非太短，原則上承認其效力

(4)縮短法定瑕疵擔保期間之免責約款

　　德國一般交易條款規制法第十一條第十款(f)目（註二二）規定，存在於以「商人與消費者」爲主體，以「新製貨物」爲標的之定型化契約，其約定定型化契約條款使用人應負擔之「法定瑕疵擔保期間被縮短者」無效。

　　上述情形，於定型化商業性契約亦不適用之。因爲商人有較佳交涉能力也，但若定型化契約之使用人將其擔保期間縮得太短，此種約款依本法第九條之規定控制之。

　　上述「縮短法定瑕疵擔保期間之免責約款」在定型化消費者契約與定型化商業性契約之效力可表解如附圖七：

註二二　參閱一三。

(附圖七)

契約主體 約款內容	消費者契約		商業性契約（以「新製貨物」「舊製貨物」爲標的物）	
	以新製貨物或服務爲標的物	以舊製貨物爲標的物	AGB 第九條之規定	實務建議
縮短法定瑕疵擔保期間之免責約款	依 AGB 第十款(e)目規定：強制無效	應受 AGB 第九條「概括規制」之規制	若違背誠實信用原則之規定而不合理地不利於使用人之相對人者無效	除非該瑕疵擔保期間太短，應認爲有效

(5)排除或限制修繕或更換等瑕疵擔保請求權之免責約款

　　依德國一般交易條款規制法第十一條第十款之(a)目（註二三）之規定，以給付「新製貨品或服務」爲標的之定型化消費者契約，有約定「對於使用人之瑕疵擔保請求權，包括可能的修繕請求權及更換請求權，全部或一部被排除……」者無效。新製產品之提供者不得以定型化約款排除或限制其因瑕疵所應負之全部責任。因新貨物有瑕疵，相對人得行使減低價格請求權或解除契約請求權。但上述權利得因雙方約定(a)供給人負修繕瑕疵之責。或(b)供給人負另以無瑕疵之標的物交換之責。(c)將供給人（定型化約款使用人）對第三人（前手——例如製造商）之請求權（因瑕疵所生之請求權）讓與相對人等方法而排除，若排除上開(a)(b)(c)所列任何請求權，又未賦予相對人修繕請求權、更換請求權或讓與使用人對第三人之請求權時，則其免責約款無效（註二四）。

　　德國聯邦最高法院看法認爲第十一條(a)款情形對於此種免責約款之存在於「商業性契約」者亦一併適用，但雙方約定：相對人（商人）於

註二三　參閱註一三
註二四　Dr. Harry Silberberg: The German Standard Contract Act, p. 61.

向定型化約款使用人請求負擔瑕疵擔保責任前，須先向第三人（多爲製造廠）訴求無效始得爲之者，不在此限（註二五）。本款之規定，於消費者契約、商業性契約之效力可表解如附圖八：

（附圖八）

契約 約款 內容 ＼ 契約主體	消費者契約		商業性契約（以「新製貨品」「舊製貨品」爲標的物）	
	以新製貨品或服務爲標的物	以舊製貨品爲標的物	AGB 第九條之規定	實務建議
排除或限制修繕或更換等瑕疵擔保免責約款 AGB § 1⑽(a)	無　　效	受 AGB 第九條之「概括規制」	若違背誠實信用原則之規定而不合理地不利於使用人之相對人者，無效。	原則：此類免責約款於商業性契約，亦無效 例外：約定先向第三人（多爲製造商）訴求無效時，始得對定型化約款使用人請求時，該約款仍有效。

2.英國：

　　基於立法歷史的原因，英國經歷一八九三年的貨物買賣法(The Sale of Goods Act 1893)以及一九七三年的貨物供給法(The Supply of Goods Act 1973)、一九七七年的不公正契約條款法(The Unfair Contract Terms Act 1977)，英國對於「瑕疵擔保免責約款」之規制，是以逐漸演變、逐漸擴大的修補方式形成的（註二六）。目前英國對於瑕疵擔保免責約款之規制的判斷因素，係依(a)免責約款所附麗之契約種類——買賣契約及租購契約，或其他使貨物移轉占有之各種契約；(b)免責約款所免除之義務內容——所免除之義務充爲「移轉貨物所有權或交付占有之義務，或使依契約而爲物之完全占有之義務」，抑或「貨物符合描述樣品，或符合任何特定目的之品質或適宜性之義務」，以及(c)契約主體

註二五　同註二四。

註二六　基於歷史原因，英國對瑕疵擔保及其免責約款之效力，歷經三個主要的法典才形成今日以「不公正契約條款法」為主的規制體系。為對不公正契約條款法規制體系有完全的解釋，茲簡述一八九三年之貨物買賣法(The Sale of Goods Act 1983)及一九七三年的貨物供給法(The Supply of Goods Act 1973)，再介紹一九七七年的英國不公正契約條款法。

瑕疵擔保義務之規定主要經歷三個演變階段：

(1)一八九三年的貨物買賣法(The Sale of Goods Act 1893)

一八九三年的貨物買賣法，只適用於「買賣」領域，該法只規定出賣人之義務，但對於違反義務之效果或免責約款之效力未予規定。

(2)一九七三年之貨物供給法(The Supply of Goods Act 1973)

一九七三年之貨物供給法擴大了瑕疵擔保義務之領域，而且對於違背該義務免責約款的法律效果明文規定。一九七三年貨物供給法第八條係就一八九三年貨物買賣法第十二條（出賣人權利瑕疵擔保）在租購領域所為之相應規定，又在一九七三年的貨物供給法第九條至第十一條就出租人符合描述、品質或適宜性的法定義務，以及樣品買賣做了與一八九三年貨物買賣法第十三條與第十五條（出賣人符合描述、品質或適宜性之義務）之相應規定。簡而言之，一九七三年的貨物供給法將一八九三年貨物買賣法適用於「買賣」之有關規定，在「租購」領域亦予規定。其次，一九七三年的貨物供給法就「出賣人」及「出租人」的法定瑕疵擔保免責約款的效力詳加規定，關於出賣人之權利瑕疵擔保免責約款，該法第四條規定一八九三年的貨物買賣法第五十五條應該修正，另以一個包括十項的條文取代之，該條第三項規定在買賣契約中之權利瑕疵擔保免責約款無效，其第四項規定買賣關係中免除不符合描述、品質或適宜性的法定（顯示）條件之免責約款以及免除以樣品買賣法定義務之免責約款，在消費者契約無效，在商業性契約須證明免責約款不公平或不合理，該免責約款始不生效力。關於租購契約免責約款效力則規定於一九七三年貨物供給法第十二條第二項及第三項，該條第二項規定免責約款之以免除出租人權利為標的者，其免

責約款無效；第三項則規定免責約款之以免除描述、品質或適宜性之法定義務爲目的之約款，以及以免除樣品買賣法定瑕疵擔保義務爲目的之約款，在消費者契約完全無效；在商業性契約，免責約款原則上有效但經證明其不符合合法性依據者，不生效力。

(3)一九七七年不公正契約條款法

英國不公正契約條款法不但重複且強化既有法典對免責約款之控制規定，而且進一步擴大免責約款之控制範圍，英國於一九七七年公布不公正契約條款法，對於免責約款之規制之主要影響以及發展有二：

①重複並強化既有法典對免責約款之控制：一九七七年的不公正契約條款法，就原來一八九三年貨物買賣法(The Sale of Goods Act 1893)以及一九七三年貨物供給法(The Supply of Goods Act 1973)已有的控制免責約款之規定，再重複規定，亦即該法第六條第一項再度肯定 The Sale of Goods Act 1893 第十二條以及 The Supply of Goods Act 1973 第八條所訂出賣人及出租人義務；該法第六條第二項就 The Sale of Goods Act 1893 第十三條至第十五條及 The Supply of Goods Act 1973 第九條至第十一條之出賣人、出租人符合描述、品質、適宜性、樣品品質之義務分別再爲規定。尤有進者，該法第六條第三項規定「對於與非以消費者身分交易之人，第二項所列之債務得以約款排除或限制之，但以該約款滿足合理性要求爲限。」此處所謂「第二項所列債務」包括一八九三年貨物買賣法第十三、第十四及第十五條所規定之「出賣人的貨物符合描述、符合特定目的之品質或適宜性，符合樣品之法定默示義務」以及一九七三年之貨物供給法第九、第十、第十一條所規定「租購契約中出租人的貨物符合描述、符合特定目的之品質或適當性、符合樣品之法定默示義務。」依一八九三年貨物買賣法第五十五條第四項（本項是依 The Supply of Goods Act 1973 第四條之規定加入）以及 The Supply of Goods Act 1973 第十二條第三項之規定，上開義務之免責約款若發生於商業性契約，其效力是「推定免責約款有效」，因免責約款之存在而不利益之一方若主張該免責約款無效，須就該免責約款「不公平」或「不合理」負舉證責任。依一九七七年不公正契約條款第六條第三項之規定，上開義務之免責約款若存在於商業

性契約，其效力是「推定免責約款無效」，因免責約款之存在而受利益之一方若主張該免責約款有效，須就該免責約款之「公平性」或「公正性」負舉證責任。兩者比較，顯見一九七七年不公正契約條款法將「舉證責任倒轉」，而強化免責約款之規制。又爲避免一九七七年不公正契約條款法與一八九三年貨物買賣法、一九七三年貨物供給法就同一領域同類免責約款發生重疊性規定，不公正契約條款法附表四特規定撤廢§ 55. (3)、§ 55. (4) of the Sale of Goods Act 1893 以及§ 12. (2)、§ 12. (3) of The Supply of Goods Act 1973 之規定，併此說明。

②擴大瑕疵擔保免責約款規制範圍：與買賣租購領域相類似之法律行爲，其擔保義務之免責約款在一九七七年的不公正契約條款法有新的規定。猶如前述，在買賣與租購兩領域，英國早有一八九三年之貨物買賣法以及一九七三年的貨物供給法分別規定，上開領域其後又有不公正契約條款法第六條再行規定。爲貫徹消費者保護，維護契約的公正。復對於依買賣或租購以外之法律關係而爲物之占有或爲所有權之移轉者，加以規定。其主要法律行爲例如：(a)租賃契約；(b)互易契約；(c)工作物供給契約（勞力以及原料一併供給契約）；(d)修繕或維護契約而發生一物附着於他物……等契約，上開契約除契約內容與買賣契約或租購契約有異之外，就當事一方移轉占有或所有權一點言，實無區別。因此英國國會委員於草擬不公正契約條款之際，卽決定將此類契約之免責約款一併規制。

與買賣、租購領域不同，基於其他契約而爲貨物移轉占有，或所有權移轉之瑕疵擔保義務來源只源自普通法。按出賣人或租購契約出租人之擔保義務分別依一八九三年貨物買賣法以及一九七三年貨物供給法所訂「法定（默示）義務」，因此免責約款所針對之義務十分明確；但在租賃、互易……等本法第七條所適用之各種契約，由於欠缺「法定（默示）義務，因此免責約款之標的只可能存在於「契約約定」或「普通法（判例法）Common Law」二者。但「契約約定」，除非表明是普通法義務之補充，應不成爲不公正契約法第七款第一項免責約款之標的，因爲此種「契約約定」固然是義務，但「契約約定」本質上卽是免責約款之一種，若「契約約定」之義務縮小或限制之普通法（Common Law）所規定之義務，其本身卽應受到不

公正契約條款法第二至第四項之控制，以受過本法第七條第二至第四項規制過的「契約約定」義務再接受規制，豈非矛盾。因此不公正契約條款法第七條所規制之免責約款之義務來源以普通法所規定者為限。

依買賣以及租購契約以外之法律關係而移轉所有權或移轉占有之契約，其免責約款之規制的「分類方法」以及「規制」基本上與該法第六條對於買賣契約或租購契約之免責約款的規制相同，但基於買賣與租購在傳統上較具重要性，因此就「權利之法定（默示）擔保義務（§ 12 of The Sale of Goods Act 及 § 8. of The Supply of Goods Act)」的免責約款在「買賣」與「租購」兩領域，依不公正契約條款法第六條之規定，都逕淪於無效，但在其他領域，則原則上無效，但主張免責約款以若能證明免責約款符合「合理性根據」之要求者，該免責約款仍然有效，就此而言，在買賣、租購以外之「其他領域」，其規制似較不嚴格。至於其他種類之免責約款之情形（§ 7. (2)(3)），則與買賣、租購領域同；換言之，關於「貨物符合描述、樣品、或為特定目的之品質或適宜性之免責約款」，在消費者契約，不論該消費者契約是買賣契約、租購契約或其他使貨物移轉占有之各種契約，均屬無效；反之，若契約為非消費者契約，不論該契約為買賣契約、租購契約或其他使貨物移轉占有之各種契約，其免責約款盡應經「合理性檢驗」，以判斷是否有效。在租賃、互易、工作物供給契約……等本法第七條所適用之新領域，立法政策上似偏重於「貨物符合描述、樣品或符合任何特定目的之品質或適宜性」之保護，因此針對此一義務之消費者契約免責約款，該法第七條第二項逕規定為無效；反之，此類契約有關「移轉貨物所有權或交付占有之權利，或對於依契約而為物之完全占有」之消費者契約免責約款，該法第七條第四款雖規定原則上無效，但使用人若能證明該免責約款符合「合理性檢驗」者，仍然有效。因此同是消費者契約，法律對於以免除前者（§ 7. (4)）所揭義務為目的之免責約款之規制較對以免除後者（§ 7. (2)）所揭義務為目的之免責約款之規制為嚴格（比較本法 § 7. (4) 與本法 § 7. (2)）。此與買賣、租購兩領域，就此二類免責約款採同樣程度之規制者不同（比較本法 § 6. (1) 與 § 6. (2)）。茲將擔保免責約款規制的立法發展經過表解如下，俾便了解。

〔表一〕一、關於權利瑕疵擔保之免責約款

	權利瑕疵擔保之義務規定		免責約款之效力規定
(1) 1893 年貨物買賣法 (The Sale of Goods Act 1893)	§ 12. of The Sale of Goods Act 1893（只規定出賣人權利瑕疵擔保義務）	免責約款之效力(1) ┄┄➤	無 規 定
	↓ 擴大擔保權利瑕疵領域	免責約款之效力 (2)後來 依 The Supply of Goods Act 1973 免責約款效力（目前撤廢）	加對以免規責定約款效力
(2) 1973 年貨物供給法 (The Supply of Goods Act 1973)	§ 8. of The Supply of Goods Act 1973（租購契約分租人之瑕疵擔保之義務）	免責約款效力 （目前撤廢） ┄┄➤	於第四條規定 The Sale of Goods Act 1893 加上 55. (3) 使出賣人權利瑕疵擔保免責約款無效。於第 12.(2)條規定租購契約權利瑕疵擔保免責約款無效
	↓ 承襲原擔保領域權利瑕疵		
(3) 1977 年不公正契約條款法 (The Unfair Contract Terms Act 1977	依本法第六條：在出賣人權利瑕疵擔保義務，仍依 The Sale of Goods Act 1893 § 12，出租人義務仍依 The Supply of Goods Act 1973 § 8.	免責約款之效力 ➤	§ 6：免責約款全部無效

依 The Unfair Contract Terms Act 附表四撤廢 The Sale of Goods Act § 55. (3)及 The Supply of Goods Act § 12 (2)

〔表二〕二、關於符合描述、品質、適宜性、樣品品質義務之免責約款

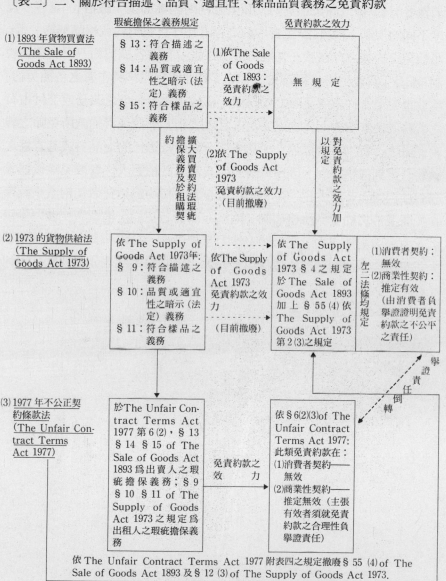

瑕疵擔保之義務規定　　　　　免責約款之效力

(1) 1893 年貨物買賣法
(The Sale of
Goods Act 1893)

§ 13：符合描述之義務
§ 14：品質或適宜性之暗示（法定）義務
§ 15：符合樣品之義務

(1)依 The Sale of Goods Act 1893：免責約款之效力

無　規　定

擴大買賣契約法瑕疵擔保義務及於租購契約

(2)依 The Supply of Goods Act 1973 免責約款之效力（目前撤廢）

對免責約款之效力加以規定

(2) 1973 的貨物供給法
(The Supply of
Goods Act 1973)

依 The Supply of Goods Act 1973年：
§ 9：符合描述之義務
§ 10：品質或適宜性之暗示（法定）義務
§ 11：符合樣品之義務

依 The Supply of Goods Act 1973 免責約款之效力力（目前撤廢）

依 The Supply of Goods Act 1973 § 4 之規定於 The Sale of Goods Act 1893 加上 § 55 (4) 依 The Supply of Goods Act 1973 第 2 (3) 之規定

(1)消費者契約：無效
(2)商業性契約：推定有效（由消費者負舉證證明免責約款之不公平之責任）

左二法條均規定

(3) 1977 年不公正契約條款法
(The Unfair Con-
tract Terms
Act 1977)

於 The Unfair Con-tract Terms Act 1977 第 6 (2)，§ 13 § 14 § 15 of The Sale of Goods Act 1893 爲出賣人之瑕疵擔保義務；§ 9 § 10 § 11 of The Supply of Goods Act 1973 之規定爲出租人之瑕疵擔保義務

免責約款之效力

依 § 6(2)(3) of The Unfair Contract Terms Act 1977：此類免責約款在：
(1)消費者契約——無效
(2)商業性契約——推定無效（主張有效者須就免責約款之合理性負舉證責任）

舉證責任倒轉

依 The Unfair Contract Terms Act 1977 附表四之規定撤廢 § 55 (4) of The Sale of Goods Act 1893 及 § 12 (3) of The Supply of Goods Act 1973.

（再註*）本法雖名爲不公正契約條款法，但並未將全部不公正契約條款納入規制，主要仍是以免責約款爲主，因此法典名稱與法典內容不盡相符。

消費者契約，抑或商業性契約三類主要判斷因素加以「嚴格」「寬容」程度不同的規制；換言之，免責約款之存在於「買賣契約或租購契約」者，應較免責約款之存在於「其他使貨物移轉占有之各種契約」受到嚴格規制，蓋因「買賣契約或租購契約」較「其他使貨物移轉占有之各種契約」重要也。免責約款所免除之義務係「移轉貨物所有權之義務或交付占有之義務或使依契約而爲物之完全占有之義務」應較免責約款所免除之義務係免除「貨物符合描述、樣品或符合任何特定目的之品質或適宜性之義務」受到嚴格規制，因爲免除前述義務對於相對人影響較免除後述義務對於相對人影響大也。免責約款所存在之契約爲消費者契約者應較存在於商業性契約受到嚴格規制，因爲在消費者契約，消費者交涉力量較弱，而在商業性契約，商人間交涉力量相仿也。茲將一九七七年英國不公正契約條款法關於瑕疵擔保免責約款之規制體系列表如附圖九，以利了解。

(附圖九)

英國不公正契約條款法關於瑕疵擔保免責約款之規制體系圖

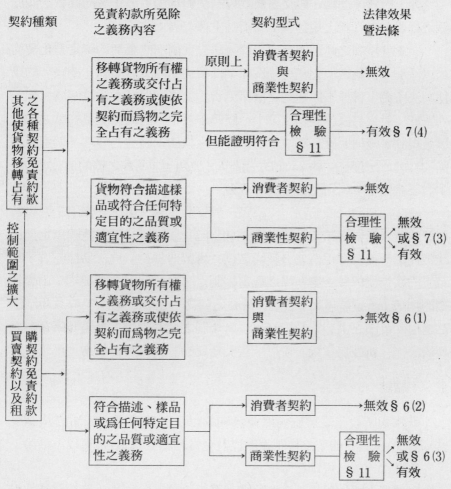

3.比較分析：

據上所述，德國一般交易條款規制法與英國不公正契約條款法關於瑕疵擔保免責約款之規制有下列兩點主要差異：

(1)就規制之區別標準言：德國法先就個別商議契約與定型化契約加以區別，再就定型化契約分為商業性契約與消費者契約。德國參酌以往判決所發生各種不同類型之擔保免責約款將擔保免責約款歸成六類，列舉於一般交易條款規制法第十一條第十款中，對擔保免責約款之認識以及規制，極稱明確。英國不公正契約條款法未將契約分為「個別商議契約」與「定型化契約」，而以㈠交易之種類。㈡免責之標的。㈢契約的主體三者為準，區別免責約款之效力。

(2)就契約之標的物言：德國一般交易條款法第十一條第十款只適用於消費者契約之「新製造貨物」（但非新型產品），但在德國以定型化商業性契約或定型化消費者契約之以「舊製造貨物」為交易標的者，其免責約款只能依該法第九條之規定控制之，至於個別商議契約，不論其標的物是「新製造貨物」或是「舊製造貨物」，悉無一般交易條款規制法之適用。英國之不公正契約條款法所規制之免責約款，不論其所存在之契約係以「新製造貨物」或以「舊製造貨物」為交易標的均適用之。

三、小結論

就我國所發生之瑕疵擔保免責約款以及英德兩國之較新立法制度言，瑕疵擔保免責約款之規制範圍以及免責約款之寬嚴，可得以下結論：

1.免責約款之規制範圍：

應以列舉方式加以規制之瑕疵擔保免責約款，除德國一般交易條款規制法第十一條第十款所列情況外，尚應將存在於定型化消費者契約之「瑕疵之有無由定型化契約使用人或其所僱用之人認定之」列為無效之免責約款。又「有條件拒絕除去瑕疵免責條款」「瑕疵擔保義務之發生以相對人在一定期間內通知瑕疵存在為條件之免責約款」「將瑕疵擔保義務內容

限於『修繕』，但修繕不能時，又無其他補救方法之免責約款」，在我國既以發生，應列爲控制範圍之主要對象。

2.免責約款規制之寬嚴：

以德國一般交易條款規制法以及英國不公正契約條款法所據以區分瑕疵擔保免責約款之因素有以下五種：

(1)契約之種類：

買賣契約、租購契約最爲主要，其他移轉所有權或占有之契約例如互易、贈與、租賃……等爲次要。

(2)契約形式：

定型化契約之規制應較個別商議控制爲嚴。

(3)契約主體：

消費者契約之規制應較商業性契約爲嚴。

(4)契約標的物：

以新製造貨物爲交易標的物之免責約款之規制應較舊製造貨物之免責約款之規制爲嚴。

(5)免責標的內容：

所有權之移轉以及物之占有之移轉等義務較物之符合描述、樣品、目的……等義務爲重要，因此其免責條款之規制亦較嚴格，但英國不公正契約條款法第七條之規定，似不盡相洽。

以上所列五點，德國一般交易條款規制法將第(2)(3)(4)列爲考慮因素，英國不公正交易條款法將(1)(3)(5)列爲考慮因素，其實五種因素非不可併入考慮。茲將五個因素列爲考慮，而分別從德國一般交易條款規制法，英國不公正契約條款法不同角度加以衡量，可得以下附圖(十)、圖(圡)兩圖。帶有箭頭之實線，表示各該法以此爲判斷因素。

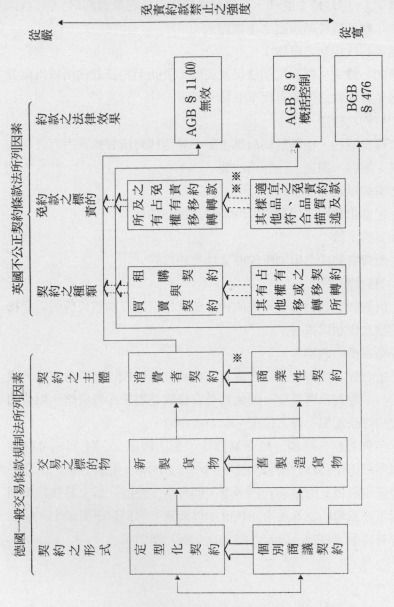

(附圖十) 從德國一般交易條款規制法看限縮擔保免責約款之效力

※▷ 表示本法將其列為判斷因素

※※▷ 表示本法未列為判斷因素，但其他立法例將之列為判斷因素，理論上可列為判斷因素以下諸表同

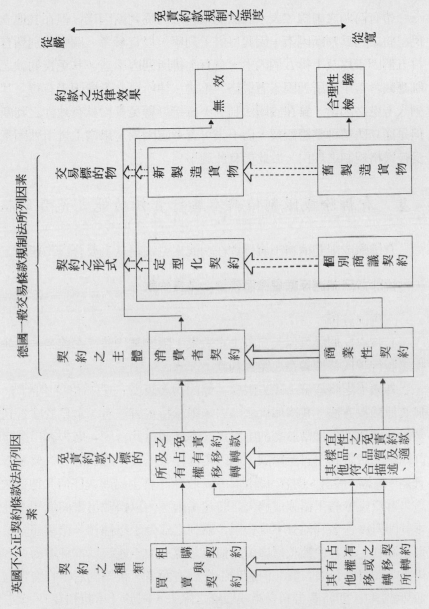

（附圖十一）從英國不公正契約條款法看瑕疵擔保免責約款之效力

帶有箭頭之虛線，表示該法並未將之列爲判斷因素，但在其他立法例已將之列爲判斷因素，因此可併予列舉，以資參考。圖中分別列有上排五個因素以及下排五個因素，含有上排所列因素者，其免責約款之規制應較含有下排所列因素者嚴格。不論法律所訂之考慮因素有幾，其未列入考慮之因素，雖在該國法制，不直接影響免責約款有效性之判斷，但是從立法精神整體觀察，仍不失可資考慮因素，果爾上排所列因素應受較嚴格規制之理由，於此仍有此適用。

叁、有排除或限制債務不履行責任功能之免責約款

有排除或限制債務不履行責任功能之免責約款主要分爲二類：

一、排除或限制違反瑕疵擔保義務之免責約款

(一)現況分析

1.將違反瑕疵擔保義務所生之效果，限於某代替性之義務，但並不保證履行該代替性義務之免責約款：

外國不乏將瑕疵之除去限於「標的物之修繕」，對於修繕不能時，又無其他補救方法。我國瑕疵之除去，限於特定方法者，常見於廣告刊登契約，例如廣告業常於契約中訂定「本社履行此合約，廣告客戶應隨時詳細審閱廣告刊出有無錯誤，倘因本社作業人員一時疏忽，導致廣告之刊期、篇幅、設計、內容、編排印刷、收款等發生錯誤或任何其他過失，廣告客戶應於發生錯誤或過失之時起，兩週內以掛號信書面通知本社，本社即對廣告多刊部分不收費用，漏刊之部分予以補刊，錯誤部分予以更正補刊，或其他補救措施，此種疏忽或過失不能視爲本社違約，客戶仍應全額付當日廣告費。但逾期不提出書面者，視爲同意本刊廣告刊登並無錯誤」，即將廣告刊登錯誤瑕疵之除去，限於「重新刊登」，至於重新刊登，能否有預定效果，則不置論（註二七），詳見附圖十二，其他類

似約款見於廣告契約者甚多（註二八），於茲從略。

註二七　工業與商業週刊廣告合約書(Business & Industy Taiwan Advertising Agreement)

第七條：「本社履行此合約時，廣告客戶應隨時詳細審閱廣告刊出有無錯誤，倘因本社作業人員一時疏忽，導致廣告之刊期、篇幅、設計、內容、編排印刷、收款等發生錯誤或任何其他過失，廣告客戶應於發生錯誤或過失之時起，兩週內，以掛號信書面通知本社，本社即對廣告多刊部分不收費用，漏刊部分予以補刊，錯誤部分予以更正補刊，或其他補救措施，此種疏忽或過失不能視爲本社違約，客戶仍應全額付清當月廣告費。但逾期不提出書面者，視爲同意本社廣告刊登並無錯誤。」

註二八　工業與商業週刊社廣告合約書第十三條：「廣告印刷不淸，得通知本社查明原因，若確爲印刷不淸，本社即予補登，但若係客戶自行提供之照片原稿，本社不予補登，仍照約收費。」

中國經濟通訊社廣告合約書第六條：「廣告刊出時，如因本社誤刊客戶名稱、地址以致廣告效益絕對消失，本社當予等篇幅之版面將缺點改進後補刊，除此情況，客戶不得藉詞拖欠、拒付或減付廣告費。」

工業與商業週刊社廣告合約書第十條：「本廣告依約定期數及約定篇幅刊出，廣告客戶即應按月支付廣告費，不得提出要求本社履行任何附加條件，始同意支付廣告費。客戶與本社簽訂廣告合約書後，若對本社依約刊登之廣告有任何異議，廣告未校稿，未簽字。均應於該廣告開始首次刊出二週內，以掛號信書面通知本社補救，逾期者視同廣告一切正確無誤，本社可繼續照刊登。凡客戶於廣告刊出期間，本社每期均將週刊郵寄給客戶，因並非掛號寄達客戶，若客戶未能收到各該期週刊者，必須即以掛號信書面向本社聲明，逾一週未以掛號信書面通知本社者，客戶應同意視同確有收到本社週刊，客戶並同意對未收到之本社週刊，不要求本社提出當時確曾郵寄之證明。」

（附圖十二）

判斷因素＼約款名稱	約款種類		免責約款之標的		契約主體		契約形式		標的物		約款	示例	說明	備註
	買賣契約租購契約或所有權之移轉契約	其他占有權移轉或轉契約	所有及占有權移轉移轉款	其他質及樣品符合、宣傳品描述品性質款	消費者契約	商業性契約	定型化契約	個別議商契約	新製造貨品	舊製造貨品				
排除或限制違反瑕疵擔保義務免責約款				∨		∨	∨		∨			工業及商業週刊社廣告合約書第七條：「本社履行此合約時廣告客戶應隨時詳細審閱廣告刊出有無錯誤，倘因本社作業人員一時疏忽，導致廣告之刊期、篇幅、設計、內容、編排、印刷、收款等發生錯誤或於發生任何其他過失，廣告客戶應於發生錯誤或過失之時起二週內，以掛號信書面通知本社，本社即對廣告多刊部分不收費用、漏刊之部分予以補刊、錯誤部分予以更正補刊，或其他補救措施；此種疏忽或過失不能視為本社違約、客戶仍應全額付清當日廣告費。但逾期不提出書面者，視為同意本社廣告刊登並無錯誤。」	定型化約款使用人將廣告刊登錯誤據斯瑕疵修繕或除去，限於「重新刊登」，至於「重新刊登」否具有預定效果，在所不同。	

2.排除或限制瑕疵擔保修繕所生費用或將費用轉嫁予相對人之免責約款：

約款使用人利用「排除或限制瑕疵擔保修繕所生費用或將費用轉嫁予相對人之免責約款」達到實質上免責之目的者，在外國立法例上，夙已有之，但在我國尚未流行，但將來仍可能發生。

3.排除或限制因使用人違反特約品質，相對人得對使用人主張之損害賠償請求權約款：

雖然違反保證品質之事實並不鮮見，但違反保證品質所生責任之免責約款尚未見流行。按瑕疵擔保分為「權利瑕疵擔保」及「物之瑕疵擔保」兩種，違反保證品質所生債務屬於違反物之瑕疵擔保之一種，民法第三百五十四條第二項規定「出賣人並應擔保其物於危險移轉時，具有其所保證之品質」，違反保證品質時，發生之效力主要有三：①解除契約②請求減少價金及③不解除契約或請求減少價金，而請求不履行之損害賠償，此即民法第三百五十九條「買賣因物有瑕疵，而出賣人依前五條之規定，應負擔保之責者，買受人得解除其契約或請求減少其價金。但依情形，解除契約顯失公平者，買受人僅得請求減少價金」，又第三百六十條規定「買賣之物，缺少出賣人所保證之品質者，買受人得不解除契約或請求減少價金，而請求不履行之損害賠償。出賣人故意不告知物之瑕疵者，亦同」也。因違反保證品質而發生上開法律效果，在社會上固然屢見不鮮，但預先以免責約款排除因為違反保證品質所生相對人之諸種請求權，則迄未流行。此種約款在國外已列為規制對象，隨工商業之發展，此種約款亦在國內亦有可能被濫用，故一併介紹之。

㈡對「排除或限制違反瑕疵擔保義務之免責約款」之規制

1.將違反瑕疵擔保義務所生之責任，限於其代替性之義務，但對該代替性義務，並不保證履行之免責約款：

德國一般交易條款法第十一條第十款(b)目規定，存在於以「商人」與「消費者」為契約主體，以「新製造貨物或服務」為標的之定型化契

約的免責約款,其約定「對於使用人之瑕疵擔保請求權之全部或部分被限制於請求修繕或替換,但明示地賦予契約相對人以權利,使其在修繕或替換不適當或不充分時,得依其選擇請求減少價金或除瑕疵擔保標的物是建築工作物外,行使解除契約之權利者不在此限。」限定相對人只有修繕請求權,但修繕無效或修繕未於合理期間內為之,而又無其他補償約定時,此種「限於修繕請求權」之契約,應淪於無效。排除因給付標的物有瑕疵相對人依法得行使之(a)減少價金請求權或(b)解除契約請求權,同時給予相對人修繕、更換……等權利,其免責約款,固非無效,但若修繕無效或修繕不於合理之期間內為之,而相對人之法定權利——減少價金請求權或解除契約請求權——亦不恢復時,即有失公平。因此縱有出賣人或供給人之責任只限於修繕之約定,若所供給之貨物確有瑕疵,而供給人怠於為修繕、更換或相對人無法自第三人獲得賠償時,依本條之規定,相對人「請求減少價金」或「請求解除契約」之權利應即自然回復。因此定型化約款約定排除因瑕疵相對人可以行使之「減少價金請求權」或「解除契約請求權」只有在相對人在合理期間內(1)瑕疵獲得修繕;或(2)瑕疵標的物獲得更換;(3)能自第三人獲得賠償時才有效力。於此種注意者,定型化約款使用人於不得以免責約款將其責任限制於「修繕請求權」之情形下,亦不得將其責任限制於給付標的物之某一部分——例如汽車之電池或輪胎。上述之標的物若為「房屋」或「其他建築物」時,他方當事人解除契約之權利仍得以約款排除之。

以上對「免責約款」之規制,於商業性契約亦適用之,所不同者,定型化契約使用人得約定其有選擇權,使相對人只能就「解除契約」或「減低價金」二種請求權中擇一行使,此種約款仍為合法。

綜上所述,德國一般交易條款規制法第十一條第十款(b)適用於消費者契約及商業性契約之效力可表解如附圖十三:

（附圖十三）

契約主體 / 約款內容	消費者契約		商業性契約（以「新製貨物」「舊製貨物」為標的物）	
	以新製貨品為標的物	以舊製貨品為標的物	依 AGB 第九條之規定	實務上建議
限於修繕請求權，但修繕無效或修繕遲延，又無其他救濟方法之免責約款	無　　　效（依 AGB 第十一條第十款(b)）	受 AGB 第九條「概括規制」之規制	若違背誠實信用原則之規定而不合理地不利於使用人之相對人者，無效。	AGB 第十一條第十款(b)之規定於商業性契約亦適用之；但定型化約款使用人得約定於修繕不能或修繕遲延時相對人只能就(1)減低價金或(2)解除契約二種權利中擇一行使。

　　1.排除或限制瑕疵擔保責任之修繕費用或將修繕費用轉嫁予相對人之免責約款；

　　德國一般交易條款規制法第十一條第十款(c)目，存在於以「商人與消費者」為契約主體，以「新製造貨物」為標的之定型化契約的免責約款，其約定「應負瑕疵擔保義務之使用人所應負擔之修繕必要費用，特別是運輸、通行、工資以及原料成本，被排除或限制」者無效。定型化約款使用人必須承擔因修繕或更換瑕疵貨物所生之費用，因此定型化契約使用人不得要求消費者負擔修繕之勞務或「交付」（Delivery）所需之費用，但他方當事人自其住居所或營業所搬移貨物所發生之「運輸費用」，不在此限。

　　在商業性契約，定型化約款使用人合理地限制「偶發費用」（Incidental Expenses）——包括修繕瑕疵貨物費用以及替換費用——應被許可，但其限制仍受本法第九條之限制（註二九）。

關於「與修繕有關費用」之免責約款，在定型化消費者契約及定型化商業性契約之法律效果可表解如附圖十四：

（附圖十四）

契約主體 約款內容	消費者契約		商業性契約	
	以新製貨物爲標的物	以舊製貨物爲標的物	依 AGB 之規定	實務建議
排除，限制或轉嫁與修繕有關費用之免責條款	無　　　效（AGB 第十一條第十款(c)目）	受 AGB 第九條「概括規制」之規制	若違背誠實信用原則之規定而不合理地不利於使用人之相對人者，無效。	合理地限制偶發費用應被許可

3.排除或限制約款使用人違反特約品質時，相對人得對使用人主張之損害賠償請求權之免責約款：

德國一般交易條款規制法第十一條第十一款規定「依該約款在買賣、承攬或工作物供給契約，依民法第四百六十三條、第四百八十條第二項、以及第六百三十五條之規定因缺乏保證品質所得對使用人主張之損害賠償請求權被排除或被限制。」之約款無效所謂第四百六十三條即「買賣標的物於買賣時，欠缺所保證之品質者，買受人得不請求解除契約或減少價金，而請求不履行之損害賠償……」，第四百八十條第二項即在種類買賣中「物於危險移轉於買受人時，欠缺所保證之品質或出賣人惡意不告其瑕疵者，買受人得不請求解除契約，減少價金或交付無瑕疵之物，而請求不履行之損害賠償」，第六百三十五條規定「工作之瑕疵因可歸責於承攬人之事由所致者，定作人得不請求解除契約或減少報酬，而請求不履行之損害賠償。」關於此條款有下列諸點，應予說明：

註二九　Dr. Harry Silberberg: The German Standard Contract Act, pp. 62-63.

⑴法條之適用：

　　本條款只規範存在於定型化消費者契約之「違反保證品質所生債務之免責約款」，至於此種免責約款之存在於「定型化商業性契約」者，應適用該法第九條之「概括規制」規定，若存在於「個別商議契約」者則應適用德國民法有關規定規制之。

⑵條文意義：

　　本款所謂「保證品質」之義務來源，有法定的與約定的，悉必須採廣義解釋。凡以約款排除或限制定型化約款使用人因違背標的物——不論是「新的標的物」或「舊的標的物」——俱有特定品質或性質之擔保義務之債務者悉應無效。擔保義務之來源有因法律之規定而發生，有基於契約之約定而產生者，前者例如標的物之品質依法律之規定須與樣品相同，後者例如當事人以意思表示約定標的物須適合某特定目的是。

　　又所謂「保證品質」一辭應採廣義解釋，凡標的物具有特定品質或物質之陳述，均構成「保證品質」，均構成擔保，違反者均構成解除契約之原因。例如為買賣標的物之汽車在往昔未曾被用作計程車之陳述，在法律上應解為「保證品質」構成「擔保」，違反該擔保時，買受人可據以解除契約。關於「品質」或「特質」之陳述只有在「該陳述很明顯是吹噓」之情況下，才不構成擔保。不但如此，定型化約款使用人違反「擔保」或「保證品質」時，亦不得以約款排除可得預見之「間接性之損害或利益之損失」，但「損害之發生」與「保證品質（擔保）」之因果關係十分遙遠，致非當事人所能預期時，始得以約款排除或限制損害賠償責任（註三〇）。

⑶定型化商業性契約之情形：

　　「違反保證品質免責約款」之存在於「定型化商業性契約」者，

註三〇　同註二九揭書第四五至六五頁

若免責約款旨在「排除衍生性或間接性損害賠償債務（An Exclusion of Liability for Consequential Damage or Loss）」者，法院肯定該免責約款效力之情形，遠較免責約款存在於「定型化消費者契約」爲多。

　　免除標的物具有特定品質擔保義務之免責約款，在定型化消費者契約與定型化商業性契約之效力，可表解如附圖十五：

（附圖十五）

契約主體 約款內容	消費者契約	商業性契約	
		AGB 第九條規定	實務建議
免除標的物具有特定品質擔保義務之免責約款	無　　效	若違背誠實信用原則之規定，而不合理地不利於使用人之相對人者無效	若排除「間接性損害賠償義務」者有效

　　㈢小結論

　　將違反瑕疵擔保所生之效果，限於某代替性義務，而不保證履行該代替性義務時，實與不負瑕疵擔保義務無異；排除或限制瑕疵擔保修繕所生費用或將修繕費用轉嫁予相對人，實即只就瑕疵負有限責任或完全不負責任，排除或限制因使用人違反特約品質時，相對人得對使用人主張之損害賠償，亦實即只就瑕疵只負有限責任或完全不負責任；此三種約款違背民法上出賣人物之瑕疵擔保義務，亦違背買賣契約以外之有償契約當事人之義務（民法第三四七條），在消費者契約宜逕規定爲無效；在商業性契約，可依誠實信用原則（民法第一四八條第二項）判斷其是否公平，以決定其效力。

二、排除或限制因約款使用人履行遲延或履行不能，相對人所得行使之解除權或損害賠償請求權之免責約款

　　㈠現況分析

　　我國排除或限制因約款使用人全部或一部履行遲延或履行不能時，相對人所得行使之解除權或損害賠償請求權之免責約款，尚未發現，但外國立法例上已列為規制對象。按遲延給付之法律效果主要有三：(1)債權人受領給付，但請求因債務人遲延給付所生之損害賠償，此即民法第二百三十一條第一項之規定。(2)債權人拒絕受領給付，而請求損害賠償，此即民法第二百三十二條「遲延後之給付，於債權人無利益者，債權人得拒絕其給付，並得請求賠償因不履行而生之損害。」(3)解除契約：依據民法第二百五十四條之規定「契約當事人之一方遲延給付者，他方當事人得定相當期間催告其履行，如於期限內不履行時，得解除其契約」，又民法第二百五十五條「依契約之性質或當事人之意思表示，非於一定時間為給付不能達其契約之目的，而契約當事人之一方不按照時期給付者，他方當事人得不為前條之催告，解除其契約。」至於給付不能之法律效果，主要亦有三點：(1)請求損害賠償：民法第二百二十六條第一項規定「因可歸責於債務人之事由，致給付不能者，債權人得請求損害賠償」，此種情形，包括全部履行不能之損害賠償以及部分履行不能，債權人只接受部分之履行，另就履行不能部分請求損害賠償。(2)拒絕部分履行而請求全部不履行之損害賠償；此即民法第二百二十六條第二項所規定「前項情形，給付一部不能者，若其他部分之履行，於債權人無利益者，債權人得拒絕該部之給付，請求全部不履行之損害賠償」也。(3)解除契約：民法第二百五十六條規定「債權人於有第二百二十六條之情形時，得解除其契約。」我國所流行之契約，當事人一方遲延給付或給付不能時，多約定得請求給付違約金或解除契約，尚未發現約款使用人全部或一部遲延給付或不履行不能時，排除或限制相對人行使解除權或損害賠償請求權之免責約款。

　　㈡對「排除或限制因約款使用人履行遲延或履行不能，相對人所得行使之解除權或損害賠償請求權之免責約款」之規制。

　　1.民法之規制：

　　民法於「排除或限制因約款使用人履行遲延或履行不能，相對人所得行使之解除權或損害請求權之免責約款」並無規制性之規定，若此種約款，違背公共秩序、善良風俗或誠實暨信用之原則，在我國只能依民法第七十二條或第一百四十八條第二項規制之，在德國只能依民法第一百三十八條或第二百四十二條控制之，只迄無判例或判決，可資參考。

　　2.對「排除或限制因約款使用人履行遲延或履行不能，相對人所得行使之解除權或損害賠償請求權之免責約款」規制之新趨勢：

　　德國對於存在定型化消費者契約之「排除或限制因約款使用人履行遲延或履行不能，相對人所得行使之解除權或損害賠償請求權之免責約款」採取硬性規制，英國不公正契約條款法對此沒有規制規定。德國一般交易條款規制法第十一條第八款規定「依該約款之規定，使用人履行遲延或因可歸責於使用人之事由而履行不能時：(a)相對人解除契約之權利被排除或被限制；或(b)相對人請求損害賠償之權利被排除或違反本條第七款之規定被限制」之約款無效；又第九款規定「依該約款之規定，使用人部分履行遲延或因可歸責於使用人之事由，而部分履行不能時，排除契約相對人請求全部債務不履行之損害賠償或解除全部契約之權利，假定（其餘）部分之履行對於相對人沒有益處時」之約款無效。關於上述兩款有數點說明：

　　(1)法條適用方面：

　　　　本條第八款、第九款只適用於此類免責約款之存在於定型化消費者契約者，若此類約款存在於定型化商業性契約，則應受第九條之「概括規制」之規制。此種約款若存在於個別商議契約，則應適用德國民法之規定。

　　(2)第八款說明：

　　　　本條第八款之給付遲延(Leistungsverzug)包括兩種情況：(a)定型化契約給付遲延，但仍期待在將來某日可以履行該義務(b)定型化契約使用人給付遲延，但已因可歸責於使用人之事由而履行不能。以上不

論(a)或(b)種情形，其免責約款之效果並無不同，理由有二：(1)基於本條第八款之規定，免責約款應淪於無效；(2)基於「個別商議約款」優先於「定型化約款」之理論，契約所訂之「履行特定日期(a Firm Date)」爲個別商議約款（Individually Agreed Term），性質上有優先效力，以此種「個別商議約款」爲標的之免責約款，對之應不生效力。退一步言之，即令此點不盡妥適，雙方個別商議所訂之日期，亦不能以定型化契約約款約定他方當事人（相對人）須經正式書面催告給付，方得解除契約。

本款(b)目禁止二種約款：(1)完全排除因「使用人履行遲延或因可歸責於使用人之事由而履行不能」之損害賠償；(2)限制因使用人故意或重大過失所致之履行遲延或履行不能」之損害賠償。因此非由於定型化契約約款使用人之故意或重大過失所致之遲延給付，以約款限制他方當事人請求損害或所失利益，仍然有效。在此種情形，定型化約款使用人不但對於賠償數額可以限制，對於賠償種類亦可以限制，特別注意者，限制「間接性之損害」（Consequential Loss）之約款完全有效。

但是此種限額須非達到不合理之程度，否則依本法第九條之規定仍應淪於無效。德國有關限制賠償額之案例顯示：(1)洗衣店將其賠償限於洗衣費十五倍以下是合理的；(2)銀行怠於提示客戶託收之支票，其損害償額限於客戶所損失之利息亦是合理的。

本條第八款所揭約款之存在於定型化商業性契約者，應受德國一般交易條款規制法第九條之規制。

(3)第九款之說明：

本款之規定將定型化約款使用人履行遲延對於當事人之影響擴大及於「部分履行遲延」，而「其餘之履行」對於他方當事人無益處時，他方當事人所得行使之權利，不得以約款排除之；換言之，他方當事人得行使(1)解除全部契約（Rescind the Entire Contract）及(2)請求因債務不履行之損害賠償請求權，但以其請求權未被當事人依德國一般交易

條款規制法第八款(b)目所許可之限制或排除者爲限，若當當事人依本法第十一條八款(b)目所容許之範圍內，爲排除或限制，則排除或限制部分，即不可請求。

第九款之規定於商業性契約亦適用，但應援引第九條之「概括規制」。舉例言之，在消費者契約中，消費者訂了(1)晚餐(Dinner)、(2)茶(Tea)以及(3)咖啡(Coffee)全套餐具，而商人只送來成套晚餐餐具，則消費者可以解除契約，但商人若訂購以上三種成套餐具，以供零售，則大盤商雖只供應成套晚餐餐具，而未供應成套咖啡餐具，買受人亦必須接受該成套晚餐餐具，不可解除契約，因爲成套晚餐餐具與成套茶具、咖啡杯等通常分開出售。

(三)小結論

我國尚未流行「排除或限制因約款使用人履行遲延或履行不能，相對人所得行使之解除權或損害賠償請求權之免責約款」，但立法上，可將之列爲規制對象，以期周延。其立法內容，可仿照德國一般交易條款規制法之有關規定，對於存在於「定型化消費者契約」之下列兩種約款採取硬性規制，使之淪於無效。(1)依該約款之規定，使用人履行遲延或因可歸責於使用人之事由而履行不能時而(a)相對人解除契約之權利被排除或被限制；或(b)相對人請求損害賠償之權利被排除或對使用人故意或重大過失所致之履行遲延或履行不能之損害賠償額加以限制；(2)「依該約款之規定，使用人部分履行遲延或因可歸責於使用人之事由而部分履行不能時，排除契約相對人請求全部債務不履行之損害賠償或解除全部契約之權利，假定（其餘）部分之履行對於相對人沒有益處時」，對於上開約款之存在於「定型化商業性契約」者，可採「概括規制」，若上開約款之存在，「不合理地不利於約款使用人之相對人」時，才淪於無效。

肆、結　　論

　　瑕疵擔保是有償契約當事人之法定義務，亦是日常交易最重要義務之一，因此定型化約款使用人於定型化約款中，以不同形式，試圖達到免除或限制瑕疵擔保義務之類型亦特別多，德國一般交易條款規制法除於第十一條第十款類型化為六種外第十一款亦可歸入此類，英國一八九三年貨物買賣法(The Sale of Goods Act 1893)第十二條至第十五條；一九七三年貨物供給法(The Supply of Goods Act 1973)第八條至第十一條都規定了瑕疵擔保義務，並於一九七七年不公正契約條款法第六條規定其效力。從德國一般交易條款法所規定類型的複雜化以及英國立法歷史、演進的繁複過程（詳細情形請參考本文註二六所附表一表二）可以知悉定型化約款使用人試圖免除或限制瑕疵擔保義務手段之多樣性，以及先進國家為杜絕流弊所做立法上之努力。本文撰寫時，限於業者提供資料意願的限制，無法覓妥全部不同類型的瑕疵擔保免責約款樣本，因此無法知悉我國實務上是否均有此種免責約款，但是經濟在進步、社會在變化，先進國家既已發生，且理論上亦屬可能的瑕疵擔保免責約款，於將來立法時，自應一併研究，一併制訂；以期周延。此外，在判斷約款效力方便，宜應參考本文所附附圖十之判斷因素，將訂立於「定型化契約」以「新製造貨物」為標的物以「消費者契約」為主體，以「買賣契約或租購契約」為種類，以免除「所有權移轉或占有移轉」為內容之免責約款，懸為屬禁，否定其效力。其他情形之契約則留待「彈性規制」，由法院判斷其效力即可。

四、保留解除權、中止權、終止權或停止權之免責約款效力之評價

壹、前　　言

　　保留解除權、終止權、中止權或停止權之免責約款者定型化約款使用人約定得任意行使解除權、中止權、終止權或停止權之約款也。按約款使用人應依契約之內容行使權利、履行義務、茲若於定型化契約中訂有「保留解除權、終止權、中止權或停止權之約款」，即若契約對其有利則不行使解除權、中止權、終止權或停止權；若契約對其不利，即可任意行使解除權、中止權、終止權或停止權，排除義務，達到免責之目的，殊不公平。此種約款，表面上無免責約款之名，但實際上，約款使用人

行使起來，仍可達到免責目的，因此應列入免責約款之規制範圍。

貳、現況分析

一、自約款內容分析

就保留解除權、終止權、中止權或停止權之免責約款之範圍言，我國發生之現況與外國立法例所欲規範之約款情況，並不存在有實質上之差異，凡約款之效力，授權契約當事人一方得任意解除或停止契約者均屬之。但我國此類免責約款之存在狀況與外國之此類免責約款之存在狀況仍有輕微差異：在我國，保留「解除權」與保留「終止權、中止權、停止權」常一併訂立於同一條款，此與外國立法例上多規制「保留解除權之免責約款」，對於「保留終止權、中止權、停止權之免責約款」並無規制規定者不同。我國流行之「保留解除權、停止權、終止權、中止權之免責約款」，核其內容，基本上可以歸爲兩類，「保留解除權」及「保留停止權、中止權、終止權」（註一）兩類，蓋解除權之行使，有溯及既往之效力，契約解除之後發生「回復原狀」及「損害賠償」之請求權問題。而「停止權、終止權、中止權」名稱雖異，但當事人之意思者維持既往之契約效力，而使契約向將來失效則一。欲達到免責約款公正化之目標，不但對於「保留解除權約款」必須規制，對於「保留終止權、停止權或中止權之免責約款」亦應列爲規制範圍。

二、自有效性之判斷因素分析

就「保留解除權、中止權、終止權或停止權之免責約款」有效性之判斷因素言，判斷免責約款之效力，固宜以免責約款有效性之評價因素

註一　「停止權」、「中止權」與「終止權」三者文義，依余所見，可分兩類：

1.「停止權」與「終止權」：「停止權」與「終止權」二者用語不同，但實際效果相同，即自行使「停止權」或「終止權」之時起，契約向將來失效，在行使「停止權」或「終止權」前，契約既已生效者，仍然有效。其情形可以下圖示之：

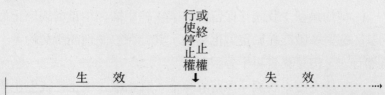

2.中止權：法律上甚少見到「中止權」一詞、在國際公法上有「中止外交」一詞，其含義略似以往之外交有效，自「中止外交」之時起，外交關係暫時失效，但預期將來某一時間可能「回復外交」。若自此一觀點解釋中止權，應指自約款使用人行使中止權之時起，契約效力暫時失效，在行使終止權前，契約仍然有效，不唯如此，約款使用人預期在行使中止權之後之某一時間，契約仍然可能「回復效力」也，其情形可圖示如下：

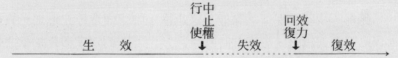

但依余觀察，我國定型化契約之使用人對於「停止權」、「終止權」與「中止權」並未嚴格區別，只是把一切可行使之權利，不論其實質意義如何，一概納入契約條款中，以達到保護其最大利益而已。

鑑於①約款使用人並未明確區分「終止權」、「停止權」與「中止權」之意義；以及鑑於②事實上並無契約因行使「中止權」而「中止」契約效力，其後一段期間又「回復效力」之事實，本文認為約款使用人所謂「停止權」「終止權」「中止權」均指相同之權利，即均指行使該權利之後，契約均向將來失效，不會發生回復效力之問題。

爲準，但立法例上，較爲重要者厥爲(1)契約之形式（定型化契約或個別商議契約）。(2)契約主體（「商人與商人」或「商人與消費者」）。(3)契約爲長期性契約或短期性契約等三個因素。就此三個因素觀察，我國「保留解除權、終止權、中止權或停止權之免責約款」可析述如下：

㈠契約類型：我國「保留解除權、終止權、中止權或停止權之免責約款」絕對多數存在於定型化契約，其存在於個別商議契約者，實際上雖然有之，但蒐集資料十分困難。

㈡契約主體：我國「保留解除權、終止權、中止權或停止權之免責約款」之主體以「商人與商人」居多，「商人與消費者」較少，析其行業，多存在於「銀行」與「商人」、「電器製造商」與「電器經銷商」……等之間，主體雙方均爲商人，且就其營業項目有關之契約。

㈢契約之期間：我國「保留解除權、終止權、中止權或停止權之免責約款」多存在於長期性契約，例如前述消費借貸契約或經銷合約均具有長期性質。

此外，我國「保留解除權、終止權、中止權或停止權之免責約款」常以以下方式爲之，於規制時應注意及之：(1)約定定型化約款之使用人得任意行使者；(2)附有「約款使用人主觀條件」者，卽以約款使用人主觀認定停止條件已成就，爲行使「解除權」、「終止權、中止權或停止權」之條件，此種條件之成就既然端視定型化約款使用人之「主觀意思」而定，實卽與「不附任何條件」無異，定型化約款使用人得任意行使「解除權」、「終止權、中止權或停止權」；以及(3)以「客觀條件」之成就作爲定型化約款使用人行使「解除權」、「終止權、中止權、停止權」之條件者，此種約款較爲公平，但其比率所占甚少，上述(1)(2)兩種，應列入規制範圍，至於第(3)種，則無須列入規制範圍，蓋此種約款並非當事人特定一方之利益而訂定，且事實上亦有此必要也。茲將「保留解除權、終止權、中止權或停止權之免責約款」表列例示如附圖一，以利了解。

(附圖一)

判斷因素／約款名稱	契約形式		契約主體		契約時間		免責約款例示	說　明	備註
	定型化契約	個別議商約	消費者約	商業性契約	長期性約	短期性約			
保留解除權、中止權、終止權或停止權之免責約款	∨		∨	∨	∨		一保留解除權約款 (1)華僑銀行活存質押透支契約第四條：「貴行得隨時中止透支或減少透支限額或解除本契約而收回本息，立約人當即遵照履行決無異議。」 (2)臺灣中小企業銀行限額支票存款約定書第十七條：「存戶之存款約定，本行及存戶均得隨時解除，解約時，存戶應立即將剩餘之空白限額支票繳還本行，解約通知發生後即生效力。」	一我國被用以拒絕履行契約之約款表面上可分為四大類：(a)保留解除權約款；(b)保留停止權約款；(c)保留終止權約款；(d)保留中止權約款。其實解除契約發生「回復原狀」及「損害賠償請求權」之效力；「停止契約」或「終止契約	
							二保留終止權約款 (1)保留任意終止權約款花旗銀行委任保證契約書第一條：「本契約存續		

」或「中止契約」均承認既往之契約效力，所謂「停止權」、「中止權」、「終止權」云云，其用語雖異，但都向將來發生效力，其實質效力並無任何不同。

三我國保留任意解除契約約款，其解除權之行使多操諸「定型化契約使用人」一方，至於「保留任意解除權之約款或單獨規定或與

期間爲自訂約之日起至立約人依本契約完全履行並清償一切款項之日止，但貴行毋須立約人、保證人之同意得隨時終止本契約及保證總額之使用，且於終止時，已因本契約所發生之各項債務及因終止本契約所生之各項損害，立約人及保證人願立卽負責償還並賠償因而發生之損害。」

(2)附主觀條件之保留終止權約款

新力牌電化製品經銷商合約書第十七條：「甲方自訂立本合約之日起，經銷乙方商品，應以善意經營方法，努力推銷，如乙方認爲甲方成績不佳時得隨時終止本合約，甲方不得異議。」

甲方如有違反上開條款之一者，以致使乙方蒙受損失時，乙方有權要求甲方賠償一切損失並終止本合約。」

(3)附客觀條件之保留終止權約款

英文國際通商週刊廣告合約書第十一條：

「本社對客戶認為不宜接受其廣告時，得隨時終止此合約，例如該客戶付款困難、信用欠佳或在廣告方面與本社發生爭議等情事，本社終止或不願履行此合約，不能視為違約。」

㈢保留停止約款

(1)保留任意停止約款

臺灣土地銀行透支契約第五條第一項：

「其他約定：貴所得隨時縮短透支期限、減少透支限額或停止透支。」

其他權利（中止權、停止權）混合規定，形式各異，但實質效力則相同。

㈢附客觀條件之保留終止權約款本質上較為公平。

㈣所謂「貴行認為必要時，有權得隨時……停止」「貴行依其主觀如認為透支人對透支運用不當或基於其他原因得隨時……停止付款……」均是附主觀條件的「停止約款」，該主觀條件可以因契約使用人之主觀意

(2)附主觀條件之
　保留停止權約
　款，例如：
中國國際商業
銀行活期質押
放款借據第五
條：「貴行依
其主觀如認為
借款人運用不
當或基於其他
原因，得隨時
減少借款數額
或停止尚未交
付之借款，並
不受第二條所
訂還款期限之
拘束，規定一
個月之期限，
通知借款人償
還全部借款本
息，借款人均
完全遵辦決無
異議，如因涉
及第三人致發
生任何糾葛責
任或支出時，
均由借款人完
全負責理楚，
如貴行因此受
有任何損害，
均歸借款人完
全負責賠償。」
又如：
中國國際商業
銀行外銷借款
契約第六條：
「貴行認為必
要時，有權得

思而成就
，因此無
異予契約
使用人以
任意停止
契約之權
利。
丙以「存戶
往來不佳
」之客觀
條件作為
行使「停
止權」之
條件，本
質上較為
公平。

| | | ∨ | | ∨ | ∨ | 隨時縮減本約所定之額度或停止支付本約所定應交未交之款項，亦不受本契約所訂清償期限之拘束，通知立約人限期清償已動用款項之全部本息及應負擔之費用、違約金及損害賠償時，立約人完全遵辦，絕無身異議。」
再如：
中國國際商業銀行活存質押透支約據第五條：
「貴行依其主觀如認為透支人對透支運用不當或基於其他原因，得隨時減少透支限度或停止支付透支人已簽出之支票或其他票據，並不受第二條所訂還款期限之拘束，規定一個月之期限，通知透支人償還全部透支本息透支人均完全遵辦，決無異議 | | |

					，如因涉及第三人致發生任糾葛責任或支出時，均由透支人完全負責理楚，如貴行因此有任何損害，均屬透支人完全負責賠償。	
∨		∨	∨	∨	(3)附客觀條件之保留停止權約款，例如：中國國際商業銀行活期存款開戶申請書暨約定書第十四條「存戶往來情形不佳時，本行得隨時停止發給支票簿或停止其往來。存戶於繳淸銷戶時，應立卽將剩餘空白支票繳還本行。」	
∨			∨	∨	四保留中止權約款華僑銀行活存質押透支契約第四條：「貴行得隨時中止透支或減少透支限額或解除本契約而收回本息，立約人當卽遵照履行，決無異議。」	

叁、對「保留解除權、終止權、中止權或停止權之免責約款」之規制

一、民法對「保留解除權、終止權、中止權或停止權之免責約款」之規制

民法對「保留解除權、終止權、中止權或停止權之免責約款」之規範，就其效力言之，可分為「對保留解除權之免責約款」之規制，與對「保留終止權、中止權、停止權之免責約款」之規制兩類。關於前者，我國民法上有兩種解除權：①法定解除權；②約定解除權。法定解除權如民法第二百五十四條至第二百五十六條、第三百五十九條、第五百零三條、第五百零六條之規定是。約定解除權則依當事人之約定發生，依現行法之規定，不論個別商議契約或定型化契約，以當事人約定，賦一方當事人任意解除權，其效力為法律所許可。關於後者，所謂「保留終止權、中止權或停止權之免責約款」之法律效果均同，社會用語不一，但法律效果無異，可一併述之。我國民法關於契約終止權之規定，亦可分為「法定終止權」與「約定終止權」兩種，法定終止權例如民法第四百四十條、第四百四十三條第二項、第四百五十條第二項、第四百五十八條、第四百五十九條、土地法第一百條、第一百零三條、第一百十四條……等出租人法定終止租約權，約定終止權例如民法第四百五十三條規定「定有期限之租賃契約，如約定當事人之一方於期限屆滿前，得終止契約者，其終止契約，應依第四百五十六條第三項之規定，先期通知。」因此我國法律對於當事人一方保留「解除權」、「終止權（中止權、停止權）約款」，基本上採取放任的態度，並不加以規制。

其在德國，德國民法第三百二十五條、第三百二十六條、第四百六十二條均有法定解除權之規定，解釋上，解除權亦得因契約之約定而取得，於定型化契約以及個別商議契約一併適用。關於「終止權」，亦可分

「法定終止權」與「約定終止權」，前者如德國民法第五百四十二條、第五百四十四條、第五百四十九條第一項、第五百五十三條、第五百五十四條、第五百六十五條、第五百六十七條均有明文，至於約定終止權，法無明文，解釋上採肯定說，因此德國對於當事人一方保留「解除權」「終止權」亦採肯定、放任之態度。

二、對「保留解除權、終止權、中止權或停止權之免責約款」規制之新趨勢

(一)德國

德國一般交易條款規制法第十條第三款以及英國不公正契約條款法第三條第二項對於「保留解除權、終止權、中止權或停止權之免責約款」均採取「彈性規制」：

德國一般交易條款規制法第十條第三款規定「該約款在沒有實質上正當且經記載於契約之理由，而賦使用人拒絕履行其義務之權利」之約款無效，但「本規定於長期之契約關係不適用之。」本條之規定，有數點值得說明：

1.法條之適用方面：

本法本條制訂之結果，德國法律此種約款之規制體系，約如下述：(1)此種約款之存在於個別商議契約者仍受民法規定之規制；(2)此種約款之存在於定型化消費者契約（長期性契約除外）者應受本款第十條第三款「彈性規制」之規制；(3)此種約款之存在於定型化商業性契約以及定型化消費者契約之長期性給付爲內容者，應受一般交易條款規制法第九條之「概括規制」。

德國對此種約款之規制，可以如附圖二表示之：

（附圖二）

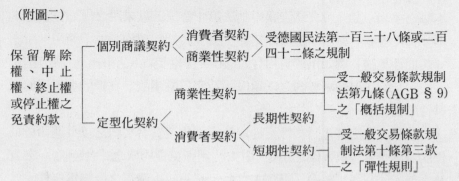

2.免責約款有效之條件：

此類免責約款須有「實質上重要之理由」並且「記載於契約」，否則免責約款仍然無效；所謂「實質上重要之理由」指考慮「交易性質」之後認為「正當」者而言，其認定由法院為之，因此屬於「彈性規制」，舉例言之，假設旅行團保留一種解除權，使其不須任何理由，可以隨意解除契約，取銷旅遊，則此種約款無效。但若約定旅遊人數非達其特定之最低數額，旅遊團體可以解除契約，取銷旅遊，則此種約款有效。

3.兩個例外：

本「彈性規制」有兩個例外，即(1)德國民法之規定：德國民法第三百二十一條規定：「契約之當事人一方於他方當事人財務狀況顯然惡化，致有無法履行契約所定義務之虞者，得拒絕履行其義務」，因此於解釋本款之規定時，應注意德國民法第三百二十一條之規定，當免責約款符合民法第三百二十一條之「不安抗辯權」規定時，該免責約款仍然有效，此時與其謂此種免責約款是因為有「實質上重要理由」而有效，不若謂此種免責約款並未脫逸民法第三百二十一條之法律原則，依一般交易條款法第八條之規定（註二），應排除於該法規制範圍之外，因此不受

註二　德國一般交易條款規制法第八條（內容規制之限制）。
　　　第九條至第十一條只於一般交易條款之約款排除或補充法律之規定時，始對該約款適用。

本法之控制；(2)一般交易條款規制法第十條第三款末段之「除外規定」，本「彈性規制」對於「繼續性契約」或「長期性契約」並不適用。所謂「長期性契約」例如租賃契約(Lease)、保險契約(Contract of Insurance)均是，但保險契約之以承保「特定危險事故」為標的者不屬於繼續性契約。

最後，在定型化商業性契約以及定型化消費者契約之以長期給付為標的者應受本法第九條之規制，由法院判斷免責約款之「合理性」。在實務上商人間契約常約定「出賣人以收到從第三人購得之原料為條件，始負履行交付之義務」之約款，德國法院認定此種約款以約款使用人已為物品或原料之要約為已足，縱客觀上仍有其他供應之人，亦無庸「盡其可能」取得該標的物，作為行使解除權，達到免責目的之條件，上開規定及通說可以附圖三說明之：

（附圖三）

契約主體 免責契約期間 約款名稱	消　費　者　契　約		商 業 性 契 約
	短 期 性 契 約	長 期 性 契 約	
定型化保留解除權、終止權、中止權或停止權之免責約款	適用 AGB 第十條第三款之「彈性控制」	適用 AGB 第九條之「概括控制」，由法院判斷該免責約款是否具有合理性，決定其效力。	
	注意：若有符合德國民法第三百二十一條「契約當事人一方於他方當事人財務之虞者，得拒絕履行其義務」之規定者，得主張「不安抗辯權」。		

（二）英國

英國不公正契約條款法第三條第二項之內容較為廣泛，可以涵蓋德國一般交易條款規制法第十條第三款以及其他某些規定。按英國不公正契約條款法第三條規定：

「(1)本法於相對人係以消費者身分為交易或相對人係依他方之商業

上書面的一般交易條款（定型化約款）為交易之契約當事人間適用之。

　　(2)對於前項相對人，他方當事人不得以任何約款：

　　　(a)排除或限制任何因本人違背契約所生之債務；或

　　　(b)有權主張：

　　　　①與合法地期待其履行之內容有重大不同的契約履行行為；
　　　　　或

　　　　②契約債務之全部或一部完全不履行。

但該約款符合『合理性要求者』，不在此限。」

　　分析上開條文，旨在規制以下三類免責約款：

　　1.免除或限制違約之債務之免責約款。

　　2.准許改變履行之免責約款。

　　3.任意為全部或一部不履行之免責約款。

其中第 3 類免責約款部分與本處所討論之免責約款相同，析其要義，有下列數點：

　　1.法律適用情形：

　　本條之規定適用於消費者契約（包括個別商議消費者契約及定型化消費者契約），以及定型化商業性契約（注意：不包括個別商議商業性契約），但該法附表所列之定型化商業性契約不在規制之列。換言之，個別商議商業性契約以及附表一所列定型化商業性契約只受普通法(Common Law)之規制，其適用法律之情況可以附圖四說明如下：

註三　參閱拙譯一九七七年英國不公正契約條款法附表一及附表二、載拙著定型化
　　　契約論文專輯第二一六頁至二一八頁，三民書局出版，民國七十七年一月。

(附圖四)

保留解除權、
終止權、中止
權或停止權之
免責約款所存
在之契約
{
1.個別商議商業性契約————————
2.不公正契約條款法附表一所列之
　　定型化商業性契約（註三）————
}
受 Common Law
規制

3.定型化商業性契約（但附表一
　　　　所列者除外）————
4.消費者契約 {
定型化契約
個別商議契約————
}
受不公正契約條款
法第三條之規制

　　2.判斷因素：

　　保留解除權、終止權、中止權或停止權之免責約款有效與否之判斷
因素是「契約主體」以及「契約形式」；此類免責約款之判斷因素有二：(1)
契約主體：契約主體為「商人與商人」（商業性契約）或「商人與消費者」
（註四），其規制之寬嚴程度不同；換言之，若契約之主體為商人與消費
者，附麗於此種契約之「保留解除權、終止權、中止權或停止權之免責
約款」應受本法本條之規制，其規制較為嚴格；若契約之主體為「商人
與商人」，則其是否受本法本條之規制，應視「契約形式」而定。(2)契約
形式；在契約主體是「商人與商人」之情形，契約若是基於「定型化契
約條款」而訂立，除該法附表一所列契約種類外，應受本法第三條之規
制；反之，若契約類型屬於「個別商議契約」，則不受本法之規制。受英
國不公正契約條款法第三條規範之免責約款必須符合「合理性要求」，否
則不得主張就其所負之義務全部或一部行使解除權或終止權。

　　㈢、比較、分析

　　比較德國一般交易條款規制法以及英國不公正契約條款法對於此種
免責約款之規制規定，可以得到下列結論：

　　1.規制之範圍：英國將「個別商議商業性契約」以及該法附表一所
列之「定型化商業性契約」排除於不公正契約條款法控制範圍之外，但
其規制範圍仍及於全部「個別商議消費者契約」以及「除不公正契約條
款法附表一所列以外之所有定型化商業性契約」。德國則將全部個別商

議契約排除於一般交易條款法規制範圍之外，並就該約款所存在之契約是「短期性契約」或「長期性契約」分別規定該約款應受一般交易條款法第十條第三款之「彈性規制」或該法第九條之「概括規制」。就此而言，英國不公正契約條款法規制之範圍似較德國一般交易條款規制法之規制範圍為大。

2.規制之方法言：德國一般交易條款規制法與英國不公正契約條款法對於此類免責約款，雖有兼採彈性規制及概括規制，與採彈性規制之

註四　英國「消費者」一詞之意義，可以參照一九七三年貨物供給法（The Supply of Goods Act 1973）之定義，「消費者」是指為供私人使用或消費之用而獲得「物品」或「服務」之人而言，且其物品或服務之性質須通常係供私人使用或私人消費之用者，若購置之目的並非供私人使用或消費用，或購買目的雖是供私人使用或消費用，但標的物之性質通常係供商業用者，雖買賣者或租用者主觀之目的是供私人之用，仍非以「消費者」身分訂立契約；例如因家中人口特多，而購買商業用之洗衣機是，又因商業目的而購入物品，但將其一部分供自己消費之用，例如雜貨商店購入日常用品，但以其部分供自己使用，仍不失為商業性契約，再因私人使用之目的而購入轎車，但偶然亦挪供商業用，例如供出診乘坐之用，則應視為非消費物，其所訂之契約亦非消費者契約。英國 The Supply of Goods Act 1973 對於消費者契約之界定，可以以下表解釋之：

購 買 目 的	標的物性質	用　　　　途	契 約 性 質
為私人消費用	消　　費　　物	供私人使用	消費者契約
	消　　費　　物	供商業使用	商業性契約
	商 業 用 品	供消費使用	商業性契約
為 商 業 用	消 費 物 或商業用物品	商 業 用 或私 人 用	商業性契約

不同，但其不採「硬性規制」則一。換言之，法律對此類免責約款之有效與否，不作硬性之規定，而留待法院判斷。唯德國一般交易條款規制法之「彈性規制」與英國不公正契約條款法之「彈性規制」不盡相同，前者只考慮客觀因素，後者兼考慮「主觀因素」以及「客觀因素」，不可不注意及之。

肆、結　論

據上文所述，對於「保留解除權、終止權、中止權或停止權之免責約款」之規制，可得結論如下：

一、關於規制範圍方面

就約款之名稱言，我國所應列爲規制範圍者，應包括「保留解除權、終止權、中止權或停止權之免責約款」，而不以「保留解除權之免責約款」爲限，主要理由有二：①我國不但存在「保留解除權之免責約款」，而且存在有「保留解除權、中止權或停止權之免責約款」；②「保留終止權之免責約款」與「保留中止權之免責約款」與「保留停止權之免責約款」形式雖然不同，實質內容則一，實務上常被一併列舉，爲避免脫法使用，宜於檢討後一併列爲規制對象。

對約款類型言，我國宜將存在於短期性「定型化消費者契約」的「保留解除權、終止權、中止權或停止權之免責約款」列爲最需嚴格規制之標的；將存在於長期性「定型化消費者契約」以及「定型化商業性契約」的「保留解除權、終止權、中止權或停止權之免責約款」列爲次嚴格規制之標的。至於存在於「個別商議消費者契約」與「個別商議商業法契約」的「保留解除權、終止權、中止權或停止權之免責約款」原則上可不加以規制，若欲列入規制範圍，則前者應先列入，後者原則上仍可放任自由。

二、關於規制寬嚴程度方面

「保留解除權、終止權、中止權或停止權之免責約款」應授由法院判斷其效力。英德先進國家對於「保留解除權、終止權之免責約款」，不論其存在於「個別商議契約」或「定型化契約」，亦不論其存在於「消費者契約」或「商業性契約」，均不逕行規定其無效，均授由法院判斷其效力，採取「彈性規制」或「概括規制」，我國經濟情況，未若英德之先進，對於免責約款之規制，不宜較英德嚴格，因此亦宜授由法院判斷其效力為宜。惟衡諸實際，由於此種約款絕大多數存在於以銀行為主體之契約，且此種約款之存在有「一致的普遍性」，因此銀行實居於「事實上獨占之地位」，對於存在以銀行為主體之此種免責約款應從嚴規制，反之，同在以銀行為主體之契約，此種約款存在於「商業性契約」、「長期性契約」居多數，存在於「消費者契約」、「短期性契約」者居少數，對於存在於此種契約之免責約款之效力，又宜從寬認定其效力，不可不注意。

五、免除實行擔保物權法定程序義務之
免責約款效力之評價

壹、前　　言

　　免除實行擔保物權法定程序義務之免責約款者，排除或限制債權人實行擔保物權所應遵循之法定程序義務或因此所生之損害賠償責任之約款也。法律為兼顧債權人與債務人之利益，除規定流質契約或流押契約無效外，並且規定債權人於實行擔保物權時，必須遵循一定之法定程序（註一），此種程序義務為法定義務，定型化約款使用人若不遵循法定程序實行擔保物權而致債務人、物上保證人或寄託人發生損害時，必須對上述諸人負損害賠償責任，定型化約款使用人（債權人）為達到免除損害賠償之目的，常利用「免除實行擔保物權法定程序之免責」「直接地」或「間接地」排除實行擔保物權之法定程序義務。

貳、現況分析

就「免除實行擔保物權法定程序義務之免責約款」之流行情況言，此種約款爲外國立法例所未規範，在外國或未發生，或雖發生而其情況不甚嚴重。但在我國銀行業、寄託業……使用此種約款十分普遍。茲舉下表爲例加以說明：

註一　關於禁止流押契約、流質契約以及實行抵押權。質權之主要規定可略述如下：

(a)禁止流押契約及禁止流質契約：民法第八百七十三條第二項規定「約定於債權已屆清償期，而未爲清償時，抵押物之所有權，移屬於抵押權人者，其約定爲無效」，第八百九十三條第二項「約定於債權已屆清償期而未爲清償時，質物之所有權移屬於質權人者，其約定爲無效。」

(b)關於抵押權質權之實行：依民法第八百七十八條「抵押權人於債權清償期屆滿後，而受清償，得訂立契約，取得抵押物之所有權或用拍賣以外之方法，處分抵押物，但有害於其他抵押權人之利益者，不在此限」，又質權之行使，不論基於民法第八百九十二條或基於八百九十三條，依民法第八百九十四條之規定均應於拍賣前「通知出賣人，但不能通知者不在此限」；其依民法第八百九十五條之規定，準用民法第八百七十八條之規定處分質物者，亦須由出質人與質權人「訂立契約」處分質物。如欲由法院拍賣者，依強制執行法第四條第一項第五款之規定，亦須先取得法院「許可強制執行之裁定」作爲執行名義。關於依倉庫寄託契約爲寄託物之處分，依民法第六百二十一條「倉庫契約終止後，寄託人或倉單持有人拒絕或不能移去寄託物者，倉庫營業人得定相當期限，請求於期限內移去寄託物，逾期不移去者，倉庫營業人得拍賣寄託物，由拍賣代價中扣去拍賣費用及保管費用，並應以其餘額交付於應得之人」，是倉庫營業人於拍賣前有「定相當期限，請求於期限內移去寄託物」之義務。債權人或倉庫營業人實行抵押權、質權或處分寄託物若不循法定程序而實行擔保物權而致債務人物上保證人或寄託人發生損害時，必須對債務人、物上保證人或寄託人負損害賠償責任。

判斷因素 約款名稱	契約型式		契約主體		免責約款例示	說　明	備註
	定型化契約	個別議商契約	商業性契約	消費者契約			
免除實行擔保物權法定程序義務之免責約款	∨		∨		(1)華僑銀行活存質押透支契約第十六條： 「立約人如對於債務之全部或一部不爲償還或違反本契約之條款時，一切債務均喪失其期限之利益，貴行得認爲全部債務已經到期，毋須通知債務人即聲請法院強制執行逕將質押品之全部或一部任便變賣或處分，並以其售得金額除淸償本息、遲延利息、違約金及各項費用外得充當債務人所負其他一切債務之淸償，如不足以抵償時一經貴行之要求立即淸償無誤，但貴行並無變賣或處分之義務，雖貴行未予變賣或處分而遇市價跌落，其所有損失與貴行無涉，變賣或處分後貴行前所出給立約人之質押品收據均即作廢，因變賣或處分所生一切費用均歸立約人負擔照付。債務人及保證人對於質押品之變賣或處分方法、時期、價格等委任貴行爲全權代理人，本契約同時作爲授權之證明，並在債務本息及各項費用全部淸償以前決不撤銷委任。」	左述(1)(2)「委任貴行爲全權代理人」、(3)「貴行對每筆信用狀項下貨品運到後有代向海關報關提貨以及拍賣（包括處分方法、時間以及價格）等必要行爲之權、(4)「得不通知立約人逕將擔保品處分」、(5)「貴行得不經通知或請求保證人，隨時依貴行之裁決，對該項擔保品決定變賣之程序或方式」、(6)「……貴行所得不經通知，並毋須履行法定手續，逕將擔保物變賣或	

	✓		✓	(2)美國花旗銀行委任保證契約第四條： 「立約人對於擔保物之處分，委託貴公司爲全權代理人，並以本契約爲授權之證明。在本案保證金額暨立約人現在及將來之票據上以及其他一切債務未全部清償以前，決不撤銷委託。」	以其他方式處分」、(7)「……逕將擔保物自由變賣……」、(8)「……自行處分……」、(9)「……直接處分……」、(10)「擔保物之處分方法，貴行有權逕行決定……」及(11)「……得拍賣寄存貨物……」云云，其實際效果除規避前述「禁止流質契約」「禁止流押契約」外，尚且免除抵押權人、質權人、倉庫營業人「通知義務」、「訂約義務」或「取得強制執行名義」等義務。
	✓		✓	(3)華僑銀行開發信用狀暨借款約定書第十八條： 「立約人願另立授權書委任貴行對每筆信用狀項下貨品運到後，有代向海關報關提貨以及拍賣（包括處分方法、時間及價格等）等必要行爲之權，其所生費用或所生損失概由立約人負擔。」	
	✓		✓	(4)華僑商業銀行委任保證商業本票契約書第七條： 「立約人及連帶保證人不履行本契約書所訂各條款，或貴行認爲立約人有不能清償之虞時，貴行得隨時要求立約人及連帶保證人清償每筆債務，並得不通知立約人逕將擔保品處分，以抵償每筆貴行墊款本息、違約金及因處分而支出之一切費用。立約人及連帶保證人存於貴行之財物或存款，貴行有權自行處分以抵償立約人結欠貴行所有債務，如抵償之後仍有不足之數，立約人及連帶保證人仍負責清償，決無異議。」	

∨		∨	(5)中國國際商業銀行外銷借款契約第四條： 「貴行得不經通知或請求保證人，隨時爲下列之行爲：㈠…… ㈡…… ㈢依貴行之裁決，對該項擔保品決定變賣之程序或方式。 ㈣……」
∨		∨	(6)彰化商業銀行約定書第七條第三項： 「立約人如違背或不履行本約定書各條款之一時，貴行得不經通知，並毋須履行法定手續逕將擔保物變賣或以其他方法處分，立約人對此決無任何異議，變賣或處分後所有出給立約人之擔保物收據或保管條應即作廢，至變賣或處分擔保物所需之一切費用均歸立約人負擔，而變賣或處分擔保物所得之款項，聽憑貴行抵償債務之本息、違約金以及各項費用，如有剩餘並得儘先抵償立約人所負其他一切債務，如有不足仍由立約人負責立即補足，如立約人有存於貴行總分行庫之各種存款或其他債權、款項或財物亦無須通知聽任貴行撥充抵償，所有出給立約人之各項摺據應即作廢。」

	∨		∨	(7)世界聯合商業銀行委託保證契約第七條： 「在乙方保證期間甲方如宣告破產或淸算時，乙方無須通知甲方並得不向法院提起訴訟逕將擔保品自由變賣以資抵償，甲方對於賣價之高低及變賣方法絕無異議，至因變賣所發生之一切費用槪由甲方負擔，但乙方並無代爲變賣擔保品之義務。」	
	∨		∨	(8)交通銀行外銷貸款借據第十七條： 「借款人違背本契約第三、四、五、六、七條之約定時貴行得就標的物申請法院拍賣或自行處分，借款人決無任何異議。但貴行並無代賣質押標的物之義務，貴行得以拍賣或處分標的物之所得，扣除拍賣或處分質押標的物所生之費用後，先抵充代墊付款項、違約損失、利息，然後本金，借款人決不以未經通知及同意而有異議，其不足抵償前列次序時，不足之數仍應由借款人補償。」	
	∨		∨	(9)交通銀行委託保證契約書第九條： 「甲方及其保證人寄存於乙方之其他財物或存款等項甲方及其保證人同意乙方有權直接處分以抵償甲方結欠乙方各款如抵償之	

		後仍有不足之數甲方及其保證人仍應連帶負責清償決無異議，前項抵償後乙方所出具有關各該財物或存款之書據應同時作廢，任何人(包括善意第三人)均不得憑藉此類書據對乙方有所主張。」	
∨	∨	⑽臺灣土地銀行約定書第六條： 「立約人所提供之擔保(包括質權擔保) 不問提供之先後，　貴行得共通流用爲立約人對　貴行 (包括　貴行總分行處)現在(包括過去) 及將來所負之一切債務之擔保。擔保之處分方法 (包括處分時期及價格)　貴行有權逕行決定，處分所得款項，不論債務之種類，得任由　貴行抵償之。」	
∨	∨	⑾臺灣倉儲股份有限公司倉單第七條： 「寄倉貨物應納之倉租保險費及其他費用寄託人不按期清繳時本公司得拍賣寄貨存物之全部或一部抵償之，寄託人不得異議。」	

叁、對「免除實行擔保物權法定程序義務之免責約款」之規制

　　就免除實行擔保物權程序義務約款的有效性評價因素言，雖無外國立法例可資參考，但下列因素，可爲主要判斷因素：

一、判斷因素

(一)契約主體：上述約款所存在之契約主體，一方多爲銀行或倉庫營業人，另一方主體則多爲與銀行或倉儲業有業務往來之商人，此觀該契約名稱多爲以商人爲雙方當事人之「活存質押透支契約」、「開發信用狀暨借款約定書」、「委任保證書」、「外銷借款契約」或「外銷貸款借據」之契約自明。

(二)契約類型：此類約款多存在於定型化契約中。

值得注意者，爲此類契約主體之銀行業、倉儲業等，採用此種約款已有廣泛之一致性，達到「條款聯盟」之程度。

二、實務見解

現行契約中普遍存在以各種方式規避「禁止流質契約」、「禁止流押契約」之約款，其方式分別以「授權債權人爲代理人」、「授權債權人逕行處分」、「授權債權人毋須履行法定手續逕行拍賣」、「授權債權人將擔保物自由變賣」……各種迂迴約定，使定型化約款使用人（即債權人）得免於法定程序義務逕行處分擔保標的物。

我國民法對於流質契約、流押契約有禁止之明文規定外，對於以「授權債權人爲全體代理人」「債權人得直接處分……」等規避實行擔保物權法定程序義務或處分倉庫寄託物之法定程序義務等免責約款之效力如何，法律並無規定，但民國四十年臺上字第二二三號「借款契約，訂有屆期不償，可將抵押物自行覓主變價抵償之特約，實不啻將抵押物之所有權移屬於抵押權人，按諸民法第八百七十三條第二項之規定，應屬無效。」堪稱禁止「免除實行擔保物權法定程序義務免責約款」之極佳判例，具見我國法院對此種約款之消極態度。

肆、結　論

雖然外國最新立法例並未將「免除實行擔保物權法定程序義務之免責約款」列入規制範圍，但在我國有必要對此種約款列為硬性規制之標的。首先，由於此種約款在我國以銀行業、倉儲業為主體的契約中，普遍地被採用，達到「獨占」或「準獨占」之地位，其嚴重情況，已達到非予規制不可之程度，斷不可因外國立法例上沒有規制此類約款之立法而省略。其次，此類約款雖然多發生於「商人與商人」間之契約，但為貫徹民法禁止「流質契約」、「流押契約」之精神，此類約款應受硬性規制，因為約款所得訂「委任貴行為全權代理人」、「依貴行之裁決對該項擔保品決定變質之程序及方式」、「貴行得不經通知，並毋須履行法定手續，逕將擔保物變賣，或以其他方法處分……」、「……自行處分……」……云云，若其授權範圍包括雙方代理，則實際上得將擔保標的物處分予債權人本人，形成變相之流押契約、流質契約；又其授權包括任意處分者，其結果與「變相地將所有權移轉予債權人，由債權人任意處分」無異，依四十年臺上字第二二三號判例「借款契約訂有屆期不償，可將抵押物自行覓主變賣抵償之特約，實不啻將抵押物之所有權移屬於抵押權人，按諸民法第八百七十三條第二項之規定，其約定為無效」應解為無效，惟最高法院四十年臺上字第三四九號判決對「任意處分」一辭，採從狹義解釋，似嫌不妥（註二）。再次抵押權、質權之實行，每涉及其

註二　四十年臺上字第三四九號判決

「雖覺書係記載將來系爭房屋作為向曹某借款之擔保，再延十五天清償，若到期不償，由曹某任意處分充償債務，然並未為設定抵押之登記，自不能認為發生抵押權之效力。且所謂任意處分，亦與以抵押物之所有權移轉於抵押權人有別，不能指為流質契約而謂其不生效力。」此一判決前段認為「未為設定抵押權之登記，自不能認為發生抵押權之效力」並無錯誤，後段指出「任

他抵押權人及其他一般債權人之利益，爲兼顧第三人之利益，此種約款應予禁止。最後，從立法例上言，德國一般交易條款規制法，已將定型化消費者契約中之「免除通知義務約款」列爲硬性規制之標的，而擔保物權之實行，又每涉及「通知義務及其他義務」之履行，因此「免除實行擔保物權法定程序義務之免責約款」，實較「免除通知義務之免責約款」爲嚴重，基於「舉輕明重」之法理，「免除實行擔保物權法定程序義務之免責約款」，應較「免除法定通知義務約款」受嚴格之規制，而列爲「絕對無效」之一種。

（承前註）
意處分」與「移轉抵押物於抵押權人」有別，雖亦無誤，但「任意處分」之範圍較大，其情況之一，應包括將抵押物移轉予抵押權人在內，而有牴觸「禁止流押契約」規定，應無疑義，上開判決，採狹義解釋，將「流質契約」排除於「任意處分」範圍以外，並據此區別，指稱不包括流質契約云云，似有未當。

六、排除或限制證據法則約款效力之評價

壹、前　　言

　　排除或限制證據法則約款者，改變民事舉證責任分配、限制當事人舉證或反證權利、或直接確認法律事實存在或不存在之契約也。排除或限制證據法則約款，雖無免責約款之名，但實質上常可以阻止債權人之請求，而達到免責之目的。因此為貫徹契約正義，在規制定型化契約條款之時，常將「排除或限制證據法則約款」一併列為規制對象。我國「排除或限制證據法則約款」，在定型化契約中，十分普遍，宜予類型化，並加以規制。

貳、現況分析

就「排除或限制證據法則約款」之範圍言，我國流行之「排除或限制證據法則約款」之形式較外國爲複雜，主要可分三類：

(1)舉證責任移轉予相對人約款：此種約款旨在使相對人(請求權人)因舉證困難或舉證不可能，使約款使用人達到免責之目的。

(2)以使用人所提出之證據爲唯一證據約款：此種約款旨在以約款使用人所提出之證據爲唯一證據，不論該證據是否實在，悉以該證據爲準，憑以認定「損害是否發生」或「損害數額之多少」而達到全部或一部免責之目的。

(3)直接確認某事實存在之約款：此種約款旨在確認某事實存在，不論該事實客觀上是否存在或是否屬實，以達到免除或限制使用人責任之目的。

以上三類排除或限制證據法則約款較德國一般交易條款規制法第十一條第十五款（註一）所規制之兩種排除或限制舉證責任約款——(a)使相對人就依法屬於使用人應負舉證責任範圍內之事務負舉證責任；(b)使相對人確認某特定事實之存在——多了一種類型。比起英國一九七七年

註一　AGB § 11

在定型化約款中的下列約款無效

⋮

15（舉證責任）

依該約款之規定，爲相對人之不利益而舉證責任移轉，特別是：

a.使相對人就依法屬於使用人應負舉證責任範圍內之事務負舉證責任。

b.使相對人確認某特定事實之存在。前項(b)款對於經個別簽字確認之收據不適用之。

不公正契約條款法第十三條規定「本法本部分禁止排除或限制債務情況下，亦禁止(a)……(b)……(c)排除或限制證據法則或程序法則……」類型亦較廣泛。

　　立法例上，作為判斷「排除或限制證據法則約款」有效性之因素，主要有：(1)契約類型；(2)契約主體以及(3)所欲排除或限制之債務性質三者，至於其他因素，固可為判斷之參考因素，但立法例上尚無將之訂定為判斷因素者，茲從略。茲以上開有效性因素觀察我國流行之「排除或限制證據法則約款」，略有以下幾點特徵：

一、契約形式

　　我國「排除或限制證據法則約款」多發生在定型化契約，迄未發現見諸於個別商議契約者，詳見附表。

二、契約主體

　　「排除或限制證據法則約款」之主體多為「商人」與「商人」，屬於商業性契約，且契約之當事人一方多為「銀行」，至於消費者契約，亦偶然有之，主要見諸消費者寄託契約，詳見附表。

三、所欲排除或限制之債務性質

　　契約使用人藉著「排除或限制證據法則約款」所欲排除或限制之債務越重要，該「排除或限制證據法則約款」之無效性亦益高，否則即無法達到規制免責約款之目標。我國「排除或限制證據法則約款」多存在於以銀行為主體的「消費寄託契約」或「消費借貸契約」中，銀行除利用「故意或過失免責約款」直接地達到免除或限制金錢被冒領所發生之責任，亦常利用「排除或限制證據法則約款」間接地達到相同之目的，此點在判斷「排除或限制證據法則約款」之效力時，亦甚重要。

　　此外我國「排除或限制證據法則約款」有二點特徵，在外國立法例

中，甚難找到相同情況，宜特別注意。

一、契約有效期間：「排除或限制證據法則約款」多爲「繼續性之長期往來契約」。詳見如附表。

二、以迂迴方式排除或限制證據法則：「排除或限制證據法則約款」多以「迂迴之方式」爲之，不直接約定相對人不得舉證或不得反證，而是約定以定型化契約使用人所提供之證據爲準，其用語或約定以「定型化約款使用人所提證據」爲準，或約定依「貴庫帳簿」爲準，或約定「……以貴行有關文件所載爲準……」，或「逕行確認某事實存在」，用語雖然不同，其欲以間接迂迴方法，排除相對人舉證或反證的目的則一，茲將其具有代表性之排除證據約款以及說明表列如附圖一。

（附圖一）

判斷原因 約款名稱	契約類型		契約主體		契約期間		免責約款之內容	說明	備註
	定型化契約	個別議商契約	商業性約	消費者約	長期性約	短期性約			
排除或限制證據法則約款	∨		∨		∨		中國國際商業銀行連帶保證書第十條：「貴行與主債務人間所商定或約定之任何帳務結算，均得由貴行引用主債務人欠貴行款項之完全證據，保證人均願接受，主債務人在該契約成立之一	排除或限制證據法則約款雖非直接約定相對人不得提出證據，但約款既約定「貴行引用主債務人結欠貴行款項之完全證據，保證人均願接受……」「依貴庫帳簿……」「依貴行帳簿所載金額」「	

						切債務（包括本金、利息、違約金及其他費用）保證人均須承認之。」	……貴行帳簿所載金額之債務」「……概以貴行有關文件或帳簿所載爲準……」	
	✓		✓		✓	臺灣合作金庫約定書第二十四條：「外埠付款之票據，於運送中遺失或有遺失之虞時，或因誤送而生未行到達付款地之疑義時，經貴庫之要求，立約人應依據貴庫帳簿再行作成票據提供貴庫，或遵照貴庫指定將票據金額遲延利息及其他費用立即清償。」	云云，實質上與約定因定型化約款使用人之故意、過失或其他原因而發生責任時，其責任之存在以及責任範圍之大小，完全依約款使用人所提供之「證據」爲準，而與排除相對人之任何反證機會無異。」	
	✓		✓		✓	臺灣中小企業銀行約定書第二十五條：「立約人所開發背書、承兌或保證之一切票據，或其他債權憑證，如		

						因遞送或其他意外事件、喪失、滅失或被偽造、變造等致其喪失效力時，立約人願以貴行帳簿所載金額視爲與票據證書所載金額相同，負清償責任。」
		V		V		V

彰化商業銀行約定書第十條：

「立約人所簽發或背書、承兌或保證之票據、借據及對貴行所負之其他一切債務，雖因其形式之不備，時效之完成或手續之遺漏致其權利消滅，或遇票據、借據之毀損喪失及其他偽造、變造之事，立約人均願悉數承受，認定貴行帳簿所載金額即爲票據

					、借據證書所載同等金額之債務，一經貴行通知，立約人願立即遞補所須之票據、借據或憑證，或該項債務之本息、違約金以及其他一切費用立即償還，（下略）。」		
		∨		∨		∨	合作金庫約定書第十五條：「立約人所發出、背書、承兌或保證之票據、借據及對於貴庫所負擔之其他一切債務，不論其因形式之不完備，時效之完成或手續之遺漏而消滅其權利或因票據、借據證書之喪失、滅失、被盜或因其他偽造	

						、變造時，立約人願承受之，當即依據貴庫帳簿所載金額認爲與票據、借據證書之票面金額同額之債務，由立約人將該項債務之本息、遲延利息及一切費用立即償還貴庫。」		
	∨		∨		∨	彰化商業銀行國外部信用狀結匯及墊款承諾書正面： 「……。倘若信用狀結匯證實書所載外幣墊款金額與實際墊款金額不符，概以貴行有關文件或帳簿所載金額爲準，絕無異議。……」		

叁、對「排除或限制證據法則約款」之規制

一、民法對「排除或限制證據法則約款」之規制

我國民法對於「排除或限制證據法則約款」並無具體規定，目前若欲規制此種約款，可能引用的只是民法第七十二條：「法律行為，有背於公共秩序或善良風俗者，無效。」由法院基於「概括規制」（註二）之方法，對此種約款規制，但目前為止，法院迄無依據上開法條對此種約款加以規制之判決。

二、對「排除或限制證據法則約款」規制之新趨勢

㈠德國

德國一般交易條款規制法以及英國不公正契約條款法，對於此種約款之規制，均有規定。德國一般交易條款規制法第十一條第十五款規定：

「第十一條　無評價可能性之禁止約款（絕對無效約款）在定型化約款中的下列約款無效：

⋮

15.舉證責任

依該約款之規定，為相對人不利益而舉證責任移轉，特別是：

　(a)使相對人就依法屬於使用人應負舉證責任範圍內之事務負舉證責任。

註二　概括規制指法律未規定應被規制之免責約款之類型名稱，但法院認為必要時，仍得基於違背誠實信用原則，違背公序良俗等理由，判決該約款無效。我國民法第七十二條、第一百四十八條第二項，德國 AGB 第九條均是。

(b)使相對人確認某特定事實之存在。

前項(b)目對經分別簽字確認之收據，不適用之。」定型化消費者契約，除本條第二項所指情形外，悉應受本條第十五款之規制，而使該「排除或限制證據法則約款」無效。至於第二項所指情形以及定型化商業性契約中「排除或限制證據法則約款」則仍受一般交易條款規制法第九條之「概括規制」之規制。存在於「個別商議契約」之「排除或限制證據法則約款」只受德國民法第一百三十八條（註三）或第二百四十二條（註四）之規範。據上所述，德國對於「排除或限制證據法則約款」之規制，可表列如附圖二：

（附圖二）

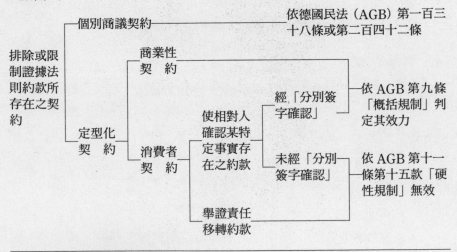

註三　德國民法第一百三十八條

　　I　〔違反善良風俗之行為〕　法律行為違反善良風俗者，無效。

　　II　〔暴利行為〕　法律行為係乘他人之急迫、輕率，或無經驗，利用給付，使其對自己或第三人為財產上利益之約定或給與者，若其財產上之利益，超過給付之價額甚鉅，依當時情形，顯失公平者，其法律行為無效。

註四　德國民法第二百四十二條「債務人應斟酌交易習慣，依誠實信用方法而為給付。」

　　德國一般交易條款規制法第十一條第十五款(a)目，旨在禁止舉證責任移轉，特別是禁止以約款方式將原應由定型化約款使用人負舉證責任之責任移轉予相對人。(b)目旨在禁止以約款「承認事實」或「陳述事實」之方法阻止相對人提出足以證明「眞實事實」之證據或要求相對人將「客觀上眞實之事實」證明爲「錯誤」，例如在約款中記載「本人謹承認本契約之各條款悉經個別商議而訂立」，又如記載「本人謹確認本人已收到關於貨物使用方法之完全指示並獲詳細解釋……」等。本款之規定對於「分別簽字確認的收據」不適用之，例如「分別簽字確認的收據」上記載「已收到下列貨物悉在良好狀態」等字，即有效。此種「分別簽字確認的收據」若爲定型化契約的一部分，且所載內容與本條第十五款(b)目相牴觸時，該牴觸之內容仍應淪於無效。

　　商業性定型化契約中之「排除或限制證據法則約款」同應受一般交易條款規制法第九條之規制，關於此種約款之效力通說認爲存在於定型化商業性契約之「舉證責任移轉約款」應淪於無效，存在於定型化商業性契約之「使相對人確認某特定事實存在約款」之有效性則宜依具體情況判斷，因爲商人注意能力較高，因此必須以相對人「爲承認或陳述時，該特定交易所存在之具體環境」加以判斷，然後引第九條爲依據，認定其效力。上開規定及通說見解可列表如附圖三：

（附圖三）

約款名稱＼契約主體	消　費　契　約		商　業　性　契　約	
	未經「分別簽字確認」之收據或其他消費者契約	經「分別簽字確認」之收據	AGB之規定（理論）	實務上之建議
排除法則或限制證據約款　使相對人特定之某特定事實存在之約款確認	依AGB第十一條第十五款之規定：無效	依AGB第九條「概括規制」之規定：應由法院判斷其效力	應依AGB第九條「概括規制」之規定：應由法院判斷其效力	依具體情況判斷其有效性
移轉舉證責任約款	依AGB第十一條第十五款之規定：無效		無　　效	

（二）英國

英國不公正契約條款法第十三條（免責約款之變化）

　　(1)本法本部分禁止排除或限制債務情況下，亦禁止：

　　　(a)…………

　　　(b)…………

　　　(c)排除或限制證據法則或程序法則。

　　　　⋮

　　英國不公正契約條款法本條項目之規定旨在防止契約當事人以「排除或限制證據法則或程序法則」之方法實質地達到免除或限制契約責任之目的。該規定對於個別商議契約及定型化契約均適用之。但「排除或限制證據法則或程序法則約款」之效力如何，須視該約款實質上所欲排除或限制之債務，究竟受「絕對保護」（即排除或限制該債務之約款是絕

對無效），抑或「相對保護」（即排除或限制該債務之約款須經合理性檢驗以判斷其效力）而定。

㈢比較分析

比較英國不公正契約條款法與德國一般交易條款規制法關於「排除或限制證據法則約款」之控制，有下列諸點，值得注意，首先，德國一般交易條款規制法對於存在於「定型化消費者契約」之「排除或限制證據法則約款」，原則上採取「硬性規制」（但使相對人確認某事實存在之約款，經「分別簽字」者除外），規定此種約款「絕對無效」，此種硬性規制之規定，不但適用於消費者契約免責約款，而且適用於消費者契約之其他不公正約款，範圍十分廣泛。英國不公正契約條款法對於排除或限制證據法則約款」之規制，不以該約款存在於「商業性契約」或「消費者契約」作為畫分標準，而以該「排除或限制證據法則約款」實質上所欲排除或限制之債務在「不公正契約條款法」受到「絕對保護」或「彈性保護」（註五）而定，因此兩個法典對於「排除或限制證據法則約款」之規制，形成交集合狀態。其次由於德國一般交易條款規制法第十一條第十五款之規定，對於「一切不公正契約條款（包括免責約款）」均適用，而英國不公正契約條款法第十三條雖名為「不公正契約條款法」，實際上只是「不公正契約條款法」只適用在「免責契約」而已。就此而言，德國一般交易條款規制法對於「排除或限制證據法則約款」之規制，實較英國不公正契約條款法之規制為廣泛。

肆、結　論

據上所述，我國對「排除或限制證據法則免責約款」之規制，可得以下結論：

註五　請參考本文前一段關於「絕對保護」「相對保護」之說明。

一、關於規制範圍方面

由於我國所發生之「排除或限制證據法則約款」以「約定由定型化契約使用人所提之證據為準」者居絕對多數，至於「舉證責任移轉約款」以及「確認某特定事實存在約款」則較少發生，因此我國立法之際，或可將「約定以使用人所提證據為準約款」與其他兩種約款——即「舉證責任之移轉約款」及「確認某特定事實存在約款」——一併臚列，以免掛漏，亦可概括地使用「排除或限制證據法則約款」一辭，以資涵蓋。

二、關於規制寬嚴程度方面

英德諸國對於「排除或限制證據法則約款」效力之判斷因素雖然不一樣，但在基於我國法律體制與德國體制較為接近之考慮，對於我國如何規制「排除或限制證據法則約款」無妨以德國立法例為主，以英國立法例為輔，參酌我國的特殊情況，決定此種免責約款之效力。換言之：

㈠在定型化消費者契約

舉證責任移轉約款應淪於無效。使相對人確認某特定事實存在之約款，若所存在之契約並非經「分別簽字之收據」或所存在者是收據以外之契約，該契約應淪於無效。若所存在之契約是經「分別簽字之收據」，則應受「概括規制」之規制。「約定以使用人所提證據為準之約款」雖然與「使相對人確認某特定事實存在之約款」，不盡相同，前者係間接性，後者是直接性，但是其法律效果均在科相對人（消費者）以確認「某特定事實」或「可得特定之事實」之義務則一，因此對此種約款規制寬嚴程度及分類法應與對「使相對人確認某特定事實存在之約款」之規制寬嚴程度及分類法相同。至於其有效性之判斷宜參酌我國特殊環境，英國立法例以德國實務上之見解，詳如以下㈡點所述。

㈡在商業性契約

德國一般交易條款規制法雖然對存在於「定型化商業性契約」之「排

除或限制證據法則免責約款」，如同存在於「定型化消費者契約中經分別
簽字之收據」的「排除或限制證據法則約款」一樣，須受該法第九條「概
括規制」之規制，但在判斷此種約款之效力時，下列諸點應特別注意：
ⓐ契約主體多爲銀行，此種約款普遍被採用，契約主體居於「事實上獨
占之地位」，準此，應爲不利於約款使用人之認定。ⓑ此種約款多存在於
繼續性的長期往來契約，契約雙方對往來金額確立認定標準，有事實上
之必要性。ⓒ「排除或限制證據法則免責約款」所欲免除之債務究竟爲
「絕對受保護債務」，抑或只是「相對受保護債務」，英國不公正契約條
款法規定排除或限制證據法則約款之以前者爲標的者無效，以後者爲標
的者須視具體情況，認定其效力。ⓓ德國實務上將「舉證責任移轉約款」
與「使相對人確認某特定事實存在之約款」採取程度不同的規制，建議
對前種約款應爲無效之認定，對後者則應依具體情況判斷。我國可同此
解釋。至於「約定以使用人所提證據爲準之約款」，性質上與「使相對人
確認某特定事實存在之約款」相近，因此應同此分類並受規制。

三民大專用書書目——法律

中國憲法新論（修訂版）	薩 孟 武 著	前臺灣大學
中國憲法論（修訂版）	傅 肅 良 著	中 興 大 學
中華民國憲法論（最新版）	管 歐 康 著	東 吳 大 學
中華民國憲法概要	曾 繁 康 著	前臺灣大學
中華民國憲法逐條釋義㈠～㈣	林 紀 東 著	前臺灣大學
比較憲法	鄒 文 海 著	前政治大學
比較憲法	曾 繁 康 著	前臺灣大學
美國憲法與憲政	荊 知 仁 著	前政治大學
國家賠償法	劉 春 堂 著	輔 仁 大 學
民法總整理（增訂版）	曾 榮 振 著	律 師
民法概要	鄭 玉 波 著	前臺灣大學
民法概要	劉 宗 榮 著	臺 灣 大 學
民法概要	何孝元著、李志鵬修訂	司法院大法官
民法概要	董 世 芳 著	實 踐 學 院
民法總則	鄭 玉 波 著	前臺灣大學
民法總則	何孝元著、李志鵬修訂	
判解民法總則	劉 春 堂 著	輔 仁 大 學
民法債編總論	戴 修 瓚 著	
民法債編總論	鄭 玉 波 著	前臺灣大學
民法債編總論	何 孝 元 著	
民法債編各論	戴 修 瓚 著	
判解民法債篇通則	劉 春 堂 著	輔 仁 大 學
民法物權	鄭 玉 波 著	前臺灣大學
判解民法物權	劉 春 堂 著	輔 仁 大 學
民法親屬新論	陳棋炎、黃宗樂、郭振恭著	臺 灣 大 學
民法繼承	陳 棋 炎 著	臺 灣 大 學
民法繼承論	羅 鼎 著	
民法繼承新論	黃宗樂、陳棋炎、郭振恭著	臺灣大學等
商事法新論	王 立 中 著	中 興 大 學
商事法		

三民大專用書書目——政治・外交

三民大專用書書目——行政・管理

行政學	張潤書 著	政治大學	
行政學	左潞生 著	前中興大學	
行政學新論	張金鑑 著	前政治大學	
行政學概要	左潞生 著	前中興大學	
行政管理學	傅肅良 著	中興大學	
行政生態學	彭文賢 著	中興大學	
人事行政學	張金鑑 著	前政治大學	
各國人事制度	傅肅良 著	中興大學	
人事行政的守與變	傅肅良 著	中興大學	
各國人事制度概要	張金鑑 著	前政治大學	
現行考銓制度	陳鑑波 著		
考銓制度	傅肅良 著	中興大學	
員工考選學	傅肅良 著	中興大學	
員工訓練學	傅肅良 著	中興大學	
員工激勵學	傅肅良 著	中興大學	
交通行政	劉承漢 著	成功大學	
陸空運輸法概要	劉承漢 著	成功大學	
運輸學概要（增訂版）	程振粵 著	臺灣大學	
兵役理論與實務	顧傳型 著		
行爲管理論	林安弘 著	德明商專	
組織行爲管理	龔平邦 著	前逢甲大學	
行爲科學概論	龔平邦 著	前逢甲大學	
行爲科學概論	徐道鄰 著		
行爲科學與管理	徐木蘭 著	交通大學	
組織行爲學	高尚仁、伍錫康 著	香港大學	
組織原理	彭文賢 著	中興大學	
實用企業管理學（增訂版）	解宏賓 著	中興大學	
企業管理	蔣靜一 著	逢甲大學	
企業管理	陳定國 著	前臺灣大學	
國際企業論	李蘭甫 著	香港中文大學	
企業政策	陳光華 著	交通大學